上海品质工程
——建造书系——

上海品质

闵浦三桥品质工程建造实录

冀振龙 金宏松 等 著

人民交通出版社股份有限公司
北京

内 容 提 要

本书以上海市闵浦三桥工程为示例,通过总结参建各方的理念、技术、经验等,对上海品质进行诠释,并详细介绍了工程建设管理体系、设计、施工等方面的要点。

本书可供从事管理、设计和施工的桥梁专业技术人员参考使用,也可供相关专业大专院校师生及科研人员使用。

图书在版编目(CIP)数据

上海品质:闵浦三桥品质工程建造实录/冀振龙等著. — 北京:人民交通出版社股份有限公司,2021.12
(上海品质工程建造书系)
ISBN 978-7-114-17655-5

Ⅰ.①上… Ⅱ.①冀… Ⅲ.①桥梁施工—工程质量—质量控制—概况—上海 Ⅳ.①U445.1

中国版本图书馆 CIP 数据核字(2021)第 211483 号

上海品质工程建造书系
Shanghai Pinzhi——Minpu Sanqiao Pinzhi Gongcheng Jianzao Shilu

书　名:	上海品质——闵浦三桥品质工程建造实录
著 作 者:	冀振龙　金宏松　等
责任编辑:	李　娜
责任校对:	席少楠
责任印制:	张　凯
出版发行:	人民交通出版社股份有限公司
地　　址:	(100011)北京市朝阳区安定门外外馆斜街 3 号
网　　址:	http://www.ccpcl.com.cn
销售电话:	(010)59757973
总 经 销:	人民交通出版社股份有限公司发行部
经　　销:	各地新华书店
印　　刷:	北京印匠彩色印刷有限公司
开　　本:	787×1092　1/16
印　　张:	15.5
字　　数:	361 千
版　　次:	2021 年 12 月　第 1 版
印　　次:	2021 年 12 月　第 1 次印刷
书　　号:	ISBN 978-7-114-17655-5
定　　价:	108.00 元

(有印刷、装订质量问题的图书由本公司负责调换)

《上海品质——闵浦三桥品质工程建造实录》

编委会

主　编：冀振龙　金宏松

副主编：顾　瑾　蒋海里　石雪飞　刘经熠

编　委（按姓氏拼音排序）：

车　风　陈　骞　陈柳花　方　健　葛纯熙　胡燎原
贾勤龙　贾　煜　李德要　李小祥　李　源　刘　佳
刘攀攀　刘志权　马军伟　彭　俊　乔静宇　宋　军
孙广阔　王大栋　王会丽　吴　骏　吴连盛　许　严
翟　东　张　宇　周海容

序

  质量是人类的劳动创造和智慧的结晶,体现了人们对美好生活的向往。按照习近平总书记提出建设"精品工程、样板工程、平安工程、廉洁工程"的重要指示要求,交通运输部提出"品质工程"建设理念,并在顶层设计、政策引领、行业努力等方面开展了有效的探索和努力,推动了我国公路水运工程建造技术和管理的发展进步。

  上海作为我国城市建设和经济发展的示范地和先行官,始终致力于交通建设工程质量和技术的突破和创新。1991年建成的南浦大桥,是我国自行设计的第一座大跨径斜拉桥,突破了大跨径桥梁建造技术的瓶颈;2005年建成的东海大桥,是集多项创新建桥技术为一体的综合性跨海大型工程,将我国桥梁建造水平推至世界前列;2017年建成的洋山深水港区四期工程,是全球规模最大、自动化程度最高,具有完全自主知识产权的全自动化集装箱码头,标志着我国智慧港口、绿色港口、科技港口建设迈入世界领先行列。按照建设社会主义现代化国际大都市的目标要求,对标世界最高水平、最高标准要求,建设者提出了上海品质的建造理念。

  闵浦三桥是上海品质工程重点示范项目,也是上海全预制装配化技术与建筑信息模型(BIM)技术首批试点项目之一。闵浦三桥建设者积极践行"人民城市人民建,人民城市为人民"的新发展理念,在建设管理方面,提出精细、精准、精确的管控管理新理念;在设计方面,基于通行效率、桥梁美观、能效控制、施工一体化等要求,探索和实践应用了新结构、新材料、新工艺;在施工方面,全程应用BIM和装配式工艺,大力发展工厂预制、现场拼装和智能建造,全面打造高品质工程。

  在"交通强国"战略的指引下,按照长三角一体化综合交通一体化更高质量发展的要求,"平安百年品质工程"的建设使命光荣、任重道远。闵浦三桥工程的建设者们在本书中全程分享了桥梁建设管理的总体进程,塑造了上海品质创建经验。相关思辨和创新实践可抛砖引玉,以期与从业者们共同推动我国交通基础设施高质量发展。

上海市交通委员会党组书记、主任

二○二○年十二月二十五日

前言

　　品质工程理念的提出,加速了桥梁建造技术的发展。近年来,我国桥梁建设在工厂生产、预制装配、组合结构方面取得了长足的发展与进步,基本上实现了桥梁的工业化建造模式。回顾品质工程的起源,其不仅重视工程质量方面的提升,而且重视人与工程的和谐,提升工程本身的品质感。上海市作为国际化大都市,城市密集程度高,工程引发的扰动问题更加突出,在打造精品工程、服务于民的总体目标下,也提出了建造期间的安全、和谐、有序、美观、环保等系列建造要求,建立了"上海品质"的指导思想与方法论。

　　本书以闵浦三桥工程为例,通过总结参建各方的理念、技术、经验等,对上海品质进行诠释,详细介绍了工程建设管理体系、设计、施工等方面的要点。

　　第1章:绪论,诠释上海品质的由来及含义。

　　第2章:建设管理体系,介绍管理理念上的创新以及先进的多级管理体系。

　　第3章:工程设计创新,介绍闵浦三桥工程主桥、引桥及配套工程的关键创新点。

　　第4章:工程建造组织,介绍工程项目的建设组织及关键问题。

　　第5章:跨江主桥建造品质提升技术,介绍主桥的施工技术与质量管控。

　　第6章:装配化引桥建造品质提升技术,介绍引桥的施工技术与质量管控。

　　第7章:数字化与信息化技术,介绍闵浦三桥施工过程中对信息化技术的相关探索。

　　第8章:结语,对本书内容进行总结。

　　以上内容涵盖了上海品质的建造模式、关键指标的实现方式、创新的设计技术,以及创新的施工技术方面的探索成果,从体系到细节不一而足,形成了可直接运用于管理、设计、施工的概念或方法。

　　闵浦三桥工程的实践只是"上海品质"的一个缩影,质量只是工程的基础,只有实现交通、环境、人文的和谐,才是工程实实在在的成绩。"上海品质"本身是一个宏大的概念,包含了上海市所有技术尝试或突破,也包含未来的技术迭代或者理念更新。

上海品质的建立,助推了交通运输部"品质工程"建设理念的发展进步,助力了桥梁工程建造技术的提升。

由于编者水平有限,书中难免有不当之处,敬请读者批评指正!

编　者
2021 年秋于上海

目录

第 1 章　绪论 1
 1.1　我国交通工程建设背景 1
 1.2　上海品质的提出与诠释 4
 1.3　工程背景及内容概要 7

第 2 章　建设管理体系 12
 2.1　管理理念创新 12
 2.2　行政管理 14
 2.3　建设管理 21

第 3 章　工程设计创新 33
 3.1　设计创新概述 33
 3.2　跨江组合梁斜拉桥设计 39
 3.3　装配化引桥设计 63
 3.4　配套工程设计 66
 3.5　设计理论创新与试验 71

第 4 章　工程建造组织 102
 4.1　概述 102
 4.2　总体安排部署 106
 4.3　施工场地布置 108
 4.4　水上施工组织 114
 4.5　环境保护 121
 4.6　文明施工 126

第 5 章　跨江主桥建造品质提升技术 130
 5.1　建造精度 130
 5.2　桩基施工 133

1

5.3	承台及塔座施工	138
5.4	桥塔施工	145
5.5	主梁及斜拉索施工	152
5.6	施工控制	165

第6章 装配化引桥建造品质提升技术 ··· 172

6.1	预制基地建设	172
6.2	建造精度	175
6.3	桩基及承台施工	177
6.4	立柱预制与安装	180
6.5	桥墩盖梁预制与安装	186
6.6	小箱梁预制与安装	191
6.7	桥面系施工	199

第7章 数字化与信息化技术 ··· 202

7.1	概述	202
7.2	数字化应用策划	202
7.3	桥梁BIM的建立与应用	205
7.4	桥梁建设数字化管理平台	217

第8章 结语 ··· 232

参考文献 ··· 234

第 1 章 绪论

1.1 我国交通工程建设背景

1.1.1 桥梁技术发展历程

随着我国交通工程建设步伐越走越快,桥梁工程的发展更是日新月异。我国是桥梁建造大国,近 30 年来,建造了许多集品质与美观于一身的大桥,气势雄伟壮丽,不仅给人们的生活带来了极大的便利,给城市面貌增添了靓丽的风景线,更为中国工程建设做出了巨大的贡献。

纵观技术历程,我国在短时间内即实现了从零突破到世界领先的跨越式发展。1991 年,我国建成首座自主设计的双索面、叠合梁斜拉桥——南浦大桥,拉开了大跨度桥梁发展的序幕。2008 年,建成世界上首座主跨超过 1000m 的斜拉桥——苏通大桥(图 1-1)。2018 年,建成了世界上最长的跨海大桥——港珠澳大桥(图 1-2),设计寿命 120 年,打破世界上同类型桥梁的"百年惯例",超大规模桥梁群的建成,彰显着我国创新能力以及综合实力的显著提升。

图 1-1 苏通大桥

图 1-2 港珠澳大桥

纵观建造体量,我国交通建设实现了几何量级的增长。据国家统计局数据显示,2010 年以来,全国公路总里程不断增加。2010—2019 年,全国公路里程由 400.82 万 km 增长到

501.25万km,年复合增长率为2.5%。截至2019年底,我国农村公路里程420.05万km,较2015年增长21.99万km。其中,县道里程58.03万km,乡道里程119.82万km,村道里程242.20万km。截至2020年底,全国公路总里程519.81万km,比上年末增加18.56万km。据人民日报报道,截至2021年底,中国高铁运营里程突破4万km,中国铁路营运总里程突破15万km。截至2020年底,中国现代桥梁总数超过100万座。

即使被这么多荣誉光环围绕,我国的桥梁工程仍潜藏着不可忽视的危机——"品质"。如果不能经受时间的考验,再辉煌的"之最"都只是昙花一现。只有牢牢抓住工程品质,才能充分发挥工程的价值,以提供更为优质的服务,实现人文和谐,将工程建设产物磨砺成为一个时代的风向标。

1.1.2 品质工程的提出

中央经济工作会议提出:"要推进中国制造向中国创造转变,中国速度向中国质量转变,制造大国向制造强国转变。"国务院发布的《质量发展纲要》(2011—2020年)也明确提出:"到2020年,建设工程质量水平全面提升,国家重点工程质量达到国际先进水平,人民群众对工程质量满意度显著提高。"

在这个大背景下,2015年10月,交通运输部在京召开的全国公路水运工程质量安全工作会议,为公路水运工程的发展提出了指导性意见和方向规划,对工程安全质量作出详细部署,并首次提出打造"品质工程"的新理念。对于人而言,"品"意味着由内而外的气质、为人处世的品德、众人认可的品性;而对于工程建设而言,"品"针对广大人民群众对工程设施的使用感官体验、基础建设设施自身安全耐久性以及对于自然环境的友好性。"质",顾名思义,为"质量",是对工程项目建设成果的评定标准与认可。

2016年交通运输部发布的《关于实施绿色公路建设的指导意见》(交办公路〔2016〕93号),明确打造"绿色品质工程"的四项基本原则:坚持可持续发展,坚持统筹协调,坚持创新驱动,坚持因地制宜。2017年9月5日,《中共中央 国务院关于开展质量提升行动的指导意见》指出:"确保重大工程建设质量和运行管理质量,建设百年工程""全面落实工程参建各方主体质量责任,强化建设单位首要责任和勘察、设计、施工单位主体责任"。中国共产党第十九次全国代表大会指出,建设交通强国、质量强国,把提高供给系统质量作为主攻方向。打造公路水运品质工程是交通运输行业贯彻落实党的十九大精神、党中央国务院质量提升行动决策部署和深化交通运输基础设施供给侧结构性改革的重要举措。

交通运输部专门成立了"品质工程"专题研究领导小组,制定、出台实施了多项建设市场监管、设计施工总承包、项目代建等部门规章,颁布了《公路工程设计施工总承包管理办法》《公路工程建设项目招标投标管理办法》,修订完善了《公路建设市场管理办法》《水运工程施工监理规定(试行)》《公路水运工程监理企业资质管理规定》,发布了设计、施工、监理、检测等信用评价办法,出台《关于加强公路水运工程质量和安全管理工作的若干意见》等一系列的规范工程质量安全的文件,并将公路水运品质工程定义为:在合理使用周期内,符合"安全耐久、优质舒适、和谐持续"等公共性服务要求的公路水运软件硬件基础设施。其具体解读如下。

(1)安全耐久

"安全耐久"是工程建设的基本要求,也是工程建设的基础。公路水运工程在合理的使用周期内,应当有足够的稳固持久性,经得起时间和历史检验。

(2) 优质舒适

提倡从施工规划、勘察、设计、施工到监管等每个步骤的精细化,提升设施的内在产品质量和外在服务功能,提高基础设施的适应性服务能力及水准,加强基础设施的普适性。

(3) 和谐持续

在科学合理设计的基础上,有机融合协调自然条件、生态环境、社会人文等因素,实现互惠互利,相辅相成、互促互补、共同发展的目标。在工程项目的整体规划中充分考虑环境保护、资源利用、节能减排,实现基础设施的可持续发展性。

要"适应新常态、实现新作为",迫切需要树立"全寿命周期、可持续发展、适应性服务"等"品质工程"建设新理念,全面提升基础设施"安全耐久、优质舒适、和谐持续"基本内涵属性,打造"功能定位合理、建设管理精细、质量安全可靠、经济环保绿色、服务水平一流、创新驱动发展"的公路水运品质工程。

我国品质工程的建设也取得了一定成绩。据 2014 年数据统计,全国公路工程高速、干线和农村公路抽检指标总体合格率分别为 96.9%、95.9% 和 96.5%;水运工程抽检合格率为 95%,原材料、混凝土强度和耐久性合格率在 98% 以上,2014 年安全事故 45 起,与 2008 年相比下降 40%。抽查数据令人较为满意,但是并不意味着国内工程建设项目已经达到了"品质工程"的标准。事实上,目前的工程建设体系需要从各方面加以提高、完善与创新。基于目前国内的情况,工程建设在以下方面有待改进:

(1) 项目前期规划

从工程项目的前期建设考虑,很多项目前期规划欠缺考虑,资金储备预算跟不上项目规划,一味地将眼光放在"高、大、上"的建设目标上,脱离实际,导致在工程项目建设到一半的时候,资金不足,后期项目计划仓促调整,重复劳动,严重影响了项目工期,打乱了整体规划进程,降低了材料设备质量,工程建设成果大打折扣,预期目标与实际相差甚远。合理规划协调项目预期目标与投入资金的完美平衡是打造品质工程的起航点。

(2) 环境可持续发展性

现有的建设水平,在环境保护方面仍有欠缺,环境污染现象不能完全避免,对于现有资源的利用率有待提升。细化勘察内容,对工程建设地区及周边区域进行细致化考察,关注生态环境,结合参考周边建筑建造前期勘察内容,尽量避开国家生态保护区域及文化遗址,最大限度地利用现有资源,与环境和谐共处,互惠互利,将工程建设对环境的影响减到最低。

(3) 设计创新度

工程建设在创新思路发展的道路上步伐较为缓慢,大多数设计者设计方案较为单一保守,缺乏创新点。品质工程大力推广微创新、精细化等新概念,因地制宜,根据不同工程项目特点,结合勘察报告,利用地理优势条件,设计与周边环境相匹配、功能性健全、具有特色的基础设施是打造品质工程的重要环节。

(4) 施工技术精准度

设计与施工建设成果差别大是现有工程建造的另一个问题。再完美的设计理论方案,如果不能够将建造误差控制在以毫米为计量单位的范围内,设计细节的精华就不能在实际使用中完美体现,所以粗犷的施工方式要向高精度施工工艺靠拢。目前国内大力推广装配式二厂化预制构件的理念,是实现建筑材料预制模块化、统一化的有力方法。但是,预制构件的质量精准度还未能达到理想高度。选用高端先进的设备设施能够提高工厂化预制的效率及质量,及时更新老化故障、精准度低的老旧设备,定期对佰用设施进行检测,排除故障、及时检修,确保设备的正常运行等措施,可以有效减少因设备自身产生的生产误差;提高设备操作人员的技术水平,争取做到人人是"专家",避免人为误差的产生。

(5)管理体系规范化

目前,项目建设过程中存在过失,而承担后果的责任方较为模糊,对于人员分配规划不够细致,工程建设项目管理体系精细化、系统化管理等方面有待提高完善。通过完善规章制度,健全监管体系,有序运行规范,明确主体责任,分配组织任务,明确落实个人权利和义务,加强集体责任意识,避免相互推卸责任、无人承担后果的情况发生。同样,对于做出卓越贡献和表率作用的先进个人或团体,进行奖励表彰、推广。

快速施工一直以来是建设发展的重要目标,但是在缩短工期的过程中,工程质量也受到较大影响。很多工程项目在建设完短短几年后就要进行大幅度修整,有的甚至需要拆除重建,造成巨大经济损失,浪费了大量的人力、物力和资源,同时也造成了不好的社会反响。合理规划管理施工时间也是成功打造品质工程的一个重要组成部分,节省该节省的时间,不走不该走的捷径。详细工程规划施工安排,同时进行互不干预的建设项目,同样可以缩短工期、保质保量。基础设施完成建造并不意味着品质工程的成功打造,在设计使用全寿命期间内基础设施的使用情况都将纳入品质工程衡量的标准。

(6)后期维护体系

在完成建造后的短期内,很多工程已出现各种各样的问题,所以对后期工程维护项目的频率有待提高。结合先进信息化技术 BIM 对工程全寿命周期进行管理,明确监督检查常态化、数据化指标,及时发现存在的问题,采取相应的措施,让经得起时间考验的高品质工程不再是梦想。

目前,全国各地针对"品质工程"开展了大范围的探索与实践,对如上难题都做出解答、探索和优化。由于各省(自治区、直辖市)的建设条件差异较大,对品质的需求也不相同,因此侧重点也各有不同,品质工程的概念有待进一步完善。

1.2　上海品质的提出与诠释

1.2.1　上海桥梁技术发展历程

上海市作为全国经济建设领先的城市,处于长三角水域复杂的地理环境之中,桥梁工程成为刚需之重,较早就开展了关键技术的攻坚工作,起步早、突破快、技术储备坚实是上海市桥梁技术发展的特点。

1976年6月,黄浦江上建成首座越江大桥——松浦大桥。松浦大桥为钢桁架式公铁两用桥。自此之后,黄浦江上先后建成12座越江大桥,拥有多个"第一"、对我国桥梁发展具有里程碑意义的桥梁项目。

1991年11月,中国第一座自行设计、自行建造的斜拉桥——南浦大桥诞生。南浦大桥(图1-3)全长8629m,主桥长846m,一跨过江,中孔跨径为423m。南浦大桥的建成为我国桥梁在20世纪90年代的崛起奠定了基础。

1993年11月,杨浦大桥(图1-4)建成通车,建成时为世界上最大跨径的斜拉桥。相比南浦大桥的设计构造,杨浦大桥上塔柱的拉索数量大,并且受到高度的限制,不可使用钢梁进行拉索锚固,必须使用预应力,为现代桥梁建设中预应力工艺的使用提供了重要参考。杨浦大桥是中国的斜拉桥设计建造能力进军国际领先水平的标志,奠定了中国在国际桥梁界的地位。

图1-3 南浦大桥

图1-4 杨浦大桥

1995年10月,在闵行至黄浦江西渡渡口建成的奉浦大桥(图1-5),全长2201.8m,是奉贤与黄浦江北岸地区联系的主要过江交通设施,同时也是上海市第一座采用国内集资形式筹措资金建设的黄浦江大桥。奉浦大桥(图1-5)从正式施工到通车仅历时一年零七个月,是黄浦江上建桥时间最短的大桥,同时施工质量也达到较高标准,荣获国家最高奖——鲁班奖。

1997年6月建成的徐浦大桥(图1-6)是上海市境内连接闵行区与浦东新区的过江通道,主桥全长1074m,是世界上第一座大跨径混凝土梁与钢—混凝土叠合梁混合结构的斜拉桥(图1-6)。其建成标志着我国在此类桥型结构的设计与施工上均达到世界先进水平。

图1-5 奉浦大桥

图1-6 徐浦大桥

2003年6月,上海第一座通过向全社会公开招商方式投资建设的大桥——卢浦大桥正式通车。卢浦大桥主桥全长750m,是上海市境内连接黄浦区与浦东新区的过江通道,为上海内环高架路组成部分之一。卢浦大桥融合了斜拉桥、拱桥和悬索桥三种不同桥梁的设计工艺,流畅的曲线为黄浦江增添了一道别样的风景,由于主跨达到550m,建成时成为"世界第一钢拱桥"。

除此之外,黄浦江上还建设有松浦二桥(2005年)、闵浦大桥(2009年)、松浦三桥(2009年)、闵浦二桥(2010年)、金山铁路黄浦江特大桥(2011年)、辰塔大桥(2012年)等各具技术特色的桥梁结构,江下分布有打浦路、外滩、长江路等16条隧道,越江通道建设之迅速、技术水平之高,创造了人类建桥史上的一大奇迹。这些大规模的跨江桥梁、长大隧道工程,累积了大量工程建设质量、安全管理经验,推动上海公路水运工程建设质量和安全管理迈上了新台阶。

尽管上海的桥梁建设基础扎实,更有多座桥梁达到世界领先水平,但随着时代的进步,上海逐渐上升的品质追求以及越来越狭窄的作业环境,对桥梁建造提出了更高的要求。一方面,需要开展合理的布局规划,不仅要给人们的出行带来便利,还要在有限的空间范围内,实现土地资源的高效利用,这对于上海这样经济发达、人口密集、土地资源紧缺的城市,具有重要的社会与经济价值;另一方面,作为中国经济发展中心,上海的城市面貌是面向全世界的,在展现我国强大综合实力的同时,更要体现上海城市独特的社会面貌韵味,因此桥梁工程的建设应集合优质、耐用、舒适、美观、环保、经济、智能等于一体,由内而外,打造属于上海的"品质工程"。

1.2.2 上海品质的诠释

"海纳百川、追求卓越、开明睿智、大气谦和"是上海城市发展的精神。作为我国最发达的城市之一,上海应最先响应党中央号召,致力于打造具有社会主义特色、兼容大上海特有气质的上海"品质工程"。上海品质工程的打造,总结了几十年来建设过程的优势与经验,结合当前技术现状与发展战略,建立了一套与上海高速发展节奏并驾齐驱的标准化管理、创新化设计、信息化监控、规范化运行、耐久坚固、质优舒适、绿色生态的品质工程体系。

(1)以和谐发展为目标

与其他城市相比,上海具有人口密度高、土地资源紧缺、车辆密度大、工程建设需求多样化的特点,经济的快速发展带动城市交通的需求。上海是全球航运中心,集输运体系世界一流,货物和集装箱吞吐量连续多年世界第一。交通运输网络四通八达、分布合理是上海对交通建设需求的基础条件。上海的城市格局是经过众多城市建设者们精心设计过的,而非偶然随意堆砌,尽管城市发展迅速,但仍遵循一定节奏。以上海的陆家嘴为例,俯瞰整座城市,其为上海城市景观最为震撼的地区,不难发现,最核心区是高楼、绿地、道路三位一体的设计形式。上海虹桥商务区的格局布置是以虹桥火车站为中心,依次向外排开,秩序井然。上海正在向现代化国际大都市的目标迈进,肩负着服务中国、面向世界的大任。而在当今土地可利用率越来越小的情况下,合理规划、井然有序的工程建设将成为核心理念之一。

(2)以绿色建造为指标

由于建设管理理念和方法相对落后,工程建设的生态污染防治停留在绿化和污染源治理等层次,缺乏节能减排技术创新,实施力度不足,评估体系不完整。城市发展的速度一旦超出环境资源的承受能力,过度使用不可再生能源对环境的破坏是不可逆的。2016年,上海环境空气质量指数优良率为75.4%,能源消耗1.174亿t标准煤,单位GDP能耗每万元438吨标准煤。船舶氮氧化合物和二氧化硫排放占上海市大气排放的37%和49%,是大气污染的重要来源。边缘城区和郊区民众受交通噪声影响较大,施工噪声在中心城区尤为突出。上海浦东新区由于集中机场进出干道、港口运输等多功能作用,加之市政府配套设施建设工地多,成为噪声污染的集中区。

工程建设、城市开发都应遵照自然规律执行,破坏生态的行为将打破自然界的平衡。温室效应、洪涝灾害等都是对人们忽视环境保护、过度使用资源的惩罚。只有与自然和谐达成共识,节能减排,防止污染,保护生态,才能将城市建设发展持续到底,互惠互利,协调城市化与自然的关系,打造上海生态城市建设、绿色航运中心与经济的绿色生态品质工程。上海市政府组织编制《上海市加快推进生态文明建设的实施方案》和《"十三五"节能低碳和应对气候变化规划》,加强上海生态文明建设的顶层设计;制定发布《上海市2016年节能减排和应对气候变化重点工作安排》和《上海市煤炭减量替代工作方案》,大力提倡推广建筑节能、新能源车,落实装配式建筑,淘汰重油锅炉,推动节能减排和大气污染防治工作。上海市政府已采取一定措施,向工程建设节约化迈进,利用闲置的建设用地搭建工程建设部门;采用铣刨料建设施工便道层面;"边建边绿"的路基边坡创新模式,达到防雨固土的效果;房屋建设工程中利用地源热泵、雨水利用、水中回用等节能方式,进一步推广新风系统、智能空气监测系统及装配式建筑;机电设计中采用风能、光能等可再生清洁能源;环保设计中采用新型光伏声屏障等先进科技。

(3) 以技术创新为手段

技术创新体现在设计、施工及管理3个环节。正如我国宏观规划所言,大型项目的建设体量逐渐下降,目前建造的项目集中在面大量广的小型桥涵工程中,开展微创新、实现生产模式升级,是品质建造的主攻方向。

基于对上海品质工程的追求,打造耐久实用、精细设计、外形优美、质优舒适的基础设施,体现周边环境的人文经济文化背景。不同的地区体现别样的文化理念,对设施的需求也因人而异,只有开展精细化创新设计,才能让基础设施更好地服务于城市发展。

完美的设计需要结合高精度的施工工艺技术,才能真正意义上诠释展现品质工程"质量"的概念。"差之毫厘,谬以千里",施工建设队伍应秉持高要求、严标准的严谨态度对待施工的每一个细小环节,将误差控制在以毫米为单位的范围内。上海是国内首批开展工厂化建造的城市之一,探索了大量的桥梁上部结构与下部结构的预制拼装技术,并且建设了专业化工厂,起到了很好的示范作用,引领了我国桥梁领域工业化的发展。工厂化预制拼装技术,极大减小了临时占路和掘路的总量,将建设施工对周围居民、车辆等出行影响降到最低,契合上海市宏观发展的理念,解决了建设和民生之间的矛盾。

上海先后建成大桥、隧道、高架路、高速路、轨道交通、火车站、国际机场、深水港口等标志性重大城市建设工程,庞大复杂的工程项目从前期建设到后期管理,都需要精细化的管理模式及庞大的建设技术支撑,在这些项目的建设过程中积累了丰富的经验。然而,这些实践经验有待固化与总结,以形成一套可分享的管理方法,为品质建设提供更为坚实的支撑。

综上所述,上海品质是基于上海城市的特点,结合城市发展的宏观规划,充分发挥工程技术和产业优势,以和谐发展为目标,以绿色建造为指标,开展技术创新,打造经得起时间考验、绿色生态、经济环保、优质耐久、质优舒适、社会认可的品质工程。

1.3 工程背景及内容概要

1.3.1 工程概况

2018年经上海市交通委员会批复,昆阳路越江工程正式命名为闵浦三桥工程,从建造伊始即确定了打造上海品质的目标,在建造过程中对上海品质开展了多层面的探索。闵浦三桥工程北起东川路，与昆阳路（北松公路—东川路）道路改建工程衔接，向南过江川路后为避让闵行发电厂折向西约400m，在邬桥附近以桥梁形式跨越黄浦江。越江后路线折向东南，在规划西闸公路以北落地，终点与浦卫公路（闵浦三桥—南亭公路）改建工程衔接，路线全长约3.49km。

工程起点桩号K3+052.710，终点桩号K6+540.000，主桥起讫桩号为K4+915.00～K5+455，长约1.94km（主桥540m），两端接线道路长约1.55km。闵浦三桥与上游松浦大桥相距6.4km，与下游闵浦二桥相距5.1km。

闵浦三桥工程建设将补充从闵浦二桥至松浦大桥之间近10km的越江交通空白。由于闵浦二桥在东川路以北约300m处落地，且为客车专用，因此闵浦二桥对近江交通服务有限。鉴于S4高速公路贯通性好，目前浦江南侧的奉贤区西部地区以及金山区进入市区的交通很大程度上依赖于奉浦大桥，因此S4高速公路既承担省际间长距离交通功能，又承担市域新城与中心城联系通道的功能，交通压力巨大。随着莘庄工业区、闵行区铁路货场、闵行经济技术开发区、上海工业综合开发区和上海化学工业区的开发建设，迫切需要在闵浦二桥与松浦大桥之间新增通往奉贤、金山方向的地方越江通道，满足中短距离货运交通需求，兼顾服务近江客运交通。

昆阳路—浦卫公路—金山大道是上海市域骨干路网中的D20干线公路，闵浦三桥工程北连闵行区昆阳路，可达中心城区、虹桥枢纽和浦东机场；南接奉贤区浦卫公路，可达南桥新城、金山区及浙江省。目前，闵行区的昆阳路光华路—北松公路段及北松公路—东川路段已分别按双向四快二慢和双向六快二慢完成改扩建；奉贤区的浦卫公路拓宽改建工程也已基本完成。闵浦三桥工程实施后，对改善此区域越江通达不足、完善上海市干线公路网的布局将起到重要的作用，同时可解决两岸地方车辆和居民出行问题，加强上海中南部各级工业、经济开发区之间的沟通，促进地区经济发展，增加区域竞争能力。

该项目主桥设计为独塔中央双索面四跨连续钢—混凝土叠合梁斜拉桥，跨径布置为50m+2×220m+50m，总长540m，主梁采用整体式箱形断面，桥面采用错层布置，上层供机动车辆通行，下层供行人和非机动车通行。

钢主梁采用开口单箱三室截面，中央布索区设封闭箱室，采用Q345qD钢材。混凝土桥面板支承在槽形钢主梁的上翼缘和横梁及横肋上，为纵向单向板。桥面板厚0.26m，分预制与现浇部分。混凝土桥面板与钢梁之间通过布置于钢梁顶板的剪力钉焊接。桥面板采用C55混凝土，剪力钉材质为ML15AL。截面顶宽28.8m，主桥全长采用统一的截面高度，中心高度3.945m，标准节段长9m，顶面设2.0%的双向横坡。索面与中央箱室在一个面内，斜拉索锚固在中央箱式的锚箱上，锚固间距为9m。斜拉索索力通过锚管传递给箱形横梁内的纵向腹板，再传递至钢主梁。斜拉索采用中央双索面竖琴形布置，两索面横向间距为1.1m。全桥共84根斜拉索。主塔采用钻石形桥塔，塔高136m，桥面以上高度103.8m，高跨比0.47:1，在下方设置一道横梁。钢管桩采用水上打桩船进行沉桩，承台采用钢套箱围堰施工。塔柱采用爬模施工，主梁采用桥面起重机大节段悬臂拼装架设工艺。

主桥效果图如图1-7所示。

引桥采用35m标准跨径，上部结构标准段形式采用简支小箱梁。下部结构标准段桥墩的盖梁、立柱采用预制拼装结构。承台考虑吊装重量、与桩基连接施工的便利性，仍采用现浇施工。引桥分为左右两幅，标准断面桥面宽13m，标准桥墩采用双立柱盖梁形式，盖梁与墩柱均

图1-7 主桥效果图

采用矩形断面,盖梁布置预应力钢绞线。桥台选用常规的埋填式桥台,桥墩采用部分预制并装连接、部分现浇的方式。

该工程北岸引桥起于桩号K4+195.674处,分别跨越金彭河、金星中心河等节点,之后与黄浦江大桥连接。南岸引桥由黄浦江大桥连接点开始,跨越巨潮港支河,在西闸公路前落地,终于桩号K6+135.000处。

1.3.2 建设意义

该项目的顺利建设及运营,将起到如下重要作用:

(1) 完善上海市骨干公路网建设

上海已进入高速公路超常规发展、建设高水平交通设施的阶段。一个更为快速、便捷的交通系统是经济发展的基本保障,而经济水平的提高又必然刺激交通需求的增长。根据最新修编的上海市公路网规划,提出了干线公路网的新目标和新要求,从更严格意义上看是对整个干线公路网的要求,目标的实现是市域干线公路网整体效益的体现。因此,随着"一环""十二射"以及"一纵""一横""多联"的高速公路网系统的纷纷竣工通车和实施建设之后,为配合市域高速公路建设,市域二级路网的改建和辟通工程正在进一步展开。

昆阳路—浦卫公路不仅是连接闵行、奉贤、金山三区的一条上海市南北向的重要干线公路,也是上海市规划中14条对外公路中最南端的一条通往浙江省的交通干道,其最终的贯通对改善上海西南地区的南北向公路干道不足的局面、完善上海市干线公路网的布局将起到重要的作用。

(2) 完善闵行、奉贤地区的路网结构

从总体路网看,目前闵行区的西部以及奉贤区的西北部缺乏贯穿南北的高等级道路,现状的南北向道路(如闵行区的昆阳路、奉贤区的浦卫公路等)现状等级较低,车道数较少,且均止于黄浦江,而昆阳路—浦卫公路正处于S4公路以西地区的中间位置,连接了莘庄工业区、闵行经济技术开发区,是工业区中最主要的道路。且昆阳路与浦卫公路奉贤段相连接后,与S4公路北段走向基本平行,并与黄浦江两岸的多条市级国省道干线(如北松公路、剑川路、大叶公路、G1501和S4公路西段)相交,是S4公路主要的分流道路,是对高速公路网的有力补充。因此,闵浦三桥工程开通后,将改善路网布局和结构,弥补闵行区西部、奉贤西北部干线路网的空白,改善闵行区道路的拥堵状况,为该地区对外交通联系创造有利条件。

(3)配合越江通道的规划,解决两岸地方车辆通行和居民出行

随着上海市交通量的进一步增长,对越江交通的需求也越来越大,现状黄浦江上的流量增长非常迅猛,年平均增长率高达20.1%,高于同期路网的交通周转量17.9%的增长率。虽然越江通道设施的增加会进一步释放潜在的越江需求,但随着设施的增加,释放的需求会趋于平稳。而目前黄浦江上的越江通道呈东密西疏的格局,尤其是徐浦大桥的上游至G1501西段,现状仅有徐浦大桥(S20)、闵浦大桥(S32)、奉浦大桥(S4)、闵浦二桥、松浦大桥(车亭公路)和G1501黄浦江大桥6座越江通道,其中3处为收费通道。根据预测,该段范围的越江总需求约为542000pcu/d,目前的越江设施已远远满足不了日益增长的交通量需求,为此,根据上海市对越江通道的规划,在上述范围内将规划布设13条越江通道,闵浦三桥工程也在上述规划范围内。

另外,目前已建的越江通道大部分属于高速公路的范围,尤其是1995年由地方集资兴建的奉浦大桥在2000年纳入上海市高速公路网系统之后,对闵行区、奉贤区两岸的居民出行、地方车辆通行过江带来很大的影响,人们反映强烈。新建闵浦二桥为客车专用,奉浦大桥两侧是地方货运交通越江通道的空白点,故急需寻找新的突破点。昆阳路位于松浦大桥与闵浦二桥之间,位置适中,其北侧为闵行区的江川社区和昆阳社区,是闵行区的主要居住点之一,西侧为闵行经济技术开发区,聚集大量的企事业单位,东侧汇集大量的大型国企(如上海起重机厂等),北端为旗忠森林体育城,南侧通过浦卫公路可直达奉贤庄行镇、南桥镇,其建设实施可基本解决两岸居民、企业的出行要求,并通过与沪闵路—沪杭公路越江通道(闵浦二桥)的配套建设,极大改善目前南北两岸割裂的交通现状。

(4)加强上海中南部各级工业区、经济开发区沟通,促进地区经济发展及竞争力

随着世界经济增长重心向亚太地区转移,中国正在成为世界经济新的增长极。同时,上海在与全国各地的分工合作、互相促进以及参与国际经济运作的过程中,已成为我国最大的经济中心城市,并初步具备了沟通国内外市场和与国内外经济循环接轨的能力。《上海市城市总体规划(2017—2035年)》以"一个龙头、四个中心"为战略目标,面向21世纪,体现国际大都市水平,着眼于上海城市功能的调整,明确了"多层、多核、多轴"的城市布局体系,高起点、高标准地建设结构合理、功能完善、各具特色的郊区城镇,加快工业及人口向郊区城镇聚集,达到城郊并进,增强综合竞争力。另外,拓展沿江沿海发展轴线,为上海从我国最大的经济中心城市崛起为国际经济中心城市提供坚实的基础。

上海市工业综合开发区A区(前身为上海市奉浦工业区)位于奉贤区西渡镇和南桥镇,规划面积33.38km^2,1995年由上海市人民政府批准成立,并被列为上海市市级工业区。2000年,上海市工业投资(集团)有限公司投资控股上海市工业综合开发区,并将其列为上海市三大重点工业园区。上海市工业综合开发区经过20余年的发展,已逐步形成电子与信息产业、现代化生物与医学产业、高新材料产业、输配电设备产业等支柱性产业。

闵行工业园区位于闵行区境内,其分布特点是"3+2+4",即由3个国家级园区(闵行经济技术开发区等)、2个市级园区(莘庄工业区等)、4个区级园区组成。截至2014年底,9个工业园区规划面积达58km^2,已开发面积26.19km^2,累计引进内外投资800亿元,实现工业生产总值745亿元,占本地工业总产值的56.8%。

闵浦三桥工程连接闵行区的昆阳路和奉贤区的浦卫公路,向南延伸接浦卫公路金山段和出省段,它连接了莘庄工业区、闵行经济技术开发区、上海市工业综合开发区和上海化学工业区三个市级工业区,是沟通工业区之间联系的重要道路。该工程的改建将促成城郊经济互动、优势互补,相关产业协同联动,推动产业升级与集聚,加快郊区产业化、城市化、现代化步伐,优化城镇体系,促进经济、社会、人口、环境、资源协调发展。

1.3.3　本书概要

闵浦三桥工程充分践行"上海品质"的理念,在既有的建造与管理经验的基础之上,革新建设理念,开展大量的技术微创新工作,提升工程建造质量,提高管控效率,实现人文与环境的和谐相处;作为当前上海建造大环境中的重要一环,其技术承接与发展,为技术体系的完善起到了积极的示范意义与推动作用。本书主要内容如下:

(1)建设管理体系:概括了建设管理所做的创新工作,具体介绍了管控目标、体系架构、职能划分、管控方式等系统内容。

(2)工程设计创新:聚焦主桥的独塔组合梁大跨径斜拉桥、引桥的装配化混凝土桥梁,介绍桥梁构造、建造方式等方面的创新内容,以及支撑的技术条件等。

(3)工程建造组织:介绍了高密集城市区的跨江通道工程建造中的总体规划、资源调配、生产协调、安全管理及环境保护等宏观架构工作。

(4)跨江主桥建造品质提升技术:介绍了主桥上部结构及下部结构施工采用的关键技术、关键指标与控制方法。

(5)装配化引桥建造品质提升技术:介绍了装配化引桥的上部结构,下部结构施工采用的关键技术、关键指标和控制方法,以及工业化预制基地的建设标准、技术指标和先进设备等。

(6)数字化与信息化技术:介绍了数字化与信息化技术在项目系统管理、人员管理及技术管理中的应用模式。

第 2 章
建设管理体系

上海交通工程建设划分为城市道路、公路工程及内河航道三部分,闵浦三桥工程隶属于上海市在建的重大公路工程项目,具有体量大、任务繁重的特点,交通建设工程的组织需要高效的行政机制,建造品质的保障需要优秀的管理机制。在大量的实践中上海的城市建设管理逐渐完善相应的组织架构、管控体系、技术储备和管理经验等,建立了具有上海特色的基建管理体系,在国内处于领先地位。本章对闵浦三桥工程的建设管理进行介绍。

2.1 管理理念创新

管理单位以及参建单位是工程建设实施的主体,本节对建设单位的组织方式、各单位的职能进行介绍。

2.1.1 建设组织架构

闵浦三桥工程与其他交通基建工程一样隶属于上海市交通委员会管理,由上海公路投资建设发展有限公司全程开展建设管理工作。闵浦三桥工程的设计单位为同济大学建筑设计研究院(集团)有限公司与上海市城市建设设计研究总院(集团)有限公司,施工单位为上海公路桥梁(集团)有限公司,监理单位为中铁武汉大桥工程咨询监理有限公司。建设组织架构如图 2-1 所示。

2.1.2 管理及参建单位简介

1)上海市交通委员会

上海市交通委员会由原上海市城乡建设和交通委员会拆分而成,于 2014 年由上海市人大常委会第十一次会议上正式成立,内设 17 个主要机构,行政职责为负责全盘统筹、规划、运营、管理上海交通事务。上海市交通委员会的成立,是贯彻大部制改革思想进行职能部门改革的体现,通过扩大一个部所管理的业务范围,最大限度避免政府职能交叉,提升交通工程的行政管理效率。闵浦三桥工程建设中,上海市交通委员会全面审批行政事务,负责协调对接其他行政部门,对其组织、推进以及检查进行总体把控。

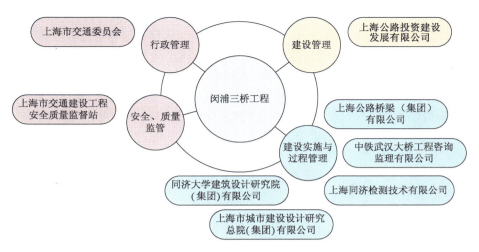

图 2-1　建设组织架构图

2）上海市交通建设工程安全质量监督站

上海市交通建设工程安全质量监督站是上海市交通委员会所属的事业单位。主要职责为全面负责上海市公路和城市道路、轨道交通、公交站点、港口、航道、市域铁路等建设工程安全质量监管等工作。在该项目中,承担安全、质量的全面监督管理,参与安全、质量指标的制定以及技术把控工作,保障工程建造品质。

3）上海公路投资建设发展有限公司

上海公路投资建设发展有限公司为闵浦三桥工程的建设方,也是建设执行的总管理方。上海公路投资建设发展有限公司隶属于上海城投公路投资(集团)有限公司,自成立以来,主要承担上海市高速公路、城市快速路、越江大桥、市管公路等市级重大工程的投资建设管理任务。先后完成了 S32 申嘉湖高速公路、闵浦大桥、闵浦二桥、松浦三桥、S26 沪常高速公路、北翟路高架、崧泽高架、林海公路、嘉闵高架、S6 公路、辰塔公路越江大桥、虹梅南路高架、S3 公路先期实施段、浦星公路、沪宜公路拓宽、S26 公路入城段(G15—嘉闵高架路)新建工程等市级重大工程项目。公司坚持"安全、优质、高效、有序"的原则,创新引领,逐步完善"城市桥梁预制拼装建造技术",创造了以"预制拼装"为核心的城市低影响建设体系。在十多年的市级重大工程项目的建设管理中,公司践行使命,勇挑重担,为中国 2010 年上海世界博览会、中国国际进口博览会的顺利召开和改善城市道路交通状况做出了重要贡献。

4）上海公路桥梁(集团)有限公司

工程的承建单位为上海公路桥梁(集团)有限公司。上海公路桥梁(集团)有限公司是上海隧道股份旗下的大型施工企业,由原上海市第一市政工程有限公司、上海建设机场道路工程有限公司、上海公路桥梁工程有限公司等单位整合重组而成,具有强大的建造实力。

5）同济大学建筑设计研究院(集团)有限公司

同济大学建筑设计研究院(集团)有限公司的前身是成立于 1958 年的同济大学建筑设计研究院,是全国知名的大型设计咨询集团,拥有深厚的工程设计实力和强大的技术咨询能力,持有国家工程设计公路行业(公路、特大桥梁)甲级,市政行业甲级,建筑行业甲级,环境工程(水污染防治工程、大气污染防治工程等)专项甲级,工程勘察专业类(岩土工程)甲级等资质。

其业务范围涵盖建筑行业、公路行业、市政行业、风景园林、环境污染防治、文物保护及岩土工程、地质勘探等领域,提供工程咨询、规划策划、工程设计、项目管理等全过程服务,在国内外有近万个工程案例,是目前国内资质涵盖面最广的设计咨询公司之一。

6) 上海市城市建设设计研究总院(集团)有限公司

上海市城市建设设计研究总院(集团)有限公司(简称"城建设计总院")成立于1963年,是以基础设施建设的勘察、设计、总承包为主的综合性设计咨询研究单位,具有国家工程设计综合甲级、国家工程勘察综合甲级、工程咨询甲级等资质。城建设计总院致力于聚焦技术革新,建有劳模工作室、博士后工作站、上海市企业技术中心、上海城市雨洪管理工程技术研究中心,内设13个创新中心,是高新技术企业。在科学探索和技术创新中所做出的贡献,荣获国家、部和市级各类奖项近千项,拥有各类专利百余项,主编和参编各类标准、规范、通用图,推动行业发展。

7) 中铁武汉大桥工程咨询监理有限公司

中铁武汉大桥工程咨询监理有限公司成立于1993年6月,同时具有中华人民共和国建设部与中华人民共和国交通运输部颁发的多项甲级资质证书。多次被评为中国铁道工程建设协会和湖北省建设监理协会先进监理企业;所监理的工程项目2次获得国家科技进步二等奖,5次获得国家优质工程金质奖,6次获得鲁班奖,8次获得中国土木工程詹天佑奖。中铁武汉大桥工程咨询监理有限公司已承担监理的工程总造价达1000余亿元,设备先进,检测手段完备,工作机构健全,能完成各类大型桥梁的施工监理任务,尤其在大型深水基础、钢结构、斜拉桥、悬索桥、系杆拱桥等高难度桥梁技术方面具有丰富经验。在该工程中,承担监理咨询服务。

8) 上海同济检测技术有限公司

上海同济检测技术有限公司是同济大学控股的专业从事工程质量及环境检测的市级高新技术企业,是上海市市场监督管理局、上海市住房和城乡建设委员会、中国合格评定国家认可委员会(CNAS)、国家测绘局、上海市建设工程检测行业协会等相关单位认可的第三方检验检测机构,也是上海市目前规模较大、检测参数及项目最全的检验检测机构之一。主要业务涵盖建设工程质量相关的工程结构类、材料类检测及评估等内容,能为整个建设工程项目及环境保护提供全面、优质的质量检验检测及技术咨询服务。在该工程中承担试验检测及主桥监控等技术服务。

在闵浦三桥工程建设过程中,上海市交通委员会履行行政管理职责,上海市交通建设工程安全质量监督站履行安全、质量监管职责,上海公路投资建设发展有限公司履行建设管理职责,上海公路桥梁(集团)有限公司履行施工管理职责,同济大学建筑设计研究院(集团)有限公司及上海市城市建设设计研究总院(集团)有限公司履行设计职责,中铁武汉大桥工程咨询监理有限公司履行监理职责,上海同济检测技术有限公司履行监测控制职责,为工程建造提供基础条件,共同保障工程品质,推进上海品质的实践与发展。

2.2　行政管理

行政管理的职责在于制订总体目标、把握管控方向及细化重点控制内容。上海市交通委员会落实长三角一体化发展战略,继续完善"枢纽型、功能性、网络化"一体化交通体系,服务好上海城市能级和核心竞争力提升。下面从行政管理总体目标、品质工程建设、科技创新推动、工程文明与和谐、人才培训 5 个方面的工作开展情况进行介绍。

2.2.1 行政管理总体目标

行政管理的总体目标与具体方向为：

(1) 推进长三角交通更高质量一体化发展，加快上海国际航运中心建设。通过完善区域铁路网、公路网、高等级航道网等重大交通基础设施，促进运输市场统一开放。继续推进《上海国际航运中心建设三年行动计划(2018—2020)》，加快提升高端航运服务能力，基本建成具有全球航运资源配置能力的上海国际航运中心。

(2) 持续推进重大项目的规划与建设。仅 2019 年开展的市重大交通工程有 52 项 70 个，如沪通铁路一期工程等铁路项目，机场联络线等轨道交通项目，田林路下穿中环地道等 11 条区区对接道路项目以及周家嘴路越江隧道项目等，推进交通建设系统的完善。

(3) 强化改革创新，确保安全与稳定。重点推进交通工程建设、交通设施、道路运输、轨道交通 4 个行业安全生产责任体系建设，以安全、文明的方式为交建工程服务品质提供保障。

(4) 大力发展智能交通和绿色交通。加快互联网、大数据、人工智能等技术与交通行业的融合发展，助力上海建设具有全球影响力的科创中心。提高电力能源的利用率，严格控制污染排放。

上海市政府及上海市交通委员会在加强政策引领、健全机制建设方面开展了大量工作。2017 年，出台了《上海市交通建设"品质工程"评选办法》，探索建立本市品质工程考核评价体系。上海市交通监督部门推出了"上海交通建设工程安全（文明）质量检查电子台账"，打造了"互联网 + 工程质量安全监管"的管理信息平台，推进大数据与项目管理系统深度融合，实现施工过程溯源的信息化。2015 年，《预制拼装桥墩技术规程》发布。2018 年，上海市地方标准《公路工程装配式施工质量验收评定标准》(DGTJ08-2250—2018) 发布，为桥梁结构预制拼装施工提供了政策支撑。

2018 年 9 月，上海市交通委员会印发《上海市交通委员会关于进一步推进公路水运品质工程示范创建工作的通知》（沪交建〔2018〕866 号），提出品质工程创建的路线图，深入推进考核工作落实，建立完善品质工程示范创建工作与建设市场联动管理和激励机制，不断推进建设管理专业化、工程施工标准化、工程管理精细化、工程管理信息化、班组管理规范化。

2019 年 9 月，上海市政府修订发布了《上海市建设工程文明施工管理规定》，对上海市公路水运工程品质建设内容提出了更高要求。上海市交通委员会修订发布了《上海市文明工地（交通类）创建管理办法》，结合公路水运工程安全质量红线行动相关工作要求，组织开展公路水运工程文明施工和品质提升专项行动。

解读相关政令，归纳交通建设工程的行政管理建造目标的推进流程，如图 2-2 所示。高质量、一体化、国际航运中心的总体目标，实现交通和谐、促进经济发展，是上海品质实现的必要手段。推进重大项目的规划建设，打通关键节点，实现阶段性目标，为其他工程的建设提供支撑条件，最终建设完善的交通服务体系；以强化改革创新为理念，开展质量与安全的双项控制，落实上海地区的品质建造；引领信息技术及绿色建造技术的发展，实现技术升级，为品质打造提供核心技术。

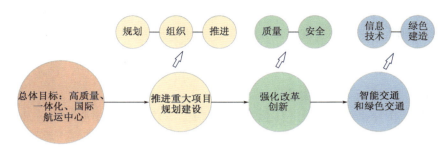

图 2-2 行政管理建造目标的推进流程

2.2.2 品质工程建设

自 2015 年提出"品质工程"概念以来,全国各地都开展了大量的探索工作,并取得了显著的成绩,交通运输部于 2017 年发布《公路水运品质工程评价标准(试行)》(交办安监〔2017〕199 号),进一步推动品质工程的全面建设。上海市交通委员会积极响应"品质工程"建设号召,在实践中对品质工程的内涵进行丰富,融合质量要求、科技创新、人文和谐、绿色环保元素,打造"优质耐久、安全舒适、经济环保、社会满意"品质工程,形成独特的"上海品质"理念,并且从示范项目创建、行业引领和总结、创建经验推广方面推动施行。

1)示范项目创建

在总结和汇总品质工程创建的基础上,选取了闵浦三桥工程(东川路—西闸公路段)、上海 S26 公路入城段(G15—嘉闵高架)新建工程以及大治河西枢纽新建二线船闸工程 3 个项目创建上海市公路水运品质工程示范项目。组织示范项目参建人员,因地制宜、问题导向和目标导向并重,按照品质工程建设标准进行评价,重点突出 BIM 技术与公路水运工程的融合及应用,以及装配式技术在桥梁工程中的影响力。

2)行业引领和总结

通过开展公路水运品质工程评价体系研究,探索品质工程示范创建工作机制,建立上海市公路水运品质工程示范创建项目评价与激励机制,编制并发布相关文件;结合上海市项目实施情况以及评分情况,制订品质工程评价的操作细则。

由建设管理单位结合"新技术、新工艺、新材料、新设备"利用以及建设市场管理推动上海市品质工程建设,研究品质工程示范创建工作与建设市场联动管理机制,对表现突出的项目和单位予以鼓励,确保示范创建工作取得实效。

3)创建经验推广

积极推动各参建单位加强与行业学会、协会的沟通和协作,继续以品质工程宣贯会、现场观摩会、经验交流会等形式组织专题交流。要求各参建单位在网站上开辟品质工程示范创建工作专栏,对成效显著的上海市示范创建项目予以重点宣传展示,相关信息应按照品质工程创建逐年推进的相关要求实施并更新。

参建单位以交通运输部以及上海市交通委员会相关要求为工作依据和行动指导,持续推进品质工程示范创建工作,定期总结推广创建经验,积极参与创建机制和评价体系,引导全行业扎实推进品质工程建设,推动行业技术进步,全面提升上海市公路水运工程质量水平。

2.2.3 科技创新推动

积极推动公路水运工程的信息技术与绿色建造科技创新,信息技术集中于 BIM 技术,绿色建造集中于装配化工艺。上海市交通委员会 2016 年印发《上海市交通建设装配式技术应用推广方案(2016 年—2018 年)》,明确提出对技术创新的宏观规划。

BIM 技术与装配式工艺推进工作中,建立了以推广领导小组、推广办公室、推广工作小组纵向逐级分工协作的组织架构。推广领导小组由上海市交通委员会分管领导挂帅,相关处室负责人组成,负责全面研究、指导、协调上海市交通行业 BIM 技术应用推广工作;推广办公室设在上海市交通建设工程管理中心,负责具体组织、统筹、规范相关单位开展建管工作;推广工作小组由 3 个工作小组和 1 个专家咨询小组组成,由相关建设单位、设计单位、施工单位、监理单位、运维单位、科研单位、软件开发单位、平台软件公司、行业协会等组成,各小组成员单位须专设 1~2 名工作人员开展相关工作。

在科技创新工作方法上,采用了试点、拓展及推广三级发展的策略,如图 2-3 所示。

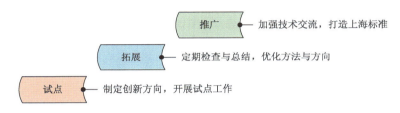

图 2-3 科技创新推进层次图

1)试点

上海市交通委员会于 2017 年确定了首批 BIM 技术试点项目,见表 2-1;2018 年确定了首批装配式技术试点项目(表 2-2),闵浦三桥工程均作为重点推进项目之一。

上海市 2017 年首批 BIM 技术试点项目　　　　表 2-1

序号	项目名称	应用阶段
1	上海吴淞口国际邮轮码头船舶交通管理中心工程	设计、施工
2	闵浦三桥工程	施工
3	济阳路(卢浦大桥—闵行区界)快速化改建工程	设计、施工
4	龙东大道快速化改建工程	设计、施工
5	惠南公交停车保养场新建工程	设计、施工、运营

上海市 2018 年交通建设工程首批装配式技术试点项目　　　　表 2-2

序号	项目名称	试点内容
1	闵浦三桥工程	(1)立柱、盖梁、小箱梁和防撞墙; (2)预制构件拼装精度控制技术(基于 BIM 放样机器人系统和三维激光扫描系统)
2	龙东大道(罗山路—G1501)改建工程	(1)先张法预应力混凝土简支双 T 梁; (2)新型桥面板湿接缝连接技术(窄缝+直钢筋交错布置、不焊接+超高或高性能混凝土方式)

续上表

序号	项目名称	试点内容
3	上海市轨道交通14号线封浜车辆段工程	(1)立柱、内隔墙； (2)立柱全灌浆套筒连接工艺+可调节支撑安装体系
4	上海轨道交通15号线吴中路地下车站工程	(1)地下车站大跨度无柱结构拱形顶板； (2)大跨无柱叠合拱壳顶板工艺(连续拼装预制底模+后浇混凝土拱形顶板)

通过试点，继续优化完善实施方案，加强实施过程中的数据积累和经验总结，为进一步推进 BIM 技术在上海市交通建设工程中的应用提供可行性的实践经验。

2)拓展

拓展工作以项目跟踪检查、问题排查、方向优化为主。在市、区属项目自查基础上，组织专业力量按"双随机、一公开"原则，逐年开展交通建设工程装配式和 BIM 技术应用情况的专项检查与总结工作。

这部分工作取得了如期效果，装配率达到装配式技术应用拓展阶段的目标要求，市级项目 BIM 技术应用情况水平整体较高，钢—超高性能混凝土面板新型组合梁、超高性能混凝土(UHPC)材料等推进迅速。基于 BIM 的设计、建造、运营与管理在多个项目中得到了成功应用，体现了现代交通工程特色。

开展政策研究、技术标准和示范推广等工作，编制上海市交通建设装配式技术应用常规形式目录，梳理标准规范及专题研究，完成《节段预制拼装预应力混凝土桥梁设计规范》和《节段预制拼装混凝土桥梁技术规范》等标准编制和修订工作，提出并创建"上海标准"，形成可推广、可复制经验，不断深化交通建设工程装配式技术的应用，促进交通建设装配式技术产业发展。

3)推广

上海市交通委员会积极推进行业内 BIM 技术与装配化技术的交流工作，在 2017 年召集上海市市政公路行业协会、上海市政工程设计研究院(集团)有限公司以及建设、设计、施工企业约 100 余人，举办交通工程"BIM+"智慧建设交流分享会，会上亮相了 5 项与 BIM 相结合应用的新技术、新工具和新平台，包括放样机器人、实景建模、三维激光扫描、虚拟现实(VR)技术与混合现实(MR)技术。

上海市交通委员会多次组织装配式工艺现场观摩，对技术进行推广。例如，2017 年开展 S26 公路入城段装配式技术现场观摩交流会，在 S26R-5 合同段施工现场，通过演示立柱及盖梁注浆、吊装的全过程，配合讲解，给予观摩人员对预制拼装工艺直观上认识和感受；2019 年开展"2019 年上海市交通建设 BIM 及装配式技术观摩交流会"，对北横通道新建二期工程Ⅰ合同段(天目路立交)工程、济阳路快速化改建工程进行现场参观与交流。并依托《建筑时报》、上海市市政协会刊物、上海交通及上海工地公众号等媒体，进一步扩大示范宣传效应，不断健全上海市交通建设工程领域装配式技术应用的标准体系，引领装配式行业发展。

4)关键科技创新及成效

科技创新推进工作取得了丰硕成效。截至 2018 年底，对 BIM 技术"非常了解"的企业由

36.2%上升到81.25%,有了显著提升;"保障设计成果质量和施工过程质量""提升业务品质,优化设计施工方案"已成为企业使用BIM技术的主要原因,这代表着使用该技术逐步提升到基于企业的现实需求;68.75%的企业将BIM应用技术纳入了企业的年终考核中,这种举措在一定程度上加速了企业BIM应用技术的普及和发展。

自2013年首次在S6公路桥梁应用预制拼装技术以来,已在港口码头、桥梁、隧道、轨道交通等几大领域进行全面推广,取得良好的应用效果。政府投资类技术应用推广试点项目装配率目前基本达到了《上海市交通建设装配式技术应用推广方案(2016—2018年)》的要求。在装配式小箱梁、钢—混组合梁、节段预制拼装连续梁、整孔预制U形梁、装配式墩柱、隧道管片、防撞墙等方面进行突破,建立应用技术,形成成熟经验,为进一步科技突破以及品质工程建设奠定了坚实的基础。

S26公路入城段项目参建各方和高校成立了技术研发中心,在推动产学研深度融合及设计施工方面形成有效联动。从设计源头上实现科学选线,避让基本农田。在施工过程中,开展大面积泡沫轻质土填筑、大悬臂盖梁分段预制拼装、高立柱分节预制拼装、超大构件轻质化和智能注浆系统等研究,推动全预制拼装桥梁技术在桥梁领域的应用。

S7公路全面应用预制拼装技术,在立柱、盖梁和小箱梁装配的基础上,对悬臂拼装分节盖梁、组合梁桥面板、桥台(pocket模式)、箱涵、挡土墙、防汛墙、防撞墙、排水沟、管理用房等工程结构均成功应用了装配式技术,工程装配化率达到95%以上。在施工中实现钢筋锚固月灌浆波纹钢管连接技术,成功应用边梁防撞墙模板整体安拆工艺。

闵浦三桥工程建设单位牵头参建各方联合高校开展了"薄膜剪力板试验""接缝钢筋优化试验"等一系列试验,为工程结构优化提供依据。大治河西枢纽新建二线船闸工程完成了模架一体化高大钢模板无拉杆工艺的研究和应用。

推广信息技术,建设智慧工地方面,S26公路入城段工程自主研发了BIM协同生产管理平台,实现在预制场地布置、施工现场布置、构建模型检测等方面统一数据管理。在预制构件生产全过程采用二维码扫描标签制,最终将过程中的扫描数据录入预制构件内预埋的射频识别(RFID)芯片内,后期运营养护阶段也可将养护过程的沉降等数据通过手持设备录入芯片,探索BIM技术和装配式施工在工程建设全生命周期的应用。为解决跨G15钢箱梁吊装工况复杂、施工风险高的难题,利用BIM技术模拟现场实际工况,优化吊装方案,降低了道路通行的安全风险,缩短了工期,提高了经济效益,为后期复杂环境下大跨度曲线钢箱梁安装施工提供借鉴指导。闵浦三桥工程开发了"企业级桥梁建设数字化综合管理平台",利用无人机倾斜摄影建立了工程环境的三维实景模型,并与虚拟的BIM结构模型进行了精确整合,从而创建较真实的模型数据环境,并可实现模型数据的自定义录入,为将来移交管养奠定基础。在预制拼装工程中引入三维激光扫描技术,对大体积、高精度构件进行扫描,同时引入BIM放样机器人系统来提高预制构件的安装精度。

S7公路参建单位联合开发了智能航拍系统,将工程建设线路图成功嵌入航拍动态视频中,使规划线路与现状地形的关系一目了然,大大节省了踏勘工作,提高了前期规划工作的效率和准确性。同时,智能航拍系统的实时更新动态数据与BIM信息技术相结合,为预制场生产和构件运输提供决策管理,实现了装配生产"零库存"管理,较好实现了工程建设速度和质量的同步提升。

2.2.4 工程文明与和谐

上海市交通委员会在管理在建交通项目时,着重从交通影响、安全与文明施工三个方面提升交通基建的和谐与品质。

1)重视交通影响评价,保障市民通行品质

将交通建设工程的影响评价与控制纳入施行的审批环节。上海市交通委员会制定了专项的《上海市建设项目交通影响评价管理规定》,规定建设项目的规模或者指标达到或者超过本市有关建设项目交通影响评价启动阈值时,应当在建设项目设计方案形成时同步开展交通影响评价工作。

该项工作由建设单位负责组织,由具有城市规划、工程设计、工程咨询等相应资质的技术单位编制影响评价,并组织相关的评审与修改工作,由上海市交通委员会审批核准后施行。

通过实施声、光隔离,设置交通引导措施,保障交通顺畅,尽量减少对现状交通的影响,保障居民的出行品质。

2)严抓安全考核与监管,保障生命安全

上海市的交通工程建设的作业面具有单作业面狭窄、多作业面交叉的特点,若发生生产事故,则造成的影响必然很大,其损失也是不能接受的。应定期开展安全考核工作,严抓安全生产的制度与保障措施。如上海市交通委员会颁布的《公路水运工程施工企业主要负责人和安全生产管理人员考核管理办法的通知》中对生产主体施工企业提出了安全保障及考核的细则,主要考核的内容包括安全生产知识和安全生产管理能力,通过考核的单位将取得相应行业一个管理类别的安全生产考核合格证书,证书的有效期为 3 年,持有证书方能开展相关的生产建设工作。

执行过程中针对安全生产事故隐患开展密集的排查工作。上海市交通委员会颁布的《上海市交通行业安全生产事故隐患排查治理办法》,针对道路运输隐患、城市客运隐患、水路运输隐患、港口营运隐患、交通工程建设隐患、交通设施养护工程隐患和其他隐患 7 个类型,督促落实生产经营单位的安全生产主体责任,执行每周一次的日常排查、半年一次的定期排查,以及针对特殊作业环境或新型技术的专项排查,对发现、排除事故隐患的有功人员给予奖励和表彰,对瞒报事故隐患或者排查治理不力的人员按照有关规定予以处理,防范和遏制安全生产事故发生。

推进考核制与排查制,提高企业安全意识,落实安全措施,杜绝安全事故,保障人民生命与财产安全,创建和谐发展之路。

3)加强文明工地建设,坚持绿色发展,提升建造人文品质

交通建设工程的文明体现于有序、和谐等方面,文明工地的建设可以起到提高人文素养、确保方案实施可行、减少污染、提高人民幸福感、创建工程品质的作用。上海市交通委员会颁布的《上海市文明工地(交通类)创建管理办法》,对上海市交通建设的新建、改建、扩建和大中修整治等工程项目的文明工地(交通类)创建和检查评比均有明确规定。

例如,S7 公路建设以"三个有利于"(减少人为因素,有利于安全质量控制;减少现场工作量,有利于控制施工对周边环境影响;增加拼装化程度,有利于集约化管理)为抓手,坚持低碳、环保和绿色的施工理念。施工中将工程建设产生的建筑垃圾筛检后进行破碎,然后用于路

基填筑,大大减轻了建筑垃圾外运和土方进出对周边环境的污染,缩短了路基施工周期,整个工程建筑旧料消耗超过 40 万 m³。S26 公路坚持"四节一环保"的建设理念,在确保社会道路正常通行的前提下,采用永临结合的施工方案,临时道路采用破碎的混凝土材料进行再生利用,有效节约资源。闵浦三桥工程首次在黄浦江上采用大直径钢管桩,减少了水源环境污染。

对于满足工程规模要求、合规的项目,在申报之后开展检查工作。由建设单位组织的领导小组办公室开展专项检查以及日常巡查,引入社会监督制度,将公众意见作为重要参考,对诚信、纠纷、违法、事故等实行一票否决制。综合评定后,授予"上海市文明工地"荣誉称号,树立榜样,对其他工程建设起到示范引导作用。

综上所述,上海市交通委员会充分履行其行政管理的职责,加强品质工程的顶层策划,从政策引导、组织架构、工作推进等方面开展了大量工作,丰富"上海品质"的内涵,建立并健全了目标、方向及方法论。

2.2.5　人才培训

注重人才在品质建造中的重要作用,强化人才孵育,充分发挥人才价值,通过加强教育培训,培养上海工匠。

例如,S26 公路入城段工程推行班组首次作业合格确认制和清退制度、班组作业标准化,确保班组高效完成每日的工作量,保护工人合法劳动权益。昆阳路越江及配套道路工程在人员管理上,通过搭建高精度人员定位基站群,研发、订制有源定位卡片,实现对入场现场人员的有效管控。

委托专业培训机构举办企业管理人员、项目管理人员和现场操作人员等不同层次的专业培训,为现场管理和一线作业人员技能提升提供支持。为营造有利于示范创建工作的舆论氛围,上海市还积极推动公路水运项目之间合作交流,对先进典型和成功经验通过组织观摩会进行广泛宣传,先后举办了预制拼装工艺观摩会、闵浦三桥工程质量月观摩等系列活动。这些活动不仅促进了技术的交流与进步,更为培养人才提供良好的平台。

2.3　建设管理

2.3.1　理念

随着经济的增长、科技的进步,落后的施工工艺和产业模式已经不适应新时代的发展要求,建设单位上海公路投资建设发展有限公司(简称"公司")"与时俱进",以"标准化"管理理念作为指导方针,通过引进新材料、新设备、新工艺,以"工厂化、模块化、机械化"的工业化发展理念,降低"人"在公路工程中的影响因素,建立一种新型的公路工程标准化管理体系,其核心内涵是"三个有利于"理念下以技术创新为发展核心的"四化"管理体系。"三个有利于"是发展理念、发展方向,"四化"是"标准化"管理体系的内容和目标,技术创新是具体手段更是核心动力,三者是相辅相成、相互促进、有机结合,共同构成了公路工程"标准化"建设管理体系。

"三个有利于"为:一是减少人为因素,有利于安全质量控制;二是减少现场工作量,有利于控制施工对周边环境影响;三是增加预拼装化程度,有利于集约化管理。"三个有利于"是在深刻理解"科学发展观"的基础上,体现了"工厂化、模块化、机械化"的发展理念和发展方向。

技术创新包括两个方面:一是施工工艺的创新,主要是指新材料、新设备、新工艺;二是管理手段的技术创新,主要是指新型组织机构、新型管理制度、新型信息管理平台等方面。技术创新不仅是实现"三个有利于"理念的关键措施,更是通过"科技是第一生产力"推动"四化"不断向前发展。

"四化"管理主要体现在"项目管理专业化、日常管理精细化、管理手段信息化、工程施工标准化"四个方面。其中,"工程施工标准化"是"四化"的核心内容,也是其他"三化"发展的最终动力。同时"四化"也以"标准化"的形式在公司投资建设的公路工程中推行和应用。

2.3.2 模式

闵浦三桥工程由上海公路投资建设发展有限公司负责实施,按照设计—招标—建设—移交模式进行建设项目管理。针对上海市交通委员会的行政管理目标,结合建设单位现阶段的建设管理体制,为有效落实业主责任,规范工程安全、质量和文明施工的建设管理,提高工作效率,及时协调解决工程建设现场问题,上海公路投资建设发展有限公司创新项目管理模式,即改变传统管理模式,选拔具有丰富施工经验和管理经验的专业人员成立现场指挥部,代表公司全面负责工程施工现场的管理,在公司相关职能部门协同下开展各项工作。建设单位及现场指挥部管理机构分别如图2-4、图2-5所示。

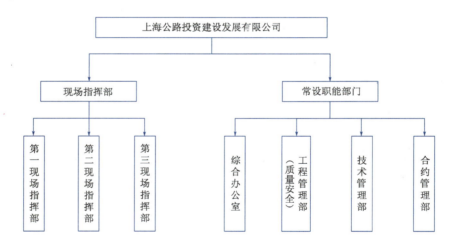

图2-4 建设单位管理机构框图

现场指挥部是最接近施工现场的管理机构,是施工现场安全、质量、文明施工管理的第一责任主体,也是公司能否做好项目建设管理的关键。现场指挥部管理人员不仅要精通专业知识,而且要具备一定的公路工程建设项目管理经验,因此现场指挥部是基于把好准入关,保证项目建设管理的专业性,充分发挥专业团队的专业优势建立起来的。公司对现场指挥部管理人员的专业技术和工作经验提出了严格的要求,详见表2-3。

第2章 建设管理体系

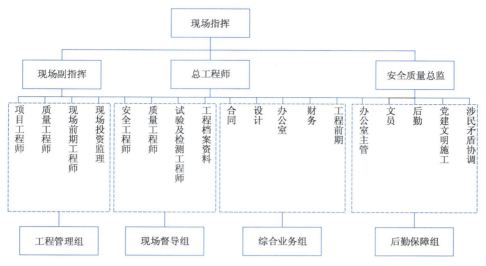

图 2-5 现场指挥部管理机构框图

现场指挥部人员配置要求 表 2-3

人员配置		岗位要求
管理人员		总人数视工程建设规模和专业技术要求确定,其中工程技术人员不少于管理人员总数的75%,具有高、中级以上专业技术职称的人员应占工程技术人员总数的80%以上
主要负责人	现场指挥	具有中级以上专业技术职称,2个及以上公路或高速公路项目的建设、施工管理经历
	副指挥	掌握公路安全、文明施工标准及规定,具有中级及以上专业技术职称,2个及以上公路或高速公路项目的管理经历
	总工程师	掌握公路工程技术标准、规范和规程,具有高级及以上专业技术职称,2个及以上公路或高速公路项目的技术管理经历
	安质总监	掌握公路工程施工规程及质量验收标准,具有高级及以上专业技术职称,2个及以上公路或高速公路项目的安全质量管理经历

根据公司授权,现场指挥部全面负责工程建设实施阶段的组织、协调和控制,具体职责为:

(1)认真贯彻国家、行业和上海市有关公路工程建设的法律、法规、标准和规范性文件,执行公司管理制度。

(2)负责项目建设策划的统筹,编制项目总体实施计划。

(3)负责与区政府、相关单位等协调及前期动拆迁推进工作,并协调涉区相关办证事务。

(4)负责组织包括设计、施工、监理及公司各相关部门参加的总体协调会。

(5)负责项目现场生产进度协调和安全、质量、文明施工管理。

(6)负责审批按施工图实施、按合同清单计量的正常验工计量工作(具体按验工计价管理办法执行),负责施工图工程量的复算审核工作。

(7)根据公司制订的程序负责设计变更和施工签证初审工作。

(8)负责交工验收及工程竣工文件编制工作,参与工程决算工作。

(9)负责设计文件的管理发放和日常现场设计配合服务的协调工作。

(10)参与项目工程可行性研究阶段、初步设计阶段的工地调查,参与指导和完善项目设计文件。

(11)参与项目招标、询标工作,参与和了解合同签订过程。

(12)负责项目的立功竞赛、综合评比的现场检查工作。

(13)负责组织开展党建联建和社区共建活动。

2.3.3 实施

闵浦三桥工程作为上海市品质工程试点项目之一,对安全、质量等方面提出了更高的控制要求。为推进品质工程创建,建设单位的管理重心主要集中在以下几个方面。

1)全面推行建设管理标准化

为贯彻落实交通运输部关于公路建设管理工作"五化"要求及上海市《关于进一步规范本市建筑市场加强建设工程质量安全管理的若干意见》有关要求,加强和规范闵浦三桥工程的建设管理,提升建设工地形象,促进工程质量、安全管理及文明施工水平的提高,上海公路投资建设发展有限公司结合自身的管理经验,在闵浦三桥工程全面推行标准化管理,努力创建"管理制度标准化、工地建设标准化、施工工艺标准化、过程控制标准化、施工机械设备和模板标准化"。严格执行上海公路投资建设发展有限公司《工地建设及文明施工标准化指南》《公路工程安全施工标准化指南》《公路路基施工标准化指南》《公路路面施工标准化指南》《公路桥梁施工标准化指南》及《建设单位标准化管理指南》等相关规定与要求。依据各项标准化管理文件(图2-6)指导工程建设管理工作,做到任何事情有章可循,有迹可查。

a)　　　　　　　　　　　　　　　　b)

图2-6　建设单位编制的标准化管理文件

2)加强日常精细化管理

精细化管理是指通过规则的系统化,运用程序化、标准化、和数据化的手段,使组织管理各单元精确、高效、协同运行。在公司的指导下,现场指挥部根据工程施工工艺的特点制订相应的日常管理制度、手段,并随着施工工艺的创新和标准化,不断创新日常管理的内容,以实现日常管理的精细化。

现场指挥部管理的精细化对于工程的安全、质量、文明施工等有着直接的作用和影响。公司在要求指挥部严格执行各项安全、质量、文明施工标准化指南和控制要点的基础上,制订了详细的岗位安全责任制度、会议制度、季度考核制度、工程建设管理流程制度、标准化管理检查表制度等一系列制度,做到工作到位、责任到人、有法可依、鼓励先进、鞭策后进、实现共进,使施工现场的安全、质量、文明施工等始终处于受控可控状态。

此外,为有效推进重大工程建设,确保"工程优质、队伍优秀"目标实现,针对工程建设线长点多、施工单位来自五湖四海、管理方式不统一等难点,将只有合同关系没隶属关系的各参建单位,通过参建单位共有的党组织这一组织体系,以重大工程建设为依托,以"共同的使命、共同的责任、共同的荣辱"为导向,创新建立了一个特殊的党组织——工程现场指挥部联合党支部。通过发挥联合党支部"拧绳聚力"作用,党建引领发展,助力工程推进,为党建联建的精细化开辟了新思路。

3)严格把关技术管理

品质工程的打造对建设过程提出了全新的、更高层次的要求。技术管理是工程建设管理的基础和保障,是工程建设控制进度、质量、安全与文明施工、投资等的重要途径。管理的核心是明确并落实技术责任。为此,上海公路投资建设发展有限公司建立以技术管理部和总工程师为首,技术管理部归口管理,现场指挥部依各自职责分工负责,测绘、勘察、设计、施工图审核、科研、施工监理、施工、检测和物资设备供应等各相关方分别承担相应责任的建设技术责任制。

闵浦三桥工程建设过程中,涉及水上施工平台的搭设、组合梁斜拉桥建造、装配化引桥施工,具有作业面广、作业面多的特点,管控体量大,存在一定的质量或安全控制风险。为确保方案可行、技术可控,建设单位建立分部工程的专项方案与专项审批制度。由施工单位对各分部工程的实施流程、实施要点、质量控制标准、质量控制方法、人员与机械保障等进行充分论证,报监理工程师审批,重大方案需经过专家评审并报公司内审、现场指挥部备案。各项施工方案的编制与报审必须在施工前全部结束,充分落实"方案先行、严格把关、认真执行"的技术管理办法。

4)确保安质体系正常运转

建设单位督促各参建单位建立、健全完善的安全质量管理体系(图2-7),加强制度建设和组织管理,逐级分解、层层落实,明确工作职责和工作流程,分级监督、分级指导,将安全质量目标逐级分解落实到各施工阶段、各工程项目和各工序环节,以"首件制"为抓手,有针对性地采取可靠的控制措施、稳定的技术手段,按照既定的安全质量标准开展工程实施,以提高整个工作安全质量保障来确保工序的安全质量,以工序的安全质量来确保分项、分部、单位和整体工程的安全质量,并确保工程建设项目总体安全质量目标的实现。

闵浦三桥工程严格执行上海公路投资建设发展有限公司《首件制工程实施办法》,涉及须进行首件施工的工程如下。

(1)桥梁工程:第一根桩、第一个承台、第一个立柱、第一榀盖梁、第一片梁预制和安装、第一联现浇梁、桥面铺装(试验段)、防撞护栏(单幅试验段)。

(2)路基工程:河塘填筑、软基处理、不同压实标准及不同填料的路基填筑工程(试验段)、结构物台背回填。

(3)路面工程:底基层、基层、透层、黏层、面层。

(4)防护工程:防汛墙、挡墙、护坡、绿化。

(5)交通安全设施:护栏、标志和标线。

(6)对工程质量和安全影响较大的临时结构和附属设备设施,如首次使用的支架、运输安装设备设施等。

(7)在外部环境条件发生重大改变、施工机械设备有重大调整或重要原材料发生变化等情况下,应对所涉及的分项工程重新实行首件认可制。

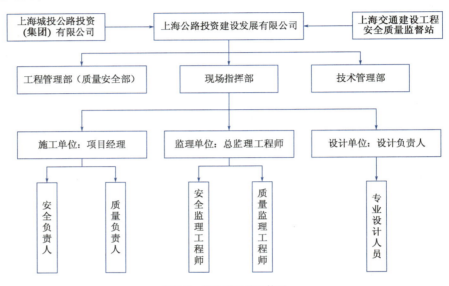

图2-7 安全质量管理体系

首件制管理流程如图2-8所示。

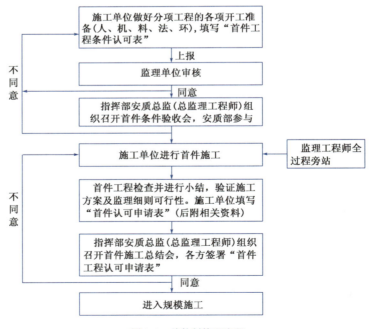

图2-8 首件制管理流程

针对建设过程,为保障实施效果与方案一致、达成既定的品质目标,全程贯彻自检与定检制度。自检是指在各工序开展前、施行中及实施后,由建设单位牵头组织施工单位、监理单位及第三方监测单位对各项安全、质量指标的符合程度进行检查。定检是指在关键工序完成后,由行政管理单位、建设单位会同各参建单位对资料的符合程度、指标的符合程度进行复验。自检与定检是保障品质的关键手段,也是总结经验、优化提升的必然手段。

5) 充分依托信息化管理

闵浦三桥工程为重大公路工程项目,涉及的参建单位多,由于各单位驻地分散、交通不便等原因,容易造成信息上传下达不畅,使得工程建设管理难度加大。同时,信息化是一个行业进步与否的重要标志,也是公路工程建设管理发展的必然趋势。因此,上海公路投资建设发展有限公司根据该工程的特点、管理及工期的要求,以科技手段、信息技术、网络管理、管理创新为支撑,联合技术开发实力雄厚的科技公司,建立并应用了覆盖工程建设全过程的管理信息系统。该系统将工程建设的质量、安全、进度、投资,以及设计变更、工程签证、试验检测等管理内容纳入系统,改变了传统的工程管理中业主、设计、施工、监理等单位基本处于各自为政、点对点沟通的状态,消除了信息孤岛与数据噪声(图2-9),实现了即时、准确、动态沟通及管理,加强了工程建设质量,提高了工程现代化管理水平。

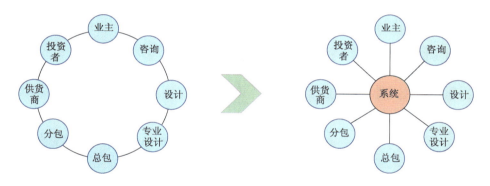

图2-9 信息化管理对于建设管理的改变

综上所述,建设管理的实施主要针对工程品质提升所遇到的挑战问题,搭建了专岗的管理架构,针对安全质量目标和建造难题,贯彻专项方案专项审批制度、"首件制"、自检与定检制度,积极推行标准化管理和标准化施工,依托信息化管理手段,提高效率,固化经验,确保建造品质。

2.3.4 核心优势

作为闵浦三桥工程的建设单位,上海公路投资建设发展有限公司基于多年探索和积累的经验,对闵浦三桥工程实施成熟的建设管理模式和标准的管理办法。品质工程的创建对建设管理提出了更新、更高的要求,因此,建设管理的深层潜力必须得到充分的挖掘和发挥。根据公司多年的发展经验,以问题为导向的创新是建设管理高效推进的关键。建设理念的创新助推技术革新,并带来管理创新。近年来,公司致力于以创新理念和技术解决管理问题,逐渐形成了建设管理的核心优势。

1) 理念优势

随着我国城市化进程的加速以及城市基础设施的不断完善,新建城市交通设施的建设在空间与环境方面均受到较大的制约,尤其在传统建设模式下尤为突出,对城市正常运行及市民的正常生活影响越发明显(图 2-10),已难以适应周边环境要求,"绿色建设"、高品质、低影响施工已成迫切需求及发展趋势。

图 2-10　传统建造模式弊端

在传统建设模式下,城市高架道路的建设存在的各种问题越来越突出,包括环境的严重污染、资源的严重浪费,对既有城市交通出行的影响、施工功效较低、劳动力成本趋高,现场的施工作业安全风险较大、管控难度较高,工程实体质量难以得到保证,等等。这一系列的问题也造成城市运行负担日益加重,施工扰民引起的社会矛盾日益突出,特别是在上海这样一座特大型的国际化大都市中,传统模式建造城市高架道路所造成的影响已备受社会各界批评,提升工程品质的步伐也停滞不前。

借助于上海世博会的召开及我国整体社会生产水平的不断发展,上海公路行业的社会大背景因素也悄然发生了变化,主要体现在四个方面:一是建筑业劳动力市场的变化,全国范围出现用工短缺现象,农民工工资大幅上涨,青年劳动力也因对现场艰苦的作业环境望而生畏,其从事建筑行业的意愿大幅下降,劳动力呈现老龄化;二是随着国家装备产业发展水平的提高,特别是上海世博会建设等大型项目的实施,上海新增了大量机械设备,行业设备保有量与机械化程度均较高,设备性能大幅提升;三是环境需求方面,随着社会进步,施工期间的交通影响、噪声等日益敏感,文明施工的要求越来越高,已成为城市基础设施施工的重要影响因素,"绿色建设"、低影响施工成为行业发展趋势;四是上海在城市高架道路预制拼装技术应用方面相继出台了支撑性的政策,包括 2014 年出台的《关于推进本市装配式建筑发展的实施意见》《上海市绿色建筑发展三年行动计划》,2016 年出台的《上海市交通建设装配式技术应用推广方案》(2016 年—2018 年)等。

在上述现实问题及社会大背景下,上海公路投资建设发展有限公司在 2011 年提出了"三个有利于"的发展理念。基于"三个有利于"理念,进一步提出了"三集中"概念,即钢筋集中加工、混凝土集中拌和、构件集中预制,通过机械化、自动化、标准化、模块化等手段,实现将传统的室外露天作业转换为后场室内作业、将高空作业转移至地面作业、将传统的"人海战术"作业转变为工厂化作业、将传统切块分包模式转向工序专业分包模式。这些都为预制拼装技术的应用和提高工程品质奠定了良好基础。

2）实践优势

基于建设理念的创新发展，上海公路投资建设发展有限公司在上海城市高架道路建设中逐步应用并推广了预制拼装技术，以适应新环境、新要求。并在此基础上，摸索总结出城市高架道路预制拼装成套技术体系。近年来，公司在预制拼装桥梁技术的探索和研究主要历程如下。

2012年，依托S6沪翔高速公路项目开展了预制拼装桥墩的试验性应用，完成3跨高架桥墩的建设，对预制拼装桥墩进行了技术工艺验证。同时，完成了"拼装式桥梁及钢筋模块化关键技术研究"课题。

2013年，开展了"桥梁预制拼装技术研究"，该课题列入上海市"十二五"科技支撑计划并在上海市科学技术委员会立项。嘉闵高架路作为该科研课题的示范项目，有3.5km的主线高架桥梁采用预制拼装技术。

2015年，在前期大量试验研究及工程试点应用基础上，上海中环路国定东路下匝道全面采用预制拼装技术，成为上海市首个在城市中心区域采用预制拼装技术建造的混凝土桥梁项目。同时，结合相关课题研究成果，发布上海市地方标准《预制拼装桥墩技术规程》。

2017年，依托S26沪常高速公路入城段及S7沪崇高速公路，在前期桥梁预制拼装技术研究成果的基础上，对桥台、地面中小桥、路基挡土墙、防汛墙、分段盖梁、地下通道（隧道）等的预制拼装技术进行了拓展研究应用，进一步充实完善城市高架道路预制拼装技术体系。各阶段的代表性工程如下：

第一个是嘉闵高架路（图2-11）。工程是上海虹桥综合交通枢纽"一纵三横"中的一纵，全长约35km，是国内第一个采用了全预制拼装技术建成的城市高架桥梁项目。工程首次大规模推广应用了免共振液压振动钢管桩、预制立柱、预制盖梁、防撞护栏与边梁同步预制安装、小箱梁纵向小铰缝等新工艺和新技术。

a)　　　　　　　　　　　　　　b)

图2-11　嘉闵高架路（2013年、2014年实施）

第二个是上海中环路国定东路下匝道（图2-12）。工程地处上海杨浦区五角场繁华地段，区域交通繁忙、环境复杂，匝道全桥采用装配式工艺，桥梁构件在专业化工厂加工制作完成。

仅用 25 个晚上便完成全部立柱、盖梁、混凝土箱梁、钢箱梁的现场拼装,现场无粉尘、无支架、无模板、无混凝土浇捣,并保障了日间社会交通的正常通行。

图 2-12　国定东路下匝道(2015 年实施)

第三个是 S3 沪奉高速公路先期实施段(图 2-13)。其作为上海迪斯尼乐园周边配套道路,建设工期异常紧张,且全长 3.2km 的线路基本平行于邻近的上海轨道交通 16 号线。工程于 2016 年 7 月正式开工,同年 12 月底主线高架桥梁建成通车。主线高架桥梁的建设贯彻了全预制拼装施工理念,以工厂化、工业化模式替代传统的现浇作业方式,从工程第一根桥梁桩基施工至主线高架建成通车仅历时 6 个月,创造了上海城市高架桥梁建设的新纪录。

图 2-13　S3 沪奉高速公路先期实施段(2016 年实施)

第四个是S7沪崇高速公路(图2-14)。桥梁工程全面推行预制拼装技术,在主线高架、匝道桥及地面中小桥中,除承台外,其余结构均采用预制拼装工艺施工,总体预制拼装化率达到90%。在此基础上,进一步探索桥台、挡土墙预制拼装技术,不断完善城市高架道路预制拼装技术体系。

图2-14　S26入城段、S7沪崇高速公路(2017—2019年实施)

3)延续优势

回顾近年来上海城市高架道路预制拼装技术的实践应用情况,展望未来的行业发展,破解发展中仍然面临的难题,必须牢固树立并坚定不移贯彻创新、协调、绿色、开放、共享的新发展理念。实践表明,新工艺大大降低了施工安全风险,缩短了施工周期,同时保证了施工精度和工程实体质量,也大大改善了施工作业人员的劳动环境,提高了监控人员的工作效率,在文明施工管理方面也取得了显著成效。桥梁预制拼装技术已被各参建单位及社会各界广泛认同与接受。在城市建成区及交通繁忙区域的桥梁建造中,对提升工程品质具有非常明显的优势,社会效益突出,值得大力推广应用。

闵浦三桥工程引桥采用了全预制拼装技术,这在黄浦江大桥的建设史上尚属首例。该工程传承和优化了小箱梁预制防撞墙、小铰缝、预制盖梁预应力深埋锚、预制小箱梁大模板等新工艺和新技术,降本增效。并且在现有的桥梁墩柱、盖梁、小箱梁预制拼装技术基础上,不断创新,探索新工艺和新技术,把创新理念延伸到其他分部分项工程,工程品质将迈上新的台阶。

桥梁预制拼装无论在技术层面还是管理层面,都是打造品质工程最为典型的实践之一。在上海市交通委员会行政管理目标的引导下,上海公路投资建设发展有限公司充分发挥建设管理的核心优势,依托建设理念及标准化管理经验,助力上海品质理念的深化及方法论的完善。

第3章 工程设计创新

闵浦三桥工程是以桥梁为主题的通道工程,在充分吸纳已有黄浦江越江通道建设经验的基础之上,需要结合社会发展需求,建造一座具有特色的跨江大桥,设计挑战难度大。本章对设计工作中应用的创新理念及创新技术进行介绍,从设计层面上梳理"品质"概念,细化"品质"需求。

3.1 设计创新概述

3.1.1 设计理念

城市桥梁建设的需求日益增长,其功能也不再局限于连接两地,方便人们出行。桥梁建造的美感、结构设计的合理性、使用的耐久性、施工过程的扰动性及对环境的友好性都被逐渐融入了桥梁创新设计的理念中。闵浦三桥工程的主要设计理念为:

(1)着眼于路网结构、越江通道布局和两岸地区发展需要,为项目建设提供科学依据。

该项目位于两区交界且区段近10km内无越江通道,骨干路网尚未连通,工业区及经济开发区发展遇到瓶颈。加之北侧沿岸有不少建成地块,存在征地动迁难度大、工程艰巨、投资大的可能,是否合适在此修建越江通道项目决策有一定难度。

设计咨询过程中,立足于整个市域骨干路网和越江通道布局、两岸地区发展需要,重点分析路网形态、区域交通现状,研究区域内产业布局、人口发展情况等特点,从对完善路网结构、提高综合路网效益、加强各级工业区和经济开发区沟通等多个角度分析该项目建成连通的迫切需求,为项目最终决策提供了科学依据。

(2)突破传统预测内容,全面、科学、合理预测项目的交通需求。

在设计工作中,突破传统公路交通预测内容。除重点研究未来机动车交通需求外,对项目慢行交通需求进行了同深度预测分析,为决策是否同步设置慢行交通越江设施提供了重要依据。慢行交通预测从调研原有轮渡站流量、现有区人口及产业分布特点、邻近越江设施交通运行状况等入手,结合规划区域发展及增长趋势、各类交通方式发展及产业规划布局,通过综合分析和类比分析,为项目总体方案提供了重要分析依据,与传统常规公路项目相比,更加全面、

（3）采用多通道线位进行多角度分析，从"宏观到微观"层层深入，综合全面地拟定越江线位方案。

关于越江线位的确定，在初步预选了可能的几条通道后，通过对现状及规划条件的充分调研，与规划、地方政府等相关部门充分沟通，以满足项目功能定位和服务对象为前提，充分考虑现有及规划路网条件、现有建筑物等用地条件、动拆迁大小及实施难度，最终推荐规划匹配、动迁量小、相对实施难度较小的线位。通道选择确定后，继续深化细化线位的详细布置，满足环保控制距离要求，避让闵行电厂，与起终点相关工程无缝衔接，最终落实适用的项目线位走向，建立了从宏观到微观、层层深入的线位方案确定方法。

（4）大桥结构设计及施工工艺的多层面多方案比选。

该工程为跨越黄浦江的桥梁工程。桥梁跨越的水域及地域情况复杂，需考虑黄浦江现状繁忙的通航情况、驳岸结构及其安全保护范围、码头前沿线安全范围、巨潮港锚地等众多影响因素。此外，桥梁基础的设置还受通航安全的限制。该工程通过详细的资料调研、充分的现场情况摸排，提出3种桥型方案并进行细致详尽的对比分析，最终确定了经济合理的桥梁布置及设计方案。

该工程越江大桥结构跨度大，设计难度高。需要同时满足道路线形的要求、满足桥址周边码头安全使用要求，并且在桥梁施工时对黄浦江通航影响降到最低的可选桥梁结构范围较小。最终推荐的（50+220+220+50）m跨径组合的独塔斜拉桥方案，桥梁结构高度低、主桥总长相对较短、总体方案更为经济合理。越江大桥推荐采用塔墩梁固结体系，钻石形桥塔。主梁施工采用悬臂拼装钢箱梁、拼装预制桥面板的施工方法，施工工艺成熟，实施可行度较高，该工程的设计研究可为今后类似工程提供重要的参考。

（5）充分考虑以人为本的原则设计行人及非机动车辆（以下简称"人非"）越江通道。

该桥在设计时充分考虑以人为本的原则，通过调查既有越江桥梁的慢行交通现状及存在问题，提出人非立体过江的创新方式。具体体现为：主桥采用双层桥面，上层混凝土桥面板通行机动车，下层钢翼缘通行行人和非机动车辆，垂直连接采用16部电梯。该项目结合桥梁高度较高、非机动车骑行时纵断面设计要求、规划用地等制约因素，通过合理的立体布置，满足人非过江要求。

（6）积极引入工业化生产技术，节能减排，实现环境友好和谐。

引桥北起闵行区昆阳路，南至奉贤区浦卫公路，北岸引桥长719.326m，南岸引桥长680m。引桥采用双柱式盖梁桥墩，盖梁与立柱均采用工厂化集中预制，现场装配的施工工艺，该工艺在上海市跨黄浦江大桥工程中尚属首次应用。采用工业化预制施工的方式，不仅在质量控制、缩短工期等方面优势明显，也大大改善了施工现场噪声、扬尘等污染，引领桥梁绿色、节能、高效"智造"的新趋势。

（7）以环保要求为前提，充分梳理架构多层次复杂排水系统。

该工程沿线情况复杂，区域内涝情况严重，排水管线系统冗杂，又属于二级水源保护区内，排水工程需综合考虑多个因素。现状是污水系统及外排系统重叠，管线系统混乱交错。

工程对现状老旧排水系统进行梳理，根据近远期确定设计管道与两套污水系统的衔接，基于雨水专项规划以及现状昆阳系统"逢雨必涝"的恶劣现状，提出将DN3600雨水总管改线至该工程范围内实施,构建新昆阳雨水系统的"主要生命线",并根据地下管线情况及经济性,提出顶管与直埋相结合的敷设管道方式,缓解区域内涝现状。

为避免运输车辆倾覆对水源保护区产生的危害,全线设置3座蓄毒沉砂池用于应急事故处理,设置多种工况用于应对旱天或不同降雨情况下的事故处理。工程以安全、高效排水为出发点,对区域内管道、泵站、蓄毒沉砂池等进行系统考虑,科学、经济构建排水系统。

3.1.2　技术创新要点

分析全寿命周期的设计与技术创新要点,提出该项目关键控制性工程设计基本原则。

1)全寿命周期设计

全寿命设计是桥梁工程建设中最为重要的一个环节,它将建设单位、使用者和社会需求转化为桥梁结构体系的性能要求,建立并优化结构方案,以实现这些需求。为确保桥梁设计寿命周期内的良好性能,全寿命设计应包括:

(1)寿命设计。合理确定桥梁主体永久构件及各可更换部件的设计年限。

(2)性能设计。结构体系和部件的功能设计及其未来可能的灵活性设计;为满足桥梁安全性能的要求,需进行强度、稳定性等结构设计;为满足桥梁耐久性能的要求,需进行耐久性设计;进行行车安全性分析和设计,以满足使用者对出行安全的要求;风险分析和对策设计,使桥梁在遭遇一定概率的风险事件后,不造成较大经济损失和人员伤亡,明确工程保险成本。

(3)美学设计。包括造型设计和景观设计,以满足人们对桥梁美学和景观欣赏的需求。

(4)桥梁的管理、养护设计。包括桥梁运营期内的监测、养护、维修、管理等,使桥梁在使用寿命内始终保持良好性能,满足使用功能的要求。

(5)全寿命周期成本分析。全寿命周期成本分析是进行桥梁全寿命设计不可缺少的内容之一。选择最优的设计方案,对整个寿命周期内发生的所有成本(包括财务成本和环境成本)进行比较,在平衡各种需求的前提下,选择全寿命周期成本较低的方案。

2)基本设计原则

为使桥梁在设计使用年限内达到健康运营的预期目标,从设计阶段就应按全寿命周期理念,从总体方案、细部结构、耐久性措施、管养及安全设施等方面综合筹划,基本原则如下:

(1)在借鉴国内外桥梁工程的建桥实践及成功经验的基础上,结合该工程特点,全面贯彻"功能适用、安全可靠、经济合理、耐久环保、景观协调"和工程可实施性的总体技术目标,并充分吸收国内外桥梁设计和建设的新理念,采用新材料、新工艺及新技术。

(2)桥梁总体方案的选择充分考虑工程的可行性、可操作性和社会经济效益等因素,因地制宜,结合桥位的地形地物和规划,满足各项功能要求。

(3)桥型方案的选择应重视施工方案的研究,在保证施工方案可行性和可靠性的前提下,应充分应用大型机械化装备,以体现工业化生产的要求,保证施工质量。细节构造应充分考虑施工便利性,避免工程质量通病。

(4)充分重视景观设计,力求造型美观,总体上与周围环境协调。同时,应充分重视在桥梁建设和服役期间对城市环境的保护,以体现"以人为本"的思想,便利居民生活生产。

(5)充分考虑各类灾害对桥梁结构的影响。桥梁所采用的结构形式和材料,需充分考虑材料防腐,提高结构的耐久性,确保桥梁正常服役期限100年。

(6) 统筹布置必要、合理的各类设施,满足管养和运营的要求。

3) 品质体现方法

如何体现工程品质,设计是关键之一。设计阶段要遵循全寿命周期的理念,秉持"把握总体、兼顾细部"的协同设计方法。一项工程的品质不仅体现在总体方案的优势,大多数情况更体现在细节上,就如同国际知名品牌的产品,其之所以吸引人们,主要在于细节的构思精妙和做工精细。

桥梁细节有两个部分:一是细部构造的合理;二是各专业的完美协同。细部构造在合适的力学性能的条件下应尽可能简单明了,结构设计应坚持两条理念:一是简单明了而不冗余的细部结构,更适宜于施工方式的简便而精细,从而更易于工程质量的保证;二舒适条件的工厂环境下生产,能使人心情平稳轻松,工程质量易于控制。所以设计方案应尽可能采用装配式工业化生产的结构形式,可适当增加材料用量而使构件截面简单易于施工。

3.1.3 设计概述

闵浦三桥工程经历了总体规划、总体设计及具体设计三大环节。

1) 总体规划

该工程通过研究黄浦江松浦大桥至闵浦二桥之间可能的越江桥位,结合上海市的城市规划、公路网规划及奉贤闵行两区的建设条件,提出在巨潮港下游100m处修建联系奉贤闵行两区之间的 D20(昆阳—浦卫)公路关键性工程。

由于 D20 公路所需跨越的黄浦江段岸线由既有企业占用,越江线位可选择余地小。最终选择在巨潮港下游100m处,恰位于上海海事局及区级海事局分界点。跨越处河道顺直,河床宽阔水深,建设条件较好。然而公路设计需综合考虑周边上海电厂煤码头、上海浦江仓储有限公司粮食码头、地方轮渡、黄浦江的巨潮港锚地等水上交通影响。

在全过程设计咨询服务期间,为贯彻新形势下国家产业导向,推荐了采用最大限度预制拼装工法;以人为本,提出了人非垂直过江的方案;为保护黄浦江上游准水源保护区,实施了最严格的环保措施;为保证黄浦江黄金水道航运安全,搬迁了巨潮港锚地。

经过十多年的方案研究,在交通运输部、上海市各级政府、上海市各级主管部门和所涉企事业单位的关心和努力下,设计咨询单位和上海公路投资建设发展有限公司一道,综合规划、航运、水务、地震防灾等专项报告50余项,最终完成工程研究并加以实施,打通 D20 公路贯通的最重要节点。

闵浦三桥工程实施后,对改善此区域越江通达、完善上海市干线公路网的布局将起到重要的作用。同时人性化地解决两岸地方车辆通行和居民出行,加强上海中南部各级工业区、经济开发区之间的沟通,促进地区经济发展,提高区域竞争能力,更好发挥闵行铁路货场作用,有利于建设上海铁路枢纽西南部物流中心。

2) 总体设计

该项目主要设计内容包括桥梁工程、道路工程、排水工程、交通监控工程、交通标志标线、绿化工程、房建工程、电气工程及沿线其他附属设施工程。

项目北起东川路,向南过江川路后为避让闵行发电厂折向西约400m,在邬桥附近以桥梁形式跨越黄浦江,越江后路线折向东南,于西闸公路交叉口前落地,继续向南延伸,终点与浦卫公路(闵浦三桥—南亭公路)改建工程衔接,路线全长约 3.49km。其中北岸接线道路长 1142.96m,南岸接线道路长 405m,黄浦江大桥长 1939.33m(主桥 540m,引桥 1399.33m)。主线地面桥 1 座,辅道地面桥 4 座;新建雨(污)水管;新建管理用房一处;迁建现状污水泵站一座;全线设置了 3 座蓄毒沉砂池。工程技术经济指标见表 3-1。

工程技术经济指标 表 3-1

类	序	指标名称		单位	数量	备注
一、基本指标	1	公路等级		—	二级公路	重要干线
	2	设计速度		km/h	60	
	3	设计交通量		pcu/d	55914	远景交通量
	4	工程全长		m	3487.48	
二、前期部分	1	占用土地	用地面积	亩	255	城市道路用永久占地
			腾地面积	亩	234	腾地面积是指扣除老路面积后需要的土地
三、建筑安装工程费核算	1	主线路面面积		m²	55207	
	2	辅道路面面积		m²	10957	
	3	非机动车道面积		m²	18639	
	4	人行道面积		m²	14029	
	5	地基加固		m	67201	水泥搅拌桩总长
	6	挡土墙		m	2283	悬臂式
	7	主线高架桥梁		m、m²	2299.5、65263	混凝土连续箱梁、组合梁
	8	地面辅道、检修道桥		座、m、m²	8、226、2001	混凝土小箱梁、刚接板
	9	匝道桥		m、m²	570、4845	混凝土连续箱梁
	10	人非坡道桥		m、m²	1823、6564	钢板梁
	11	雨水管道		m	8960	DN300~DN3500
	12	污水管道		m	3150	DN300~DN1000
	13	平面交叉口		处	3	
	14	信号灯		组	3	
	15	标准侧平石		m	17787	
	16	公交站点		处	5	
	17	人行道安全护栏		m	2206	
	18	行道树		棵	1155	单株含树穴
	19	绿化		m²	16406	灌草结合
	20	概算总额		万元	309630.61	
	21	每公里造价		万元	88719.37	

全线按照规划红线宽度进行布置,车道规模为双向六快二慢,桥梁上设置人非混行道,人非通过主桥两端的电梯上下,桥下设置地面辅道解决沿线地块出行。辅道设置在主线两侧,为机动车辆及非机动车辆混行,单侧宽度为 7.0m。辅道端部至江岸边设置检修道,检修道宽

度6m。

关于主通航孔跨径的确定,桥位处上下游河道平顺,宽度变化较小,在380~400m之间,规划线路跨越处河口宽度约为393m。河道两侧的驳岸业已建成,并有防汛通道位于两侧。按照昆阳路的规划路线走向,在河道范围其与黄浦江走向垂直,且路线基本为直线段。在满足通航尺度的前提下,跨黄浦江主通航孔跨径布置应充分考虑河道宽度、航道轨迹线、码头前沿线、驳岸保护线等综合因素,并满足通航及桥梁合理跨径的要求。影响主桥墩位的控制因素为393m江面宽度和防汛墙陆域侧10m隔离范围。

通过对桥位的上下游已建黄浦江大桥(松浦大桥、松浦二桥、闵浦二桥)的调查,其均为江中设墩的桥型。显然,为降低通航风险而采用一跨过江的理由不是很充分,这不是一个节点的局部问题,而是黄浦江该航道段的整体风险。该风险应通过船舶通行安全管理措施来解决。为控制造价及适应路线布置,采用水中设一墩方案是合适的。

水中设墩方案经通航净空尺度和技术要求论证是可行的,并经交通运输部审查同意。通航尺度为双孔110m×28.5m,通航水位为4.37m。

双孔通航时水中仅在江中心设置一个墩。边墩布置考虑防汛通道以及基础施工对驳岸的影响,主桥的主通航孔跨径取2×220m。

基于通航孔需求的桥跨方案确定见表3-2。

基于通航孔需求的桥跨方案确定　　　　表3-2

对比项目	一跨过江方案	水中设一墩方案
初步跨径布置	440m	2×220m
优势	(1)建成后对通航无影响,不存在船撞风险; (2)无水中墩,不存在河床冲刷风险; (3)无水上施工作业	(1)工程规模和造价适中; (2)通过选择合适的桥型,可以避免北岸曲线段路线对桥梁结构的影响程度
劣势	(1)工程规模大,造价高; (2)江北陆上路线既已进入半径650m曲线段,对大桥桥型选择和布置限制较大	(1)建成后对通航有影响,存在船撞风险。通过设置助航和防撞设施,该风险可控; (2)水中墩存在河床冲刷风险。根据黄浦江水文资料调查及数值分析,并结合已建桥梁调查,黄浦江河床冲刷影响较小; (3)水上施工措施多,风险较高

横断面布置方面,根据大桥总体功能要求,不仅满足机动车过江要求,同时还要满足人非过江需求。根据表3-3,机动车道和人非通道采用双层布置可以缩小桥面宽度,减少对红线的扰动,具有较为明显的优势,因此该工程采用双层桥面布置是合适的。

横断布置　　　　表3-3

布置方案	单层桥面布置	双层桥面布置
桥面布置	机动车道和人非通道布置在同一层	上层为机动车道,下层为人非通道
桥面宽度(m)	36.5	28.5
行人通行高度(m)	24	28

续上表

布置方案	单层桥面布置	双层桥面布置
规划红线影响	电梯井布置在主桥边线外侧,需突破红线	电梯井布置在主桥边线和红线之间的区域
索面布置	宜采用双索面布置	采用单索面
主梁高度影响	—	为满足2.5m人非净高,梁高与单层方案相比增加有限

3) 具体设计

根据总体设计确定的技术方向,经过细致的技术论证,主桥采用(50+220+220+50)m四跨独塔单索面连续钢—混凝土组合梁斜拉桥,引桥采用预制装配小箱梁、预制拼装桩柱式桥墩的结构形式,配套工程设计了具有特色的浅覆土大直径顶管及蓄毒沉砂池。

3.2 跨江组合梁斜拉桥设计

在总体设计中,通过技术与经济论证,确定采用江中设独塔、行人与机动车分离的双层桥面方案,具体设计中对各参数进行确定及优化。

3.2.1 桥型设计

该方案跨越黄浦江采用江中设一墩,主跨采用2×220m,根据桥址现场的环境和建设条件,以及线路总体布置,结合"经济合理、施工合适"的原则,对两种桥型进行综合比较,推荐方案更具造价优势,见表3-4。

桥 型 比 较　　　　　　　　表3-4

对比项目	方案一(推荐方案)	方案二
桥型方案	四跨独塔单索面连续钢—混凝土组合梁斜拉桥	三塔四跨波形钢腹板矮塔斜拉桥
跨径布置(m)	50+220+220+50	120+220+220+120
主桥长(m)	540	680
桥面宽度(m)	整幅式断面,全宽28	整幅式断面,全宽28.5
引桥长(m)	1399	1259
桥面宽度(m)	28.5	28.5
主桥主梁结构	钢—混凝土组合箱梁,单箱三室	波形钢腹板组合箱梁,单箱三室
对航道影响	水中1个墩,满足双通航孔	水中1个墩,满足双通航孔
对防洪影响	满足防洪要求	满足防洪要求
技术难度	主梁采用桥面吊机悬臂拼装施工,塔柱采用爬模法施工,水中基础采用钢吊箱围堰施工。技术成熟,国内有较多成功先例	主梁采用后支点组合挂篮悬臂浇筑施工,塔柱采用支架施工,水中基础采用钢吊箱围堰施工。技术成熟,国内有较多成功先例
施工工期	38个月	37个月
全桥建安费	5.202亿元	5.344亿元

此外,对于双跨式独塔斜拉桥,为控制塔顶水平位移,在不增加主塔抗推刚度的前提下,一般应设置较强的尾端锚索或辅助墩。双跨对称独塔斜拉桥两端均设置尾端锚索,技术上是可行的,但立面造型稍差;采用非对称布置可避免该问题,但对于该工程而言不是很合适,主要原因是整体造型的环境协调性不够理想。

当然这并非主要矛盾。如果仅采用2×220m独塔斜拉桥,边墩距防汛墙不到20m,不满足主桥两端的人非通行电梯井布置空间。因此,主桥两端各延伸一孔50m边跨,以满足电梯井与主桥衔接。同时,也可改善主桥受力状况和降低梁端转角。

推荐方案采用独塔双跨式斜拉桥,串起浦江两岸,造型犹如小山俯卧水系之上,搭配中央双索面构造,又像一面竖琴,造型美观清新,如图3-1所示。

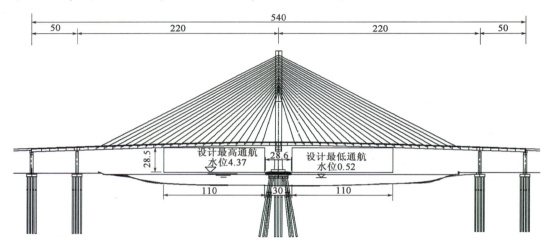

图3-1 主桥立面布置示意图(尺寸单位:m;高程单位:m)

3.2.2 横断面布置

机动车道规模为双向六车道,上层桥面布置:0.5m(护栏)+12.0m(行车道)+0.5m(护栏)+2.5m(拉索区)+0.5m(护栏)+12.0m(行车道)+0.5m(护栏)=28.5m。

人非车道考虑为常规3.5m宽形式,下层桥面布置:0.25m(栏杆)+3.5m(人非混行道)+0.25m(栏杆)+19.8m(箱体)+0.25m(栏杆)+3.5m(人非混行道)+0.25m(栏杆)。

这种设计是一种对结构空间的创新利用,较大程度提高了空间利用率,如图3-2所示。

3.2.3 支承体系

独塔斜拉桥一般采用塔墩梁固结体系。固结体系的优点是结构刚度大,主梁和塔柱的挠度均较小;塔、墩、梁固结避免设置大吨位支座,悬臂施工无需设置临时梁塔固结装置。然而固结体系的动力性能差,在地震作用下,主塔墩承受全桥大部分的纵横向地震水平作用,且减隔震措施效果不明显,从而增大主塔及主塔墩基础的规模。

如果采用传统的半漂浮体系(支承体系),即在主塔处设置纵向刚性水平约束的固定支座,过渡墩和辅助墩设置纵向活动支座,则纵向的动力性能较固结体系改善不多,纵向地震作用依然较大。

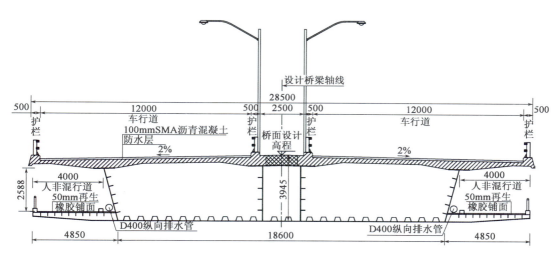

图 3-2　主桥标准横断面图(尺寸单位:mm)

为此设计采用一种新的减隔震体系,即给定设计剪断力的固定支座,并配合金属板阻尼器。主梁在主塔下横梁上设置两个设定剪断力的纵向固定支座,锚墩和过渡墩设置纵向活动支座,其中每个墩侧设定剪断力的纵向固定支座。主塔两个支座中间设置纵横双向钢绞阻尼器,过渡墩两个支座中间设置横向钢板阻尼器,以作为减隔震措施。在静力状况下,主塔处纵向固定支座承担全部水平力,钢阻尼承担横向水平力;在地震状况下,主塔处纵向固定支座和锚墩过渡墩横向固定支座的约束装置剪断,各处钢阻尼器发生弹塑性大变形,以起到减振耗能的作用。

3.2.4　主梁设计

主梁截面采用开口钢箱与混凝土桥面板构成的组合结构,主梁顶宽28.5m,主桥全长采用统一的截面高度,以追求景观效果的和谐统一,主梁中心高度3.945m。标准节段长9m,主梁顶面设2.0%的双向横坡。

通过对Ⅱ形肋板式、分离式双箱、整体式封闭箱梁、半封闭箱梁、板桁组合结构等形式研究分析,能够满足双层桥面布置主要是整体式箱梁和板桁组合结构。板桁结构是公铁桥梁最常用的形式,能很好满足双层布置,但其主要问题是根据桁架断面的布置比例,其桁高要远大于一般的梁高,这样会增大全桥长度,对控制造价不利,所以采用整体式封闭箱梁。适当增大梁高,利用箱梁悬臂下的空间布置下层桥面,可以同时达到满足功能和优化结构受力的要求,造价也是最经济的。

钢—混凝土组合梁与混凝土主梁、钢梁的对比见表3-5。钢桥面沥青铺装技术目前尚未达到很成熟的状态,从国内已建的一系列桥梁的实践情况来看,使用寿命均未达到设计使用年限。在重载交通作用下,钢桥面沥青铺装损坏十分严重,究其原因,钢桥面铺装问题的关键主要在于钢桥面板局部刚度明显小于混凝土桥面板,车轮荷载下的反复挠曲变形大,致使容易出现钢梁疲劳裂缝、铺装层开裂、滑移或脱落。为此,加大钢板厚度以提高桥面板局部刚度、提高铺装层与钢桥面板黏结性使其变形协调成为解决问题的出发点。目前比较好的方案是采用环氧沥青铺装或高性能混凝土,但造价很高,是其他沥青铺装的2～3倍,另外其施工要求很苛刻。考虑到该桥的规模和使用条件,采用钢—混凝土组合桥面的方式是比较合适的。

主 梁 比 较　　　　　　表 3-5

主梁	优点	缺点
混凝土主梁	造价相对经济；后期养护工作较少；主梁弯扭刚度大、抗风稳定性较好	跨越能力不如钢结构大；施工过程中主梁开裂存在一定风险、施工安装速度不如钢结构快；结构较重,增加拉索用量及基础规模
钢梁	结构自重小,可降低拉索用量及基础规模,跨越能力大；构件可在工厂制作,质量可靠,施工速度快	造价相对较高,后期养护工作量大；钢桥面沥青铺装耐久性较差；抗风稳定性稍差
钢—混凝土组合梁	在钢梁上用预制混凝土桥面板代替正交异性钢桥面板。它除具有钢主梁相同的优缺点外,能节省钢材用量,避免钢桥面沥青铺装的耐久性问题,且其刚度和抗风稳定性优于钢箱梁	需处理好钢与混凝土连接处构造细节,为消除桥面板收缩徐变的影响,桥面板须工厂预制,且养护时间不低于6个月

　　与混凝土主梁相比,钢—混凝土组合梁虽然造价略高,但是能提高施工速度,更好控制施工质量,而且极大程度降低混凝土主梁出现裂缝的风险。因此采用钢—混凝土组合梁较为适宜。

　　该桥主梁采用节段悬臂拼装工艺,该工艺又分为两种方式:①组合梁节段整体吊装；②先钢梁节段拼装,再预制桥面板叠合。显然第一种方式要明显优于第二种方式。第一种方式的主要问题是在哪里进行钢梁和桥面板叠合:在钢结构加工厂进行叠合,桥面板只能采用现浇工艺,加工厂没有额外的混凝土预制场地；在工地现场叠合,则需要较大的存梁场地。混凝土桥面板的施工方式和叠合场地主要取决于施工流程和施工成本。采用预制桥面板是工业化施工方式的体现,混凝土质量和精度能得到保证,而且混凝土收缩影响能按设计要求控制。

　　为实现整体节段吊装,钢梁在工厂加工,桥面板在现场预制,存放期满后运至钢结构加工厂进行叠合,然后再整体节段运至现场。该流程比常规流程多一次转运,但制作场地增加有限,所以总体成本可控。

　　1)钢主梁

　　钢主梁采用开口单箱三室截面,中央布索区设封闭箱室。钢主梁顶宽21.4m,底部设挑臂作为下层行人及非行动车辆混行道,底宽为28.3m,挑臂长4.8m,挑臂根部高度为480mm,钢主梁标准节段长度为9m,每个节段设两道横隔梁,间距4.5m。外侧腹板为斜腹板,倾角为75.5°,内侧腹板为直腹板,斜拉索锚固在中央两直腹板间的钢锚箱上。

　　钢梁中心线处梁高3.35m,底板宽18.7m,顶板全宽21.42m。标准梁段由边腹板、中腹板、底板组成开放式单箱三室结构。边腹板厚度为16mm(局部加厚为20mm),中腹板厚度为25m(特殊段为16、20mm),底板厚度为16~25mm。底板上设置板厚为8mm的U形肋。腹板上设置纵向板肋,板厚20mm。腹板及底板上设置横向T形劲板,板厚16mm。在边腹板与中腹板顶上分别设置宽度为1200mm和3800mm的顶板,板厚25mm。

　　横隔板由中箱隔板、边箱隔板组成,标准间距为4.5m,边室标准板厚为16mm,中室标准板厚为20mm,标准横隔板采用空腹式桁架结构。支座顶部的横隔板采用实腹式结构,根据受力需要板厚为 16~25mm。

2）混凝土桥面板及剪力钉

混凝土桥面板支承在槽形钢主梁的上翼缘和横梁及横肋上，为纵向单向板，桥面板厚 0.26m，支承位置加厚至 0.5m，悬臂长度 3.7m。桥面板分预制部分与现浇部分。预制板以 8m 为标准节段，两侧各设 0.5m 后浇带。桥面板横向设预应力，主梁有索区及辅助墩顶设置纵向预应力。纵、横向预应力钢束由 $\phi_s 15.20$mm 的 1860MPa 高强度低松弛预应力钢绞线和配套锚具体系组成，控制张拉应力 $\sigma_{con}=0.75 f_{pk}$。主梁预制桥面板形式如图3-3所示。

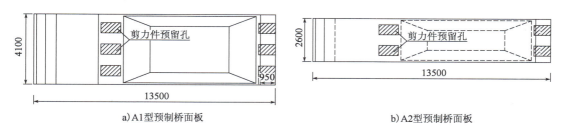

图3-3 主梁预制桥面板形式(尺寸单位：mm)

混凝土桥面板与钢梁之间通过布置于钢梁顶板的剪力钉焊接，剪力焊钉直径 22mm，高度有 200mm 与 450mm 两种规格。剪力钉布置在钢主梁上翼缘与横隔板上翼缘上。桥面板材质为 C55 混凝土，剪力钉材质为 ML15AL。主梁混凝土桥面板共有 3 种形式，如图3-4所示。

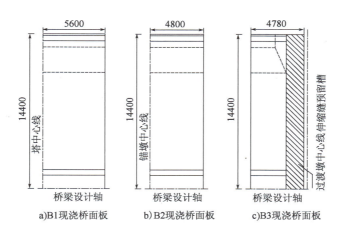

图3-4 主梁现浇桥面板形式(尺寸单位：mm)

3）主梁桥面板钢筋现场非焊接连接构造

主梁为钢—混凝土组合结构，开口钢槽梁和预制混凝土桥面板在工厂组合成整体节段后水运至现场，整体起吊安装。预制桥面板的传统连接方式是焊接钢筋再浇筑湿接缝混凝土。在工厂采用该方式一般没有太大问题，但在现场的节段悬拼过程中，该方式暴露出明显的劣势，主要是现场钢筋焊接工作量极大，且钢筋焊接质量也很难保证。为提高节段现场拼装速度、降低施工风险，改进桥面板现场的钢筋连接方式势在必行。

借鉴上海已有工程中的组合小箱梁桥面板钢筋连接的成功经验,采用非焊接钢筋连接形式。桥面板纵向钢筋的连接部位采用 U 形环,相接桥面板的 U 形环钢筋相互交错形成闭合环并内穿钢筋,形成接缝内的钢筋笼,然后浇筑湿接缝混凝土。为验证该构造的可靠性,专门进行了间接构造的局部足尺试验,并对比了不同缝宽和混凝土强度,试验表明该构造具有较好的抗弯和抗弯拉承载能力。

4)斜拉索在主梁上的锚固

该桥采用锚箱式,构造技术较为成熟,使用广泛。由于该方案索面与中央箱室在一个面内,斜拉索锚固在中央箱室的锚箱上,锚固间距为 9m。斜拉索索力通过锚管传递给箱形横梁内的纵向腹板,再传递至钢主梁。如图 3-5 所示。

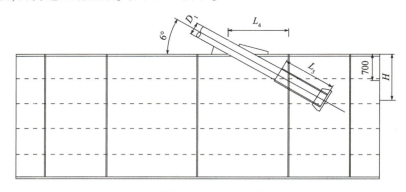

图 3-5　钢锚箱立面布置(尺寸单位:mm)

3.2.5　斜拉索设计

索面布置与主梁截面选型通常是相关的两个方面,双索面布置能提供强大的空间抗扭能力,故主梁断面通常可选用 Π 形肋板式、分离式双箱、无悬臂封闭箱梁、半封闭箱梁,典型的如陈塔大桥(Π 形肋板式)、杨浦大桥(分离式双箱)、南浦大桥(分离式板梁)。

根据前面横断面布置的研究分析,最终采用了带悬臂的整体式封闭箱梁。该截面形式最适合单索面布置,一是主梁抗扭刚度大,不需要斜拉索提供抗扭能力;二是斜拉索在梁上的锚固构造简单可靠。

我国常用的拉索体系主要有两种:一种是用热挤聚乙烯(PE)防护的平行钢丝配以冷铸墩头锚拉索体系;另一种是热挤聚乙烯(PE)防护的单股钢绞线组成钢绞线束,整索束的外层是双层同步挤压成型的高密度聚乙烯(HDPE)防护套管,两端配有单根夹片式锚具形成群锚钢绞线拉索体系。

平行钢绞线拉索目前应用较多,其由单根钢绞线热挤聚乙烯(PE)护套组成钢绞线束,整束索的外层是双层同步挤压成型的高密度聚乙烯(HDPE)防护套管形成自由伸缩段,两端配有单根夹片式张拉端锚具(含螺母)和固定端锚具(不含螺母)。另外还包括预埋导管、锚垫板、夹片、热熔套管、钢锥管、保护盖帽、定位器。单根钢绞线防护有环氧涂层和镀锌两种形式。环氧涂层钢绞线相对造价要高。

单根钢绞线断面平行钢绞线索断面如图 3-6 所示,平行钢绞线索张拉端、固定端分别如图 3-7、图 3-8 所示。

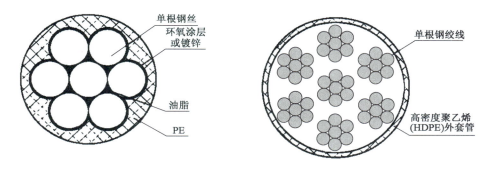

图 3-6　单根钢绞线断面平行钢绞线索断面

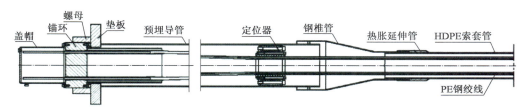

图 3-7　平行钢绞线索张拉端

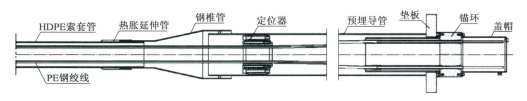

图 3-8　平行钢绞线索固定端

该工程经综合考虑后,选用环氧涂层钢绞线,主要基于以下原因:

(1)钢绞线拉索采用单根带 PE 护套的钢绞线作为索体受力材料,索体有多层介质防护,使斜拉索的耐久性和防腐蚀性大大提高。钢绞线索体常用的有环氧涂层钢绞线和热镀锌钢绞线两种。热镀锌钢绞线是在钢绞线表面热镀锌层,形成阴极保护作用。锌作为一种活性金属,在腐蚀性环境下会通过消耗自身而达到保护内层金属,当锌层消耗殆尽,钢绞线将失去保护。而环氧涂层钢绞线的环氧涂层是将环氧粉末均匀涂覆在钢绞线 7 根钢丝的表面,经加热、熔融、固结后形成致密和稳定的保护层。环氧是一种高分子物质,具有很好的稳定性,耐酸碱腐蚀能力很强,是"主动"防护层。因此,与热镀锌钢绞线相比,环氧涂层钢绞线的防腐蚀性能更好。

(2)钢绞线强度略高于平行钢丝,根据理论计算,用索量减小 5% ~ 10%。

(3)钢绞线拉索的疲劳性能略好于平行钢丝斜拉索。

(4)拉索采用"化整为零"的现场单根钢绞线安装的制索工艺。根据拉索的实际长度进行钢绞线下料,可适应较大的施工误差,而平行钢丝斜拉索长度的控制要求较高。

(5)钢绞线拉索无需预制,拉索的各组成部分可以分开运输,避免大型构件运输的不便;而平行钢丝斜拉索须整体盘卷包装方式运输,长大拉索对运输和现场吊装设备要求严格。

(6)各钢绞线拉索独立防腐、独立锚固,因而可以很方便进行单根钢绞线的更换。更换时无需大型吊装设备,基本不占用桥面,拉索张力变化小,可以在不影响交通的情况下完成换索施工。而平行钢丝斜拉索需要整体张拉换索,仅可选择在交通量较小时进行换索。斜拉索采用中央双索面竖琴形布置,两索面横向间距为 1.0m。全桥合计 84 根斜拉索。

斜拉索梁端通过钢锚箱锚固于钢主梁中间箱室,纵向索距为 9m;在塔上采用钢锚梁锚固,竖向间距为 2m。斜拉索采用环氧涂层钢绞线,钢绞线标准抗拉强度为 1860MPa,采用双层 PE 护套防护。拉索体系在拉索预埋管内安装内置式高性能阻尼器,利用高阻尼橡胶来耗能减震,提高拉索抗震能力。

斜拉索分类见表 3-6。

斜拉索分类 表3-6

索 号	斜拉索规格	配套锚具规格
N(S)1~N(S)6	$\phi_s 15.2\text{-}31$	M250A-31
N(S)7~N(S)12	$\phi_s 15.2\text{-}43$	M250A-43
N(S)13~N(S)21	$\phi_s 15.2\text{-}55$	M250A-55

3.2.6 主塔及锚固区设计

该桥主塔采用钻石形桥塔(图 3-9),塔高 136m,桥面以上高度 103.8m,高跨比 0.47∶1。在下设置一道横梁。塔柱宽度:上塔柱为等宽度 7.0m(纵)×6.0m(横),中塔柱为等宽度 7.0m(纵)×4.2m(横)。桥面以下的下塔柱为变宽度,纵桥向由 7.0m 变至塔底 9.0m,横桥向由 4.2m 变至塔底 6.5m。塔柱截面矩形,下、中、上塔柱均采用单箱单室,上塔柱锚索区前壁厚 1.0m,侧壁厚 1m;中塔柱前壁厚 1.0m,侧壁厚 1m;下塔柱前壁厚与侧壁厚均采用 1.2m。

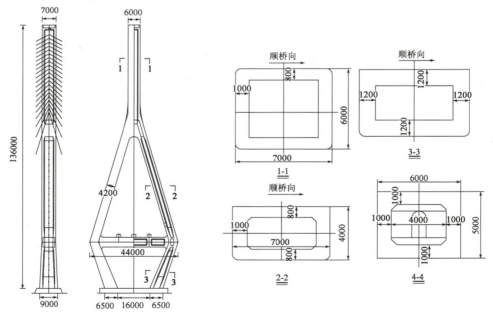

图 3-9 主塔结构示意图(尺寸单位:mm)

该桥斜拉索塔上锚固方式采用钢锚梁的方式。钢锚梁本身为独立构件,支撑于塔壁内侧的牛腿上,可平衡两侧索力的大部分不平衡水平力,能承担较大索力,构造简单,结构性能可靠,与钢锚箱、环向预应力+垫块的锚固形式相比,其构造特点及优缺点见表3-7。

钢锚梁锚固方式对比 表3-7

锚固方式	构造特点	优点	缺点
钢锚箱	拉索的水平分力通过钢锚箱的竖腹板来平衡,部分不平衡力由塔柱承担;竖向分力由钢锚箱两端竖板的剪力钉传至塔壁	能承担较大索力,结构性能可靠	构造复杂;钢锚箱与混凝土结合受力较复杂;安装精度要求较高
钢锚梁	钢锚梁是独立构件,支撑于塔壁内侧的牛腿上,平衡两侧拉索的大部分平衡水平力,部分不平衡水平分力通过横梁下支撑的摩阻力和水平限位装置传至塔壁;拉索的竖向分力传至塔壁内侧牛腿上	能承担较大索力,构造相对简单,受力比较明确,结构性能可靠	采用混凝土牛腿,塔内模施工较复杂
环向预应力+锚块	拉索锚固在塔壁内侧混凝土锚块上,水平分力由环向预应力筋平衡,竖向分力直接传至塔壁	构造简单;造价较低	不宜承担很大索力;小半径环向预应力损失较大;混凝土应力较为复杂,结构可靠性稍差

钢锚梁是独立构件,支撑于塔壁内侧的牛腿上,理论上在平衡索力作用下,钢锚梁与牛腿之间不需要水平方向的连接。由于该桥是对称的独塔斜拉桥,索塔两侧的恒载索力基本平衡,而可变作用引起的两侧不平衡索力相对很小。因此,采用钢锚梁比较合适,锚梁与牛腿间连接的承载力不需要很强大。

为了简化内塔壁的施工作业,该桥在上述方案的基础上进行了改进。内塔壁采用封闭的钢套箱结构,前后壁为主要受力部位,钢板根据受力需要确定;而侧壁钢板主要满足施工需要。钢套箱、钢牛腿和钢锚梁形成整体节段,根据塔式起重机起吊能力可以整体起吊安装,极大提高施工速度。钢套箱不仅提高塔柱的整体和局部抗弯承载能力,而且对于索塔内部的检修步梯或电梯预埋件布置也极为有利。

为了方便塔柱内模施工,钢锚梁(图3-10)的支承牛腿由混凝土改成钢结构。上塔柱锚索区塔柱内壁设置一层钢板(可兼作施工内模),钢牛腿焊接在钢板上,钢板通过剪力钉与混凝土塔壁连接。

3.2.7 基础设计

根据主桥桥型的特点,结合桥址处地质条件,参考上海及国内外已有成功工程经验,确定主桥水中主墩基础形式。

由于主桥为独塔斜拉桥,其主墩基础需承担80%以上的上部结构永久作用以及全部的可变作用弯矩和水平力,同时基础还要承受地震和船撞作用。因此,应选择单桩承载能力大、抵抗水平力及抗弯能力较大的基础形式。根据上海地区的地质条件及工程实践经验,从"施工可行、经济合理、结构可靠"方面进行比较,水中主墩基础一般采用桩基础形式。

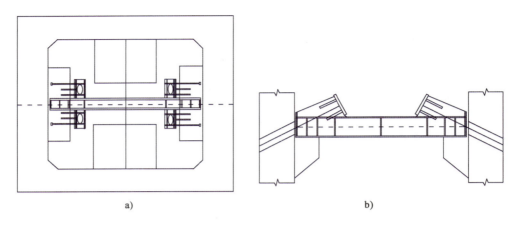

图 3-10 钢锚梁示意图

1) 持力层选择

根据拟建场地中下部土层分布,⑥层暗绿～草黄色粉质黏土及其以下土层均较好。其中⑥层埋藏较浅且层厚较小,单桩承载力不能满足设计要求。⑦$_2$层草黄～灰色粉细砂沿线均有分布,呈密实状,平均标贯击数为 52.3 击,平均 P_s 值为 19.41MPa,强度高,厚度较大,中偏低压缩性,是良好的桩基持力层,但该层受古河道切割影响层顶有一定起伏。⑧层灰色粉质黏土夹砂沿线零星分布,呈软～可塑状,中压缩性,为桩基软弱下卧层。⑨层根据土性差异可分为⑨$_1$层灰色粉细砂层和⑨$_2$层灰色含砾粗砂两个亚层。⑨$_1$层沿线均有分布,呈密实状,平均标贯击数为 72.9 击,平均 P_s 值为 21.95MPa,强度高,厚度大,中～低压缩性,是良好的桩基持力层;⑨$_2$层呈密实状,平均标贯击数为 100.4 击,强度很高,低压缩性,是比⑨$_1$层更好的持力桩基。

根据该桥规模,并结合黄浦江上已建的几座大桥的桩基础建设经验,以⑦$_2$层或⑨$_1$层作为持力层比较合适。

2) 桩基础方案比较

在桩基选择时,需考虑单桩设计承载力,其应与桩身材料强度承载力以及桩基土提供的容许承载力相匹配,同时结合桩基施工的能力和施工对水域环境的影响,以及受航道运营的限制。这样既能保证结构安全,又经济可行。主墩基础可选用钢管桩、大直径钻孔灌注桩两种桩型。

(1) 钢管桩

钢管桩是上海地区特大桥梁工程中首选的桩型(如南浦大桥、杨浦大桥、徐浦大桥、奉浦大桥、卢浦大桥、闵浦二桥等),其在满足设计承载力要求的条件下,具有施工相对容易快速、质量易保证的优点。

钢管桩单桩容许承载力的取值,设计应着重考虑以下因素:

①钢管桩对持力层的适应性。

②钢管桩现场焊接接头应力折减。

③沉桩时桩顶锤击力。

④钢管桩材料的抗疲劳性能。

⑤钢管桩在水中(或地下水)桩身的抗腐蚀性。

上海已建的几座大桥均采用直径900mm的钢管桩,应用了近二十年,最初是受沉桩设备的限制,但随着东海大桥等跨海工程的开建,大口径钢管桩开始大规模应用,这得益于海上大型沉桩装备的开发制造。大口径钢管桩相较中小口径钢管桩而言存在较为明显的优势,见表3-8。

钢管桩比较 表3-8

对比项目	方案	
	φ900mm钢管桩	φ1500mm钢管桩
桩基数量	125	64
钢管桩惯性矩/φ900钢管桩惯性矩	1.0	4.8
沉桩装备要求	低	较高
钢吊箱安装要求	高	较低
抗船撞能力	在满足上部荷载作用的条件下,抗船撞能力较弱,主要是基础水平变位较大	在满足上部荷载作用的条件下,抗船撞能力较强,主要是基础水平变位小
施工期间外在风险	沉桩过程中,单桩抗偶然船撞和风浪能力较弱	沉桩过程中,单桩抗偶然船撞和风浪能力较强

对于内河、陆域是否能采用大口径钢管桩,主要受沉桩装备的制约。经过前期调研,国内有部分水上打桩船(施打大口径钢管桩)能够通行至桥位处并实施作业,且该装备能满足整根设计桩长的施打而无需接桩,这极大提高施工速度,降低施工风险。表3-9为两种桩型比较。

桩型比较(工艺) 表3-9

工序		钢管桩方案	钻孔灌注桩方案
打桩	根数	64	45
	用途	工程基桩,精度要求高	钢护筒兼作工作平台桩,精度要求低
	工期	75d(由于精度高,周期长)	20d(由于精度低,入土浅,周期短)
	施工水域	150m×134m	150m×76m
	航道影响	75d内航道有所影响,需交通管制	10d内航道有所影响,需交通管制
平台	数量	1个	1个
	用途	组拼钢吊箱	钻孔施工场地
	工期	打桩期间完成	25d(搭设)
	航道影响	基本不影响	基本不影响
	说明	如采用浮式起重机整体安装吊箱,则无平台	
钻孔	根数		45
	时间		68d
	航道影响		基本不影响

续上表

工 序		钢管桩方案	钻孔灌注桩方案
围堰	数量	1个,约600t	1个,约650t
	安装	平台上组拼千斤顶下放或整体船运浮式起重机安装	平台上组拼千斤顶下放或整体船运浮式起重机安装
	工期	50d(整体浮运安装工期短)	50d(整体浮运安装工期短)
	施工水域	150m×134m	150m×76m
	航道影响	1d	1d
承台	数量	1个,约4400m^3	1个,约5200m^3
	工期	50d	55d
	施工水域	150m×134m	150m×134m
总工期		约175d	约203d

(2)大直径钻孔灌注桩

大直径钻孔灌注桩具有竖向和抗弯承载力高的优点,且对土层地质限制低。但由于桥址位于准水源保护区,水中钻孔桩施工,为避免水域局部污染,可以采用泥浆船收集钻孔泥浆,但对施工技术和施工人员的要求较高。另外,这种超长钻孔灌注桩施工必须要有严防坍孔的安全措施,且工期较长。水中墩需要25~30m长的钢护筒,入土部分难以回收,从而提高工程造价。表3-10为两种桩型比较。

桩型比较(综合) 表3-10

桩 型	钻孔灌注桩	钢 管 桩
桩径	ϕ2000	ϕ1500
持力层	⑨$_2$层	⑨$_1$层
桩长/桩数	85m/45根	70m/66根
耐久性能	自身耐久性相对较好	自身耐久性较差,须通过防腐涂层、预留腐蚀量、阴极保护等综合措施提高耐久性
成桩质量	桩身质量可靠性相对较差,孔底沉渣不易清除干净,单桩承载力有一定变化,须采取严格施工质量保证措施	工厂预制,桩身质量有保证
施工速度	施工速度较慢,须采取措施,防止塌孔,发生事故难处理	施工速度快,进度有保证
施工条件	须现场先施工水上工作平台后方可进行施工,施工条件比较复杂	采用打桩船直接水上施打,施工条件相对比较简单
地质条件的影响	基本不受影响	穿透⑦$_2$层较困难
施工对航道环境影响	钻孔施工对航道影响较小	打桩船需抛锚,对航道影响较大
造价(万元)	5700	5200

(3) 桩型比较

根据桥位处地质钻孔资料和上部结构反力,两种桩型比较结果见表3-9、表3-10。经综合比较,主墩基础采用 $\phi1500mm$ 钢管桩,共64根。为提高群桩基础的抗水平作用能力,设计从两个方面考虑:①通过计算确定合适的斜桩布置斜度、数量和范围;②在桩顶18m范围灌注混凝土,内插钢筋笼。通过对打桩装备能力的调查,$\phi1500mm$ 钢管桩穿越较厚的⑦$_2$粉细砂层进入⑨$_1$粉细砂层是可行的,从而确定⑨$_1$层作为持力层,桩进入土层深度约60m,可以充分保证在河床冲刷后基础能预留足够的承载能力和刚度。主塔基础平面布置如图3-11所示。

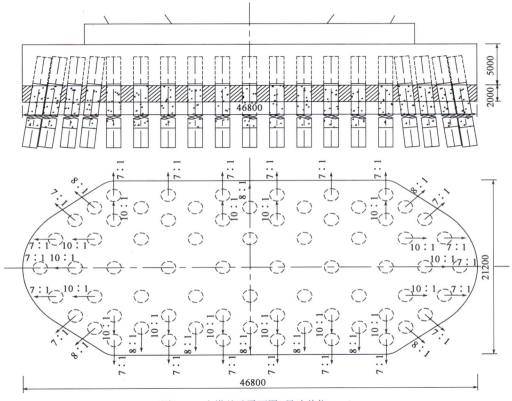

图3-11 主塔基础平面图(尺寸单位:mm)

根据施工单位的围堰结构(钢吊箱)方案,以及打桩船停锚和施打顺序,优化了主墩钢管桩布置,即调整了直桩和斜桩布置范围和数量;该部分斜桩为直桩,以作为钢吊箱停放和降落安装的支撑支架。

3.2.8 防撞设计

根据通航论证,水中主墩基础防撞规模依据代表船型(对)计算确定,拟建桥位河段的代表船型为Ⅰ-(3)级2排2列船队($223m \times 32.4m \times 3.5m$)和3000吨级杂货船。桥梁设计通航孔桥墩的防撞能力应按上述5000吨级货船撞击力考虑。

船撞桥事故会对桥梁和航道运营造成极大的危害,所以需要在跨航道桥梁建设时充分考虑船撞风险,采取必要的措施防范该类风险。现阶段的桥梁防船撞措施主要是基于船舶交通管理系统和被动防船撞设施,但是它们都存在一定的局限性,目前用于沿海港口及水域的船舶交通服务系统(VTS)中的雷达采用微波波段工作,以目标前沿跟踪和目标重心跟踪两种方式工作。其缺点在于:①建立跟踪的时间太长,达一个天线扫描周期,不利于对港区机动目标快速建立稳态跟踪,因此无法适用于内河航道水域下的船舶快速定位和跟踪。②VTS 用于两船检测和跟踪的空间分辨率较低,目标跟踪混迹现象较严重,因此不适应对交通密集的内河航道水域目标进行跟踪与预警。被动防船撞主要保护桥梁安全,没有考虑对船舶的保护。此外,被动防船撞装置对水域的通航能力和通航路线也有一定影响。

基于以上考虑,该桥设计采取了被动防船撞装置和主动预警防船撞系统相结合的方案。具体如下:

1)被动防船撞装置

主墩基础在满足防船撞承载能力的同时,考虑到通航的安全性,不仅要保护桥梁结构安全,同时也应兼顾船只的安全。防撞设施应提高主墩的整体抗撞安全储备,防止主墩表面的局部撞损,对船舶有一定的保护作用。

船撞保护系统的设计应尽可能使撞船在碰撞系统时偏离原来的船撞方向,而不是靠阻挡迫使船舶停止。换言之,不应由船撞保护系统本身吸收撞船产生的全部动能,而是通过改变撞船的方向,仅仅吸收由改变撞船方向的分力所产生的功能,以保护自己不遭受严重破坏。在对比了缓冲效能设施、独立防撞墩、浮体系泊防撞之后,选用复合材料耗能防撞箱体形式。该方案虽然前期投资较大,但施工简便、后期养护工作量很小,风险也较低。

该设计提出采用自浮式箱形复合材料防撞系统,可随着水位的变化自动升降。设计中采用的箱形复合材料防撞圈部分型号为 Q100×200,其高度为 3.5m,桥梁法向可能受到正面冲击的节段截面宽度为 2m;箱形防撞系统的外壳为纤维复合材料,在箱形复合材料防撞圈的内侧设置拱形橡胶护舷,橡胶护舷的高度为 0.5m,橡胶护舷内侧与桥墩接触处采用 30mm 厚的聚四氟乙烯滑板,因此箱形复合材料防撞设施的外伸宽度略大于 1.5m。复合材料防撞圈采用节段工厂制造,现场通过尼龙棒销接成多边形防撞圈。复合材料防撞结构直接承受船撞的纤维复合材料单位宽度(m)的抗弯刚度需达到 300000N·m^2,平压强度需达到 10MPa 以上。外壳材料的弹性模量约为钢材的 1/10,保护钢结构船舶不受局部损伤。复合材料防撞箱内填充的轻质耗能芯材需采用复合材料加劲腹板增强,具有一定的抗剪强度,达到 1MPa 以上。结合本设计复合材料防撞结构,最大船撞力可削减 20% 以上。各防撞措施对比见表3-11。

防撞措施对比 表3-11

项 目	防撞方案		
	缓冲消能设施方案	独立防撞墩方案	浮体系泊防撞方案
消能特点	钢结构局部破损消能,减少传递到桥墩碰撞力	防撞墩变形破损消能	浮箱破损,拖动锚定沉块消能
河床冲刷相互影响	小	大,需防冲刷防护	有
防撞范围	各角度撞击	有限防撞角	有限防撞角
建造工艺特点	船台上建造,水上安装	水上施工	船台建浮桥,水上安装
对航道净宽影响	小	小	有

续上表

项　目		防撞方案		
		缓冲消能设施方案	独立防撞墩方案	浮体系泊防撞方案
对承台要求		有	无	无
水位变化影响		小	小	有
撞击不同部位时抗撞效果影响		小	有	有
对桥梁整体景观影响		小	小	有
日常维护费用		小	小	小
撞损后修复费用		小	大	小
撞击船舶损伤度		小	较大	较小
采用防撞措施后主墩防撞力变化	横桥向	－30%	－30%～－50%	－30%～－50%
	顺桥向	－30%	0	0

自浮式复合材料防撞保护系统中，船舶若正对桥墩撞击，消能元件首先与桥墩的棱边相接触发生弹性变形，吸收碰撞能量；当与船舶呈一定角度撞击后，防撞系统也可方便地转动一定的角度，从而迅速改变船舶行驶方向；当船舶与防撞系统撞击紧密接触后，防撞系统截面本身也能承受较大的撞击力，截面外壳为弹性复合材料，具有大变形能力，其内部紧密填充的耗能弹性黏结材料缓冲能力强，轻质摩擦颗粒材料能摩擦消耗大量能量。

总结复合材料防撞设施的受力机理，主要有以下特点：

（1）柔性防撞、缓冲吸能效率高。相比无防撞设施的桥墩，复合材料防撞设施可使船撞力大幅度削减，从而有效保护桥墩。

（2）强耐腐蚀性、耐久性、耐撞性、耐疲劳性能优异，性价比高。与传统钢套箱防撞设施相比，复合材料防撞装置不需要做防腐涂装，且经久耐用，基本不用维护；可承受小型船只多次撞击，变形后可恢复。

（3）质量轻，运输、安装、更换方便。该防撞体系由各独立的单元体组成，安装便捷高效，各单元损坏后维修更换方便。

（4）绿色环保，外形美观，颜色可起到警示作用。

（5）非金属材料，可以防盗。

2）主动预警防船撞系统

（1）对策思路

①主动防船撞系统总体方案设计。

总体思路为依靠可见光、红外热像仪和激光测距仪等多类型设备进行现场视频信息的采集，激光探测器进行船距和船速的探测，利用计算机对可见光摄像机、红外热像仪和激光探测器获得的数据进行综合处理，对超过桥梁通航尺寸和有撞桥危险的船舶进行告警，同时记录下告警事件和相应的视频数据。总体方案的设计主要包含以下方面：

a. 确定主动防船撞系统总体设计参数要求，包括探测距离、探测范围、工作温湿度范围最低要求、防水等级、防雷装置要求、系统电源要求、系统响应时间要求等。

b. 明确系统参数需求后，根据该需求研究相应桥梁防船撞主动预警系统方案合理组成与相互关系及配置方式，如何进行更好结合，实现全天候、全天时、全自动下的告警。

②主动防船撞系统硬件设计、选型与研发。

硬件系统由红外热像摄像系统（主要是热像仪）、可见光摄像系统（主要是窄、宽视场两类摄像机）、激光探测系统（主要是测距仪）、二自由度回转台（云台）及伺服系统、自动跟踪/识别系统、自动报警系统、壳体与连接装置（主要是传感器壳体和与回转台连接机构）、传输线缆及接口插件、海量图像记录系统、中心控制器、监视/显示系统、独立电源系统及电源适配器组成。

为了让这些硬件设备能够有机联合、协调工作，实现桥梁防船撞的最终目标，对以下方面进行了重点研究考虑：

a. 研究硬件设备系统及选型如何满足昼夜监控能力，同时具有较强的透雾能力，系统如何高度集红外热像仪、可见光摄像机、激光测距仪于一体，并使各传感器可实时工作，同时可以对航道进行360°全方位监控。

b. 研究如何在保证系统核心功能和性能的前提下，确保硬件系统中各硬件产品的可靠性、环境适应性、易操作性、耐久性、可检测性和可更换性。

c. 研究如何采用组合化、模块化、标准化、可编程等设计技术，提高硬件系统中各硬件产品的可维修性和扩展性。

③主动防船撞系统软件方案设计与研发。

软件系统包含监控视频控制、数据预处理、目标测量、检测跟踪、航迹预测、告警事件管理与人机交互模块7大部分，以及在线/离线处理两大功能。

软件系统的核心为相应的算法开发，其中涉及多源数据三维测量空间的平面转换算法、基于二维图像的船舶检测/跟踪与空间标定算法、基于多源数据融合的船舶通航异常行为的判别算法、基于多源数据融合的航道多目标检测与跟踪算法、基于多源数据融合的船舶—桥撞击态势预测算法、桥梁预防航道船舶碰撞预警系统性能评估方法与优化算法等开发与优化。主要关键技术有：

a. 桥区船舶通航漂移规律分析技术。

b. 桥梁预防航道船舶碰撞预警系统方案、工作模式与参数优化技术。

c. 多源数据三维测量空间的平面转换算法与工程实现技术。

d. 基于二维图像的船舶检测/跟踪与空间标定技术。

e. 基于多源数据融合的复杂背景下航道多目标检测/跟踪算法与工程实现技术、船舶航迹目标点的三维空间融合技术、船舶通航异常行为的判别技术和船舶—桥撞击态势预测技术。

（2）实现方法

①硬件系统。

硬件系统是整个系统的基础，硬件系统工作的稳定性和可靠性决定了整个系统的稳定性和可靠性。根据系统的工作环境和视频采集要求，硬件系统应满足表3-12所列的性能要求。

a. 目前的监控产品以单可见光为主，可见光监控具有一定缺陷，如夜间、雾天无法看清，容易受到干扰，软件算法误报率较高等。为适应航道船舶安全行驶的需要，需满足兼具可见光、红外和测距的一体式装置，可见光用于能见度较好时的监控，红外用于夜晚或能见度不好时的监控，并具备船舶偏离航道报警功能。因此系统集可见光摄像机、红外热像仪、激光测距仪于一体，各传感器可同时工作，具备昼夜监控能力，具有目标搜索定位功能。

b. 系统能够对航道进行360°全方位监控。

c. 配备云台，单套系统在无遮挡情况下能够进行方圆2km内较大范围的监控。

d. 具备抗强风、防雨水和防感应雷能力。

e. 系统可在室内对室外设备进行远距离控制。

f. 系统能够存储海量视频图像，具有报警功能。

硬件系统主要性能指标 表3-12

组 成	指 标	性 能 要 求
红外热像仪	探测器	320×240元非制冷微测辐射热计
	热灵敏度	≤100mK(在25℃时)
	输出制式	PAL
	观测距离	≥1km
可见光摄像机	CCD感应器	1/3″CCD
	输出制式	PAL或NTSC
	观测距离	≥2km
	操控	焦距、光圈、变倍可调
云台	旋转角度	方位≥360°、俯仰 -60°~ +20°
	定位精度	0.5°
	最大负载	50kg
	输入电压	220(1±15%)V,50~60Hz
激光测距仪	测距范围	100~1000m
	测距精度	5m
	重复频率	1Hz,工作1min,休息1min
	光学束散角	≤1.5mrad
	工作电压	24~32V(直流),4A
系统指标	供电	AC220(1±10%)V,50Hz
	光轴一致性	≤20mrad
	工作温度	-20~ +55℃
	储存温度	-40~ +70℃
	防护等级	IP66

②软件系统。

软件平台上对采集的数据进行相应的管理、处理、分析。软件平台包括采集数据监视界面、关键算法的集成、处理结果的显示、数据存储、告警触发条件。

根据桥梁主动预警防船撞系统的设计目标及应用需求，软件模块包含以下功能要求：

a. 软件系统能够实现内河航道监控场景的实时监控显示和视频存储功能，便于采集数据进行离线数据实验分析。

b. 具备红外视频数据和可见光视频数据同时采集、同时显示的功能，从而获得内河航道的清晰视频源。

  c. 系统能够实现基于所拍摄视频图像进行船舶的三维尺寸非接触测量。

  d. 对监控区域内的多船舶目标进行实时检测、跟踪。

  e. 软件系统能够实现船撞桥的趋势估计。

  f. 当有撞桥危险时系统能够自动或者手动触发告警。

  g. 软件系统能够实现告警事件的记录,查询功能。

  软件系统能够实现内河航道场景的全天候、全天时清晰显示,船舶检测距离不低于2km,能够实现对监视区内所有船舶目标的跟踪,船撞桥预测距离不低于500m,告警成功率不低于95%(虚警率不超过5%),保证系统稳定可靠实现防船撞。

  软件系统采用 Microsoft Visual Studio 2010 为开发平台,调用 Intel OpenCV 图像库进行开发,该软件系统包含以下7大部分模块。

  a. 监控视频控制模块。能够实现监控现场图像的采集、显示与存储。

  b. 预处理模块。能够获得清晰的视频源,包括视频图像去噪、增强、红外和可见光图像同时显示。

  c. 船舶二维位置标定模块。内河航道中的船舶由于现场环境的复杂,不便于对其三维尺寸进行直接测量,因而需要借助于双目测量技术;能够实现基于监控视频对进入监视区的船舶进行二维位置测量,对航行位置偏离桥梁航道的船舶进行告警。

  d. 船舶的检测跟踪模块。该模块能够实现基于传感器所拍得的视频图像快速检测出船舶目标,并进行目标跟踪。

  e. 船舶的航迹预测模块。在船舶检测跟踪的基础上进行航迹预测,对船过桥的位置进行预测并检测出有撞桥危险的船舶,进而能够触发声光告警设备。

  f. 告警事件管理模块。该模块能够实现对告警事件进行记录,并能回调告警事件记录数据库中的视频,从而进行事件分析。

  g. 人机交互模块。对传感器拍摄的视频进行监视,当发现某个船舶目标航行不正常时,可以手动触发进行告警。

  ③系统技术要求。

  a. 系统监控视场能覆盖全部航道。

  b. 单套系统在无遮挡情况下能够进行直线距离2km范围内的监控。

  c. 多目标船舶检测能力不低于10个。

  d. 航道船舶防船撞概率大于95%,虚警率不大于5%。

  e. 具备防强风、防雨水和防感应雷(三防)能力,工作温度 -20~50℃。

  f. 系统可在室内对室外设备进行远距离控制。

  g. 系统能够存储海量(不少于1TB)视频图像,具有回放功能。

3.2.9 景观设计

  一般观念认为,桥梁工程具有两个美学特征:一个从技术角度出发,基于力学分析总结出来的"形式服从功能"。然而,很多现实的桥梁,尽管功能上设计比较合理,但美观性较差;另一个则更多地侧重于直观的印象,可称为"美在旁观者心中"。如何辩证地把这两种矛盾联系

起来并上升到一个更高的层次,需要设计师有美学明锐度和客观理性。一般美学设计指导方针如下:

(1)清晰的结构体系。选择可靠而简单的结构体系,简洁对于纯粹的结构形式是很重要的。

(2)合理的比例。结构各部件之间应有一个平衡的比例,长跨比、高跨比,以及见光部分与阴影部分面积的比例有合适的设定。

(3)恰当的次序。所有结构线条和边缘都会决定桥梁外观,数量和方向要尽可能减少。

(4)与环境融合。桥梁的形式、比例和色彩要和周围环境和谐融合。

(5)清晰可辨的传力路径。桥梁方案做到即使外行人来看,传力路径也是显而易见的。

(6)桥上空间。桥上空间应让驾驶员通过桥梁时有一种舒适感。

对称单索面独塔斜拉桥方案先天就具备了通透的桥面空间、清晰的结构体系和清晰可辨的传力路径。所以美学设计的重点主要放在索塔的造型。一般单索面独塔斜拉桥的索塔造型采用独柱塔是最简洁的,线条刚直。对于塔梁分离支承体系的单索面独塔斜拉桥,主梁需采用分离双箱,且中央分隔宽度较大,主桥两端的人非电梯井范围略超规划红线,因此,采用钻石形索塔是合适的。通过对索面布置和塔宽高比的比例选择,确定最终方案。塔柱转折处采用较为明显的圆弧过渡,既可缩窄塔宽,更显细高,又使塔柱线条流畅不过于刚直。

3.2.10 桥面排水设计

对于主桥桥面排水系统,黄浦江上水源保护区的几座大桥均采用桥面集水井收集雨水进入桥面下纵向排水管,汇流至主桥两端过渡墩再排入地面的蓄毒沉砂池的方式。根据调查,已建大桥聚氯乙烯(UPVC)或聚乙烯(PE)纵向排水管均存在不同程度的漏水和破损现象,主要是排水管连接部位开裂松动。现采用直接布置在桥面两侧的预制式树脂混凝土排水沟形式,桥面雨水排入排水沟汇集至两端过渡墩处,再排放至地面的蓄毒沉砂池。该方案无须事先在桥面大量开孔设置集水井,而且盖板是活动的,便于清理管沟内垃圾。该形式在国内桥梁上已有应用,如南沙大桥等。

3.2.11 养护维修设计

根据桥梁的结构特点,借鉴国内已有工程的建设经验,结合养护管理单位的意见,确定桥梁养护设计策略,充分达到"可查、可检、可修"的目标要求,共设置12项检修设施,见表3-13。

养护检修措施 表3-13

部位	检修设施	说明
塔	(1)每根塔柱均设置塔底至塔顶的检修步梯	"之"字形楼梯,便于行走
	(2)塔内照明	方便通行检修
	(3)塔顶预留起吊装置的落脚预埋件	便于以后拉索养护吊篮设置
	(4)塔下横梁顶面设置护栏	便于检修人员安全通行
主梁	(1)主梁内设置全长的检修步行通道以及检修门	
	(2)每根拉索锚箱处主梁顶面均设置检修人孔	
	(3)梁底设置2台养护检查车,可全长通达	
	(4)主梁在主塔设置可通行至塔下横梁的爬梯	

续上表

部位	检修设施	说明
承台	塔、锚墩和过渡墩承台上均设置沉降观测点	用于桥梁长期沉降观测
桥面	(1) 2.5m 中央分隔带作为桥面检修通道	
	(2) 路灯布置在中央分隔带内	便于以后桥面养护检查车在伸臂状态下连续走行
下层人行道	可兼作检修通道	可用于主梁侧面及悬臂板检修

构件养护等级可划分为三级，见表 3-14。

养 护 等 级　　　　　　　　　　　　　　表 3-14

养护等级	单元的易损性和破坏的后果	养护要求
一级	易损性较强，破坏的后果严重	重点养护
二级	易损性较弱，破坏的后果较严重	一般养护
三级	破坏的后果不严重	常规养护

桥梁结构的组成部分按功能与构造分为三类：主体结构、桥面系和附属设施。主体结构包括桩基础、承台、桥墩、塔、上部主梁、斜拉索、支座；桥面系包括沥青铺装、桥面防水层、伸缩装置、护栏、人行栏杆、桥面排水设施；附属设施包括交通标志设施等。主桥各构件养护等级划分见表 3-15。

主桥各构件养护等级　　　　　　　　　表 3-15

序号	构件类型	功能类型	构件名称	养护等级
1	永久构件	主体结构	桩基础	二
2			承台	二
3			桥墩	二
4			塔	一
5			钢主梁	一
6			混凝土桥面板	一
7	可更换构件		斜拉索	一
8			支座	一
9		桥面系	护栏	三
10			伸缩装置	三
11			桥面沥青铺装	三
12			桥面防水层	三
13			人行栏杆	三
14			桥面排水设施	三

根据构件养护等级分类，对重点养护构件提出针对性的养护要求，见表 3-16。

重点养护构件的养护要求 表 3-16

养 护 构 件	养护基本要求
塔	（1）构件表面整洁，无达到三四类的损坏和病害； （2）塔顶水平位移无异常
混凝土桥面板	（1）构件表面整洁，无达到二、三类的损坏和病害； （2）桥面板与钢梁的结合面无裂纹
钢梁	（1）钢梁内外表面无大面积锈蚀，箱内无积水； （2）钢梁腹板无明显变形； （3）钢梁的主要焊缝（如节段间环缝、纵向加劲与壁板焊缝等）无明显裂纹
斜拉索	（1）拉索下端索管无积水，锚具无锈蚀； （2）拉索下端的防雨罩无松动，连接处无裂纹； （3）索体 PE 管表面无裂纹
支座、阻尼器	（1）支座和阻尼器地脚螺栓及导向限位板无剪断； （2）支座和阻尼器表面无锈蚀； （3）支座和阻尼器位移、转角无异常
伸缩缝	（1）自由变形良好，止水橡胶带无老化和断裂，止水带与钢件的接头完好无脱落； （2）锚固件及螺母完好，伸缩缝凹槽无硬物填充； （3）钢构件无异常变形，连接焊缝无断裂

3.2.12 耐久性设计

该桥址位于上海闵行区和奉贤区交界的黄浦江中上游，距离海岸线约 25km，属于内陆地区，年平均相对湿度约 80%，月平均最低气温 3.5℃。根据现场调查，桥位周边除一座闵行发电厂外，无其他工业厂区；地质和水环境的勘察显示，未发现腐蚀性影响。通过以上调查，确定桥位处环境类别属于Ⅰ类（一般环境）。

根据结构各构件具体所处环境确定其环境作用等级，见表 3-17。

环境作用等级 表 3-17

构 件 名 称	所 处 环 境	环境作用等级
水中主塔墩钢管桩	桩顶位于最低水位以下 2m，处于永久浸没环境	I-A
锚墩、过渡墩钻孔桩	陆上埋入土中	I-A
主塔墩承台	水位变动区	I-C
锚墩、过渡墩承台	靠近地表受地下水位影响	I-C
塔、过渡墩、锚墩	偶尔淋雨和受江面水气影响	I-B
主梁	偶尔淋雨和受江面水气影响	I-B
斜拉索	偶尔淋雨和受江面水气影响	I-B

根据环境作用等级分别确定结构耐久性的设计措施。

1）混凝土

根据各类混凝土构件所处的环境等级，确定其混凝土设计强度等级，必须大于最低强度等级要求。

2）钢管桩防腐

根据勘察工程沿线及附近未发现污染源，场地地下水环境类别为Ⅲ类。黄浦江南北侧场地浅部地下水、地基土及黄浦江水对混凝土无腐蚀性,在干湿交替条件下对钢筋混凝土中的钢筋具有弱腐蚀性,在长期浸水条件下对钢筋混凝土中的钢筋无腐蚀性、对钢结构有弱腐蚀性。因此对钢管桩采取预留钢板腐蚀厚度和油漆涂层双重防护措施。根据淡水环境100年的腐蚀量计算,钢板腐蚀预留厚度采用3mm。钢管桩防腐涂层采用海工结构水下专用涂料,厚度500μm。

3)主梁钢结构防腐

根据钢结构所处的一般大气环境,确定钢结构涂装体系。钢梁涂装体系见表3-18。

钢梁涂装体系 表3-18

涂装部位	涂装工序		道数	干膜厚度	保护年限
外表面 (箱梁顶面除外)	表面净化处理		无油、干燥		在桥梁使用年限内可维修和更换,底漆和中间漆的免维修使用寿命不低于25年; 环氧富锌底漆的不挥发成分中的金属锌含量≥70%; 溶剂可溶物氟含量≥24%
	除锈等级		Sa2.5级		
	表面粗糙度		Rz30~75μm		
	无机硅酸锌车间底漆		1	25μm	
	二次表面处理		St3级 Rz30~75μm		
	底层	环氧富锌底漆	1	80μm	
	中间层	环氧云铁漆	2	2×75μm	
	面层	丙烯酸脂肪族聚氨酯面漆/氟碳树脂漆	1	40μm	
		氟碳面漆(颜色待定)	1	40μm	
	总干膜厚度			310μm	
箱梁顶面	表面净化处理		无油、干燥		在桥梁使用年限内可维修和更换,免维修使用寿命不低于15年
	除锈等级		Sa2.5级		
	表面粗糙度		Rz30~75μm		
	无机硅酸锌车间底漆		1	25μm	
	二次表面处理		St3级 Rz30~75μm		
	环氧富锌底漆		1	80μm	
箱梁内表面 (封闭环境)	表面净化处理		无油、干燥		在桥梁使用年限内可维修和更换,底漆和中间漆的免维修使用寿命不低于25年,箱梁按不采用除湿装置考虑
	除锈等级		Sa2.5级		
	表面粗糙度		Rz30~75μm		
	无机硅酸锌车间底漆		1	25μm	
	二次表面处理		St3级 Rz30~75μm		
	环氧富锌底漆			50μm	
	耐磨性环氧厚浆漆			250μm	
	总干膜厚度			300μm	
U形肋内表面	表面净化处理		无油、干燥		在桥梁使用年限内不维修和更换
	除锈等级		Sa2.5级		
	表面粗糙度		Rz30~75μm		
	无机硅酸锌车间底漆		1	30μm	

4）斜拉索防腐

斜拉索是桥梁的主要承重构件,是桥梁的生命线,它长期暴露在大气环境中,经受着各种不利环境的侵蚀。斜拉索的防腐设计引入多级保护,国内外已有成熟的经验和切实可行的措施。

斜拉索采用环氧涂覆钢绞线拉索。索体采用三层防护:①钢绞线为单丝环氧涂覆;②单根钢绞线整体油脂涂覆;③拉索整体外包 HDPE 护套防护。

斜拉索锚具腐蚀主要是索管内积水导致。由于索体与索管间的连接防护套在长期的动力作用下会发生开裂,雨水和水汽沿着索体通过细微裂纹渗入索管内,长年累月就形成积水,从而腐蚀锚具。为解决这一问题,借鉴国内外已有的实践案例,采取了"堵"和"疏"两种形式:①在锚垫板上开设泄水槽;②索管填充 MF-DJ2000G 非硫化不干性防腐密封胶。通过采取这两种形式,确保斜拉索下端索管内始终不积水,从而保护锚具,避免锚具锈蚀。

3.2.13　健康监测系统设计

1）监测需求

从桥梁的结构特点、设计荷载及桥址附近环境特点出发,主桥在以下方面存在监测需求:

(1)服役期全桥几何构型监测。作为半漂浮体系的独塔斜拉桥,在日常使用中,由于交通荷载、风荷载、温度荷载、不均匀沉降等作用下,桥梁成桥后的几何构型与设计构型和施工期构型存在偏移,多数情况下,这种偏移是不利的,会影响结构的内力分布、结构的使用性能,极端情况下甚至会危及结构的安全,必须加强服役期的监测。

(2)结构的荷载及作用监测。设计是按公路一级荷载进行的,但桥梁进入服役期后,实际的交通荷载和设计加载模式存在很大的区别,尤其是桥梁所在地区处理城市中心靠近外围地带,工业物流和人流汇聚,出现极端荷载加载模式的概率很大,因此,有必要对桥梁上的交通流荷载进行监测。同时,上海地区易于遭受极端的台风天气,对于极端风荷载下结构的安全性、桥上车辆通行的安全性具有很大威胁,风荷载的监测也是必需的。除此之外,还应监测温度。

(3)结构响应监测。在服役期,该桥的一些内力、应力、应变、索力等是常规监测内容。

(4)结构特性监测。主要通过振动加速度来测试间接测量结构动力特性,是常规监测内容。

(5)结构局部性能监测。使用钢—混凝土组合主梁的桥型,宜在其主跨恒载截面,或恒载+交通活荷载组合下的最大弯矩截面,设置旨在考察其截面竖向、横向整体工作性能的监测内容。宜在其主梁梁端截面、主跨跨中截面,或恒载+交通活荷载组合下的最大弯矩截面,设置针对顶底板纵向滑移的监测内容。宜在其主跨跨中截面,或恒载+交通活荷载组合下的最大弯矩截面,设置针对关键剪力连接件的疲劳监测内容。在最大剪力截面,对于具有封闭式箱形钢梁的组合主梁,宜设置旨在考察剪力滞效应的监测内容。

2）主桥监测内容及方案

主桥健康监测系统监测内容如下,相关布置如图 3-12 所示。

(1)索力:选 16 根代表性拉索进行实时监测。

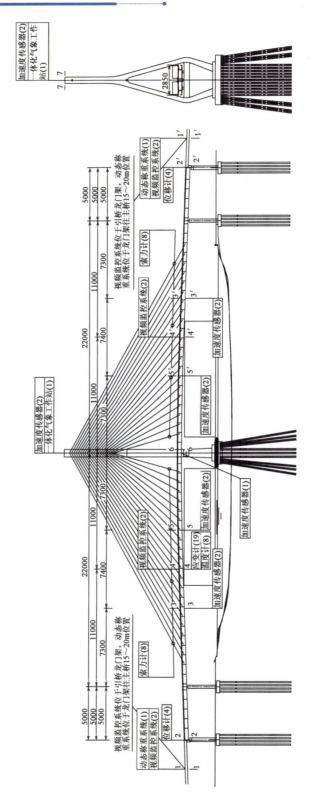

图3-12 全桥传感器总体布置（尺寸单位：mm）

(2)加速度:选主塔塔顶截面、主梁3个截面布置加速度传感器(1/8、1/4、3/8截面)、塔梁交接处(顺桥向),进行振动监测。

(3)塔顶变位监测:要求利用塔顶双向加速度装置监测动态双向位移。

(4)主桥几何线性监测:通过实时同步加速度监测,利用实时积分方式监测主梁的监测关键截面动挠度及截面姿态,以及纵向动态漂移,应达到9个测点。

(5)梁端变位:通过位移计测量梁端伸缩缝(测竖向和顺桥向)。

(6)应变监测:代表性关键截面的应变分布及关键传力构件的性能监测。

(7)风速仪:要求监测塔顶风速风向。

(8)温度监测:代表性关键截面安装。

(9)视频监测:配合动态称重系统沿桥每90m布置2个摄像头。

10)动态称重系统:在上下行两侧引桥靠近主桥处设置动态称重系统,要求与视频监控系统配合,全车道覆盖(双向六车道)。

3.3 装配化引桥设计

工程引桥下部结构采用双柱式盖梁桥墩,上部结构为预制小箱梁。盖梁与立柱均采用工厂化集中预制、现场装配的施工工艺,通过合理的资源配置体系,形成工业化的生产线模式。采用成套定型钢模,有效控制构件外观质量,降低浇筑损耗。现场施工以起重机械吊装为主,功效提升明显,可有效降低对周边环境影响。

3.3.1 建造方式及选型

该工程作为穿越二级水源保护区和准水源保护区的工程,在项目建设过程中对环境保护和水土保持的要求非常严格。例如在饮用水水源二级保护区内,禁止设置固体废物储存、堆放场所,禁止向水体排放生活垃圾、污水;在饮用水水源准保护区内,禁止设置危险废物、生活垃圾堆放场所和处置场所,禁止堆放、倾倒和填埋粉煤灰、废渣、放射性物品、有毒有害物品等各种固体废物。

高标准的环保要求,使传统的桥梁建造方式遇到巨大挑战,已经不能满足新形势的需要。新建的主桥,若继续沿用传统的施工方法建造及维护,则工期较长、支架和模板等耗材消耗大、粉尘和噪声污染严重且施工质量受环境气候因素大,不利于环保和可持续发展,建造的社会综合成本较高。

综合上述的建设条件及目前上海的技术水平和实力可知,桥梁的施工环境越来越受到政府与民众的重视,尤其是城市核心的桥梁。桥梁建设工期、施工噪声污染、交通保障压力等逐渐成为桥梁设计时必须放在首位考虑的因素。同时需要改变传统建设方式的弊端:粗放式,材料浪费严重;工地脏乱,对交通环境影响大;质量控制难,质量通病严重;劳动力整体素质低、成本高。

在现代化市政公路桥梁工程建设中,应用预制拼装技术相比传统桥梁施工技术而言,具有诸多优势,不仅有利于提高路桥施工的效率和质量,而且有利于能源和材料的利用效率,减少浪费,对保护环境起着积极的推动作用。另外,预制装配式桥梁的主要构件生产方式都是统一的工业化生产,利用各种机械化设备进行现场拼装,这样有助于提高桥梁工程建设的标准化、专业化、信息化和智能化。

对于中小跨径桥梁,桥梁上部结构预制拼装在我国推广时间较长,技术相对成熟。该工程引桥上部结构(简支小箱梁)采用了窄湿接缝、宽预制小箱梁的方法,并将防撞墙与边梁在预制场同时预制后一体架设。

该工程引桥标准桥墩的盖梁及双立柱均采用装配式工艺施工,承台及桩基现浇。引桥桥墩最大立柱高度达23m,为当时在建工程中最高的预制拼装双立柱桥墩。此改进方式最大程度提高上部结构的预制拼装率,减少现场施工作业量,以期取得较好的施工效益和社会效益。

最终确定,在设计建设工期内,以《上海市交通建设装配式技术应用推广方案(2016年—2018年)》为要求,达到"全面推广阶段(2018年)""承台顶面以上构件的预制装配率65%"。同时尽可能提高引桥的预制率,甚至可以考虑100%预制拼装率。

3.3.2 结构及连接设计

引桥上部结构均采用简支预应力混凝土预制小箱梁,桥面连续。小箱梁标准跨径35m,梁高1.9m,顶板厚20cm,底板厚20~30cm,腹板厚19~35cm。标准横断面处引桥单幅共布置3片小箱梁,曲线段通过边梁挑臂进行调整。变宽段区域引桥单幅布置4片小箱梁,变宽段通过现浇湿接头宽度调整。小箱梁采用C50混凝土,按A类预应力混凝土构件设计(图3-13)。

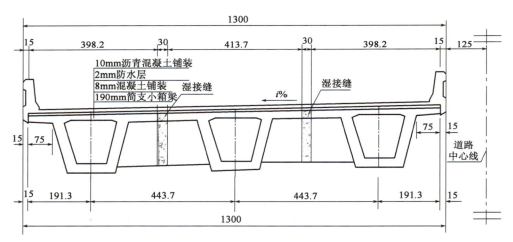

图3-13 上部结构小铰缝设计(尺寸单位:cm)

常规简支小箱梁单片预制梁宽度约为2.82m,通过宽度为0.5~1.6m的现浇桥面板及横梁横向联结成为整体。该桥桥面最大高度约28m,为尽可能减少高空作业工作量,设计尽量将小箱梁的现浇桥面板及横梁宽度进行缩减。最终湿接缝宽度采用0.3m,预制梁宽度采用4m左右。通过这种设计理念的运用,最大程度提高了该工程的上部结构预制率,提高了工程建设效率。对于窄缝形式的现浇桥面板,设计采用合理先进的环形钢筋连接方式,充分减少了现场钢筋的焊接工作量,同时也保证了构件的整体受力性能。引桥上部结构采用上述设计理念后,充分体现了预制拼装技术上的工厂化制作、高效率施工的特点,为以后的预制拼装工程项目起到较好的借鉴作用。

引桥标准桥墩采用双柱式盖梁桥墩。盖梁高度为2.0m,纵桥向宽度为2.0m,按照A类预应力混凝土构件设计。标准桥墩立柱尺寸为1.8m×1.3m,标准桥墩承台厚度为2m,每个承台下共布置9根D80cm钻孔灌注桩。

混凝土桥梁预制拼装的关键技术在于其下部结构之间的连接,包括墩身节段之间、墩身与承台之间及墩身与盖梁之间的连接,其受力主要以承受压力为主。下部结构如图3-14所示。墩柱连接结构类型包括湿接缝连接、后张预应力筋精轧螺纹钢绞线、承插与插槽混合连接、波纹管与灌浆套管连接等。通过这些连接结构将墩柱、墩身、盖梁、承台连接起来,然后使用环氧胶、砂浆垫层等材料将接触面进行拼装处理。目前我国桥梁工程中大部分采用的是波纹管和灌浆套筒的连接方式。

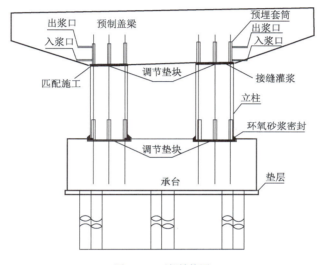

图3-14 下部结构图

波纹管一般用于墩身与承台、盖梁的连接,通过承台、盖梁内部的金属波纹管与墩身钢筋连接。波纹管连接主要采用足够长的钢筋锚固长度进行受力,因此对于墩身节段之间的连接运用较少。

灌浆套筒连接方式,对工程造价、施工精度控制要求来说相对较高。但是其对墩身预留钢筋长度要求较短、便于施工操作,同时其连接性能相对较为可靠。

此外,常规混凝土防撞墙的施工往往都是桥梁上部结构施工完成后再进行时支模现浇施工,上海很多项目也已经采用预制安装的方式,进一步提高预制率。为了减少现场现浇工作量,同时提高预制防撞墙的连接性能,该工程防撞墙最终采用了与边梁同步工厂预制并运输架设的方案。

经核算,引桥预制率达到了93.3%(表3-19)。安全高效是装配式技术的优点,该工程全部墩柱、盖梁、箱梁提前工厂预制,不但减少了80%的现场施工劳动力,而且大大减轻现场工人的劳动强度,保证施工人员的安全作业。在确保安全和质量的同时,也显著提高了工效,有效避免了现场粉尘、泥浆、灯光、噪声等污染,减少了对水源保护地和市民生活的影响。

引桥预制率统计　　　　　　　　　　　表3-19

位置		混凝土强度等级	预制（m³）	现浇（m³）	备注	预制率（%）
主梁	小箱梁	C50	16684.5			
	湿接缝	C80		1110.8	含横梁	
附属结构	桥面铺装	C50	2858.3			
	防撞墙	C30	1961.5	405.8	梁端3m现浇	—
桥墩	盖梁	C50	2853.6			
	立柱	C40	4128.4	244.5		
桥台	台身	C35		143.5		
小计			28486.3	1904.6		93.3

3.4 配套工程设计

闵浦三桥工程配套了浅覆土大直径顶管及蓄毒沉砂池两个突出亮点工程，以下分别展开介绍。

3.4.1 浅覆土大直径顶管工程

在东川路至黄浦江区间内新建一根 DN3600 的区域性雨水总管。管道总长约 1.8km，埋深 6.775～10.077m，管顶覆土厚度 2.815～6.117m。主要穿越的现状路口有：东川路老昆阳路交叉口、江川路老昆阳路交叉口，在江川路预留一段 DN2800 雨水预留管，预留管长度 120.0m，埋深 6.602～7.876m，管顶覆土厚度 3.522～4.796m。该工程 DN3600 雨水总管及 DN2800 预留管全线采用顶管施工。DN3600 管道管顶覆土为 $(0.78～1.7)D$（D 为管道直径），大部分区段小于顶管技术要求 1.5 倍的管顶覆土要求，属于浅覆土大直径顶管。

该工程 DN3600 管道开挖深度约 8.225～11.877m，可采用的施工方法有开槽埋管法和顶管施工法，两种方法对比见表 3-20。

开槽埋管法与顶管施工法对比　　　　　　　表3-20

比选项目	开槽埋管	顶管施工
工程造价	围护工程量大，土方工程量大，工程造价高	仅顶管井需进行围护，围护工程量小，土方工程量小，总体工程造价较低
施工工期	围护施工好并达到强度后，即可开挖土方，进行埋管施工，施工工序相对简单，施工周期相对较短	先需施工好顶管井基坑，再通过顶管井基坑逐节顶入雨水总管，顶管施工完毕后，再在顶管井围护结构内浇筑检查井，施工工序较复杂，施工周期较长
施工难度	本工程周边环境简单，基本不存在重要的保护建筑，开槽埋管施工，均采用常规工艺施工，施工难度较小	因道路有相当长一段位于半径为 650m 的圆曲线段，造成本次顶管施工约有一半的顶管需采用大直径曲线顶管，施工工艺相对复杂，施工难度大
对桥梁工程的影响	开槽埋管施工需占用很大的施工空间，部分开槽段围护桩会侵入桥墩承台边线内，对桥梁施工影响较大	仅占用顶管井附近的空间，可以避开桥梁桥墩及承台位置设置顶管井，对桥梁施工影响相对较小

续上表

比选项目	开槽埋管	顶管施工
对周边环境影响	管道沟槽基坑全线开挖,基坑开挖对周边环境的影响相对较大	仅顶管井局部位置开挖,对周边环境影响相对较小
节能环保	需将整个沟槽范围内土方全部挖起,待管道埋设完毕后,再回填管道沟槽土方,由于需施工混凝土基础及管道周边采用中粗砂回填,因此将产生比较大的废弃土方量	仅需开挖管道范围内土方,产生的废弃土方量较小,符合节能环保的设计理念

根据以上对比分析可知,与开槽埋管施工相比,顶管施工具有周期短、开挖作业面小、对周边环境影响小、工程造价相对较低的优点。通过综合考虑,该工程顶管施工,既能满足经济技术要求,又能满足节能环保要求。由于埋深较大、运行时可能存在一定内压、运行安全性要求高等特点,经综合比选,最终选定预应力钢筒混凝土管(JPCCP 管)。JPCCP 管采用承插式连接,单胶圈钢环接口,C30 混凝土基础,管道应满足《预应力钢筒混凝土管》(GB/T 19685—2017)的相关要求。

3.4.2 环保工程

根据《公路排水设计规范》(JTG/T D33—2012)的规定,对于穿越水质要求不低于Ⅲ类的区域路段排水设计应符合以下规定:路面表面水宜集中收集处理;集中水处理宜采用多功能处理池、人工湿地或干湿沉淀池等设施,也可采用植草式处理池。根据《饮用水水源保护区污染防治管理规定》(〔89〕环管字第 201 号),饮用水水源二级保护区的水质标准不得低于《地表水环境质量标准》(GB 3838—2002)规定的Ⅲ类标准。

《国家环境保护总局　国家发展和改革委员会　交通部关于加强公路规划和建设环境影响环评工作的通知》(环发〔2007〕184 号)中做出以下规定:"公路建设应特别重视对饮用水水源地的保护,路线设计时,应尽量绕避饮用水水源保护区。为防范危险化学品运输带来的环境风险,对跨越饮用水水源二级保护区、准保护区和二类以上水体的桥梁,在确定安全和技术可行的前提下,应在桥梁上设置桥面径流水收集系统,并在桥梁两侧设置沉淀池,对发生污染事故后的桥面径流进行处理,确保饮用水安全。"

根据《青草沙、黄浦江上游、陈行和东风西沙饮用水水源保护区范围划分说明》,黄浦江上游水源地为开放的河流型水源地,划分了饮用水水源一级、二级及准水源保护区。该工程位于黄浦江上游饮用水水源二级保护区,东川路—江川路与西闸公路—工程终点位于黄浦江上游饮用水水源准保护区中。保护区中跨河桥梁桥面雨水需采取桥面径流收集,收集后排入地面排水管网中。按照《上海市饮用水水源保护条例》(2009 年 12 月)的要求,为防止发生危险品运输事故后对水环境的影响,二级水源保护地内桥面及路面雨水出浜前需要经过蓄毒沉砂池(图 3-15),不直接排入河中。

该项目环境风险主要为溢油事故及可溶性有毒有害物质泄漏事故,风险事故主要有两种:一是陆路交通事故,即桥梁上发生交通事故,造成装运危险品的车辆发生泄漏或整车掉入江中;二是水域交通事故,即项目建成后,在黄浦江上通行的船舶碰撞桥梁或船舶相撞造成的风险事故。为了尽量避免环境风险的发生和降低环境风险的影响,需建立相应的环境风险防范体系和应急反应系统。经方案论证,该工程在沿线设置 3 座蓄毒沉砂池,技术条件见表 3-21。

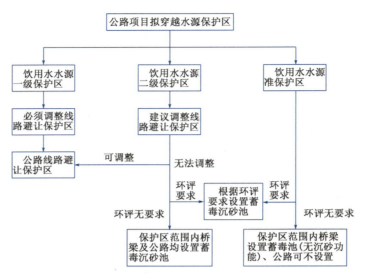

图 3-15 蓄毒沉砂池设置原则

蓄毒沉砂池技术条件 表 3-21

项　目	1 号蓄毒沉砂池	2 号蓄毒沉砂池	3 号蓄毒沉砂池
位置	闵行区	闵行区	奉贤区
	K4+405	K4+650	K5+890
收集范围	东川路—金彭河	金彭河—北段越江大桥	南段越江大桥—渔沥港
尺寸	28m×26m×6.8m	28m×26m×3.85m	26m×23m×4.1m
有效水深	4.0m	3.0m	3.5m
结构形式	现浇钢筋混凝土水池,浅埋式结构		
抗浮形式	自重抗浮	自重+底板挂重抗浮	自重+底板挂重抗浮
池壁厚	0.6m	0.5m	0.5m
底板厚	0.65m	0.6m	0.6m
混凝土强度	主体结构 C30;垫层素混凝土 C15		

1)选址

蓄毒沉砂池选址主要考虑以下几个方面:

(1)蓄毒沉砂池的位置需要方便检修车辆和事故处理车进出。

(2)需要在事故后或者检修期间通过检修车辆上的水泵抽取蓄毒沉砂池内废液或者沉淀的污染物,故蓄毒沉砂池需要一定的净空要求,能够起吊一定的设备或者为运营维护设备提供足够的操作空间。

(3)蓄毒沉砂池的位置不能影响正常的桥梁检修和道路车辆的使用。

(4)蓄毒沉砂池的位置在建造过程中不能对桥梁总体施工产生影响。

该工程红线范围两侧均有用地规划,布置蓄毒沉砂池较为困难。经过反复方案比选,确定利用桥跨间的空间布置蓄毒沉砂池。该处选址具有以下优势:

(1)使用桥跨之间的空间,可以减少占用红线外有限的空间,同时充分利用桥跨之间无法作为他用的空间。

（2）充分利用引桥两侧的辅道和桥梁检修通道，同时作为蓄毒沉砂池的检修通道，不用额外增加检修道和道路开口。

（3）由于雨水管道总管和支管布置在两侧辅道上，把蓄毒沉砂池放在桥跨之间，可以有效减小雨水管道的布置长度，优化雨水管道排线的方案。

2）设计

蓄毒沉砂池的有效容积，根据应急事故废水池容积和初期雨水的流量计算容积之间的最大值来确定。蓄毒沉砂池及事故废水池容积 = 应急事故废水最大计算量 − 装置或罐区圩堤内净空容量 − 事故废水管道容量。初期雨水的计算方式主要有两个：按照初期雨水 4~8mm 的降雨量，按照设计习惯的 15min 降雨量。

该工程参照国内外类似经验，其容积按收水范围内暴雨停留 15min 考虑，确保流入河道的雨水均经蓄毒沉砂池，确保雨水安全后入浜。经比较，应急事故废水池容积小于初期雨水流量计算的容积，在容积计算过程中采用初期雨水的流量计算容积。

1 号蓄毒沉砂池收集该工程东川路—金彭河段雨水。雨水经管道收集后，经过 1 号蓄毒沉砂池后，排入 DN3600 雨水总管。经计算确定 1 号蓄毒沉砂池尺寸为 $28m \times 26m \times 6.8m$，有效水深 4.0m。

2 号蓄毒沉砂池收集金彭河—北段越江大桥雨水，雨水经管道收集后，经过 2 号蓄毒沉砂池后，排入 DN3600 雨水总管。经计算确定 2 号蓄毒沉砂池尺寸为 $28m \times 26m \times 3.85m$，有效水深 3.0m。

3 号蓄毒沉砂池收集南段越江大桥—渔沥港雨水，雨水经管道收集后，经过 3 号蓄毒沉砂池后，排入渔沥港。经计算确定 3 号蓄毒沉砂池尺寸为 $26m \times 23m \times 4.1m$，有效水深 3.5m。

3）原理及工艺

蓄毒沉砂池由进水管、岔道管、池体、集砂槽、出水管及闸门组成。水源保护区内需设置紧急电话，并设有明显标示牌。在岔道管处设出水闸门 1 套，当化学危险品车辆发生事故后，车辆驾驶员通过紧急电话与控制中心联系，控制中心即可对蓄毒沉砂池岔道管闸门进行遥控关闭操作，阻止化学危险品污染水源。在正常情况下，岔道管闸门处于常开状态，在集砂槽处设置控制闸门 2 套，出水管处设置闸门 1 套，闸门处于常闭状态，仅当需要放空池体时开启。在上游进水渠处设快速启闭冲洗闸门 2 套，该闸门处于常闭状态，需要截流危险品（危化品）时打开。进行冲洗时，也可打开进水渠处闸门，通过水力冲洗廊道，必要时辅以人力清洗。集砂槽内的废液及沉砂通过清理车抽吸外运处置。

4）自动控制

对于闵浦三桥工程沿线设置的 3 座蓄毒沉砂池，电气设计的重点是将这 3 座距离值班人员管理用房距离较远、维护较不方便的蓄毒沉砂池，利用信息化、智能化理念设计，打造为无人值守、全自动运营的构筑物设施。

设计在每座蓄毒沉砂池都设置一套小型工业级可编程逻辑控制器（PLC），控制对应蓄毒沉砂池的所有设备及检测仪表。当蓄毒沉砂池液位升高时，水位检测仪表会自动反馈信号至 PLC，PLC 根据设定的程序，自动控制蓄毒沉砂池各设备启停，全自动排除紧急状况。

小型工业级 PLC 配套的 4G 远程通信交换机也会将蓄毒沉砂池各设备的运行情况、检测仪表的读数情况以及实时的安防高清视频监控信号上传至闵浦三桥工程管理用房,使管理人员能在远程实时监控蓄毒沉砂池的运行情况。

闵浦三桥工程的无人值守、全自动运营的蓄毒沉砂池设计大大降低了管理人员运维难度,同时也为排水市政工程在第五代移动通信技术(5G)大背景下的信息化应用开辟了一条探索之路。

3.4.3 监控系统

闵浦三桥主线设置视频监控设备、信息采集设备、信息发布设备、气象采集设备、车道控制设备、语音呼叫设备及航道监控设备;桥梁南、北接线道路交叉口设置信号控制设备和视频监控设备;桥梁南岸管理用房内设置监控分中心,实现对桥梁全线运行状况的实时监管。

1)建设目标

以"突出交通管控,兼顾安全管理和信息服务"为指导思路,通过工程的建设,建成一套完整、先进的桥梁交通监控系统,具备对桥梁道路交通状况和重要设施运行状况实时监管的功能,为桥梁管理部门日常交通管理、运维管理和应急管理提供信息化手段,为交通参与者提供完整的信息服务,以提高桥梁的服务水平,提升桥梁管理部门的整体形象。

2)功能要求

(1)信息采集功能要求

①交通数据采集:在所包含的建设道路范围内完整采集各种参数,实时掌握采集点的交通量分布和交通服务水平。

②视频信息采集:桥梁重点区域达到可控摄像机监控全覆盖,即运行管理人员能清晰和完整地对覆盖范围内的交通流进行观察巡视;主桥段实现定焦观察及完整视频检测。

③气象参数检测:气象条件对交通的影响很大,交通监控系统控制策略的实现和对道路使用者提供的信息也应包含实时的气象环境信息。所以,在桥梁上设置综合气象检测设备,主要检测能见度、雨量、风速、风向、气温、相对湿度等。

(2)信息发布功能要求

①针对桥梁所处位置的重要性,按照监控系统的控制策略,对路段上游车流车辆发布下游交通状态和交通事件信息,向驾驶员提供有指导作用的信息。

②信息发布采用文字方式,具备发布前方交通拥堵信息、事件信息等功能。

③在低能见度、前方发生交通事件等情况下,也可发布相关限速信息,对进入桥梁区段的车辆进行限速控制。

(3)信息处理功能要求

交通信息处理功能属于监控分中心的职能,主要针对采集的交通参数进行处理,以获得有效的交通信息功能,具体内容如下。

①数据信息的实时处理功能:原始的交通信息处理后,能自动生成交通状态(畅通、拥挤和堵塞)、能自动识别交通事件并发出交通事件报警。

②历史数据的处理:要求对存储的各种交通信息进行分析和处理,能生成各种交通统计报表,提供站管理部门和规划部门,实现综合应用。

(4)交通管理和控制功能要求

①交通监视功能:在监控分中心设置的交通管理人员,通过计算机终端的交通数据和

交通状态、视频显示终端的交通图像信息,严密监视交通流情况,能及时了解是否发生交通事件。

②交通事件处理功能:交通事件产生的原因是多方面的,交通事件可以是单一的,但往往是伴生着应急处置。交通管理人员接收到交通事件报告,可对交通事件进行调查和确认,在确认交通事件后,启动相应的预案,除了调动相关的人员、车辆及时进行处置外,在诱导板上发布交通信息。

③交通管制下的控制功能:交通管制的发生原因是多方面的,如道路施工等。监控分中心在交通管制下为交通管理人员提供的功能:通过摄像机可对道路进行监视的功能;在相关的信息发布板上针对交通管制发布必要的交通信息的功能。

(5) 其他功能要求

①交通信息共享和交换功能:桥梁交通信息与周边路网交通信息交换和协调控制非常重要,要实现上述功能需要很多协调工作,在设计阶段考虑至少预留实现上述功能的接口。

②信息汇总及服务应用功能:在路段监控分中心,集中了桥梁实时的、历史的交通信息。通过监控分中心所建立的综合信息平台,相关管理部门(如交管部门、水务部门、路政部门、气象部门等)可以获得与桥梁路段相关的各种整合信息,以实现与其职能相关的各类应用。

3) 实施内容

监控系统设计对象涵盖交通监控系统各子系统设施,主要实施内容包括以下 11 项:

(1) 视频监控子系统:完成桥梁桥面、主桥人行通道、主航道,以及桥梁两侧接线道路、桥梁管理用房、蓄毒沉砂池等区域 59 台视频监控摄像机的布置、安装和调试等。

(2) 信息采集子系统:完成桥梁和两端接线道路沿线 5 台交通参数采集设备的布置、安装和调试等。

(3) 信息发布子系统:完成两端接线道路沿线 7 台信息发布设备的布置、安装和调试等。

(4) 气象采集子系统:完成全线 1 套全要素气象采集仪、2 套路面气象采集仪的布置、安装和调试等。

(5) 车道控制子系统:完成桥梁沿线 6 套车道控制设备的布置、安装和调试等。

(6) 语音呼叫子系统:完成桥梁沿线 4 块"12122"标志牌的布置、安装和调试等。

(7) 信号控制子系统:完成两端接线道路沿线 4 个交叉口区域,4 套信号控制机和 118 套灯具的布置、安装和调试等。

(8) 通信传输子系统:完成沿线新增交通监控设备接入本地管理用房内监控分中心,以及监控分中心与上海市路网监测中心之间数据系统互联所需通信路由的配置、安装等。

(9) 低压配电子系统:完成沿线新增交通监控设备,以及管理用房内监控分中心硬件设备配电设施的配置、安装等。

(10) 与交通监控系统相关的管道、基础和预埋件等。

(11) 监控分中心:完成交通监控分中心内设施,包括监控室、大屏、座席、机房,以及计算机设备、网络设备、存储设备、不间断电源系统(UPS)电源等设施的配置、安装等。

3.5 设计理论创新与试验

闵浦三桥设计引入了精细化的设计理论,指导了桥面板的配筋,并基于现场试验开展了理论的深化研究工作。

3.5.1 基于"板元"的精细化分析方法

桥梁分析与设计的精细程度由结构层面和构件层面共同控制,前者负责效应分析,后者负责应力验算和配筋设计,二者相辅相成。传统方法一般采用单梁模型计算桥梁的整体效应,并以"截面"为对象进行纵向设计,之后另取框架模型计算局部荷载效应,并对桥面板进行横向设计。

上述方法存在不足之处:①单梁模型无法考虑截面内部的空间效应,如剪力滞效应、薄壁效应(扭转、畸变)和荷载的横向分布等,也无法反映由空间效应导致的桥面板各处的受力差异,因此在设计中需辅以相应的安全系数,以包络空间效应所带来的不利影响。如有效分布宽度、偏载放大系数和横向分布系数等,对于体系复杂的桥梁,上述安全系数的取值较难确定,存在一定的安全隐患。②决定桥面板配筋的内力指标只有截面纵向整体弯矩和桥面板横向局部弯矩,忽略了桥面板的面内受力,即缺失了面内主应力配筋。

实践表明,对于闵浦三桥斜拉桥这类复杂桥梁,当采用简化分析方法设计时,容易造成作用效应的缺项,忽略结构的重要受力部位,导致一些诸如桥面板斜向开裂等典型病害,而这些病害又无法从简化分析中得到完整解释。为此,提出了基于"板元"的精细化分析与设计体系,并应用于闵浦三桥工程实际。

板元是截面各板件离散后的基本单元,如图 3-16 所示,是结构层面效应分析与构件层面验算设计的基本单元。在结构效应分析层面,基于板元的有限元模型可以获取桥面板各位置的应力、内力结果,真实反映了桥面板各位置的受力差异,且自动考虑了截面内部的空间效应,包括剪力滞效应、薄壁效应(扭转、畸变)和荷载的横向分配。在构件设计层面,由于效应分析时获取了各板元的受力,因此可以直接将板元作为交付验算与设计的基本单元,但需为其提供完整的配筋设计指标,以满足承载能力极限阶段的需求。基于"板元"的理念,通过遍历桥面板中所有位置的板元,可实现针对全桥的精细化应力验算和配筋设计。

接下来分析板元的受力特点,其一般受力形式如图 3-17 所示,其中,n_x、n_y 分别为板元沿 x、y 方向的单位宽度轴力,以受拉为正;n_{xy}、n_{yx} 为板元面内的单位宽度剪力,以图示方向为正;m_x、m_y 为板元沿 x、y 方向的单位宽度弯矩,以板下侧受拉为正;m_{xy}、m_{yx} 为单位宽度扭矩,以在板下侧产生正方向的扭转剪应力为正;v_x、v_y 为板元沿厚度方向的单位宽度剪力,以沿 z 轴正向为正。根据剪应力互等定律,有 $n_{xy} = n_{yy}$,$m_{xy} = m_{yx}$。需要注意的是,与板的受力形式相比,板元不存在面内的弯矩,即 m_z,因为 m_z 已经转化为板元轴向力。

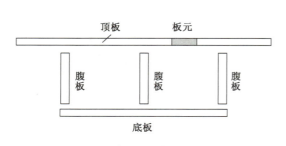

图 3-16 箱梁截面离散与板元

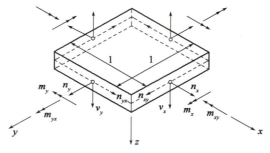

图 3-17 板元一般受力形式

一般来说,桥面板的板厚较薄,沿板厚方向的 v_x、v_y 远小于面内剪力 n_{xy}、n_{yx},故 v_x、v_y 不控制设计。若忽略 v_x、v_y 后,剩余的 6 组内力根据其效应方向可分为 2 组,即面内受力(n_x,n_y,n_{xy} = n_{yx})和面外受力(m_x,m_y,m_{xy} = m_{yx}),如图 3-18 所示。面内受力(n_x,n_y,n_{xy} = n_{yx})产生的应力分布沿板元厚度方向是均匀的,且板元变形位于平面内,故将其称为面内力,也称为薄膜力。相反,面外受力(m_x,m_y,m_{xy} = m_{yx})产生的应力分布沿板元厚度方向是不均匀的,且板元变形是出平面方向,故将其称为面外力,也称为弯扭力。

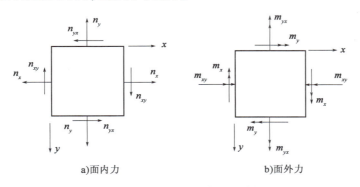

图 3-18 板元面内受力与面外受力

面内受力所产生的应力沿板厚是均匀的,即处于平面应力状态,而面外受力则会产生两侧方向相交、大小相等的应力,沿板厚线性分布,具体分布如图 3-19 所示。

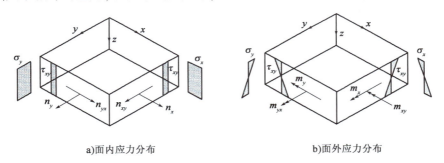

图 3-19 受力板元面内外应力分布

板元受力形式与荷载效应之间存在对应关系。外荷载效应可分为整体效应和局部效应,其中整体效应对应结构整体的受力和变形,如箱梁整体的轴向伸缩、纵向弯曲及扭转等,局部效应则对应结构局部的受力和变形,主要是横向框架作用。反映在各板元中,整体效应主要对应板元的面内受力形式,局部效应则对应板元的面外受力形式。整体效应中的轴向力和弯矩在板元中面产生正应力,剪力和扭矩产生面内剪应力,二者沿板厚方向分布基本均匀,如图 3-20 和图 3-21 所示。局部荷载作用下,箱梁板中会产生与梁式受力类似的横向弯矩,从应力角度来看,板内正应力一侧受拉、一侧受压,如图 3-22 和图 3-23 所示。箱梁空间效应包含于整体效应和局部效应之中,因此也将体现在各板元的面内、面外受力之中。

如前所述,箱形桥梁所承受的任意效应反映到板元之中只有面内效应和面外效应两种,分别对应于板元的面内受力和面外受力形式。相比于"截面"的拉压弯剪扭复合受力形式而言,板元的受力形式更加简洁,且力学概念清晰,非常适合构件层面的设计。

下面分别从正常使用极限阶段的抗裂性验算和承载能力极限阶段的配筋两个方面,介绍基于板元的完整应力验算和完整内力配筋设计指标。

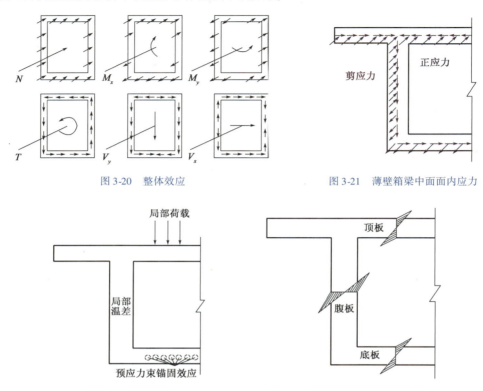

图 3-20　整体效应

图 3-21　薄壁箱梁中面面内应力

图 3-22　局部效应

图 3-23　箱梁各板件上下缘面外应力

1)完整应力验算指标

传统方法对复杂桥梁"截面"进行应力验算时,一般只取截面上、下缘正应力和腹板主应力3项应力作为验算指标,着重分析顶底板的拉压受力和腹板的弯剪受力。显然,上述3项应力验算指标无法真实反映复杂桥梁的空间受力状态,更无法完整解释实际工程中经常出现的诸如顶底板斜裂缝等典型裂缝病害形式。表3-22以一个混凝土单箱单室箱梁为例,给出了工程实际中常见的典型裂缝形式以及需要关注的验算应力。

根据裂缝产生位置和方向,可将表 3-22 中裂缝形式分类。首先,根据裂缝位置,可分为顶板裂缝、底板裂缝及腹板裂缝;其次,根据其在板件的部位,可分为上缘裂缝、下缘裂缝(对于腹板而言是外侧裂缝和内侧裂缝)及中面裂缝,其中,中面裂缝贯通板件厚度方向;最后根据裂缝方向,可分为纵横向(正)裂缝与斜裂缝。例如,底板下缘横向裂缝、腹板中面斜裂缝等。箱梁的完整应力验算指标需与所有可能的典型裂缝形式一一对应,且能够反映裂缝的成因,即确定由整体效应还是局部效应导致。因此,板元的完整应力验算位置应取板元的上缘、下缘和中面。每个位置选取纵横向正应力与主应力3个应力作为验算指标,共9个,构成一个板元的完整应力验算指标。图3-24所示的一个箱形截面中考虑顶板、底板和腹板的完整应力验算指标,共计 27 个。根据板元面内受力和面外受力的应力分布易知,中面应力反映了整体效应,而上下缘应力反映了整体效应与局部效应的叠加。

混凝土单箱单室箱梁的典型裂缝形式与需要关注的验算应力　　　　表 3-22

需要关注的验算应力	部位	裂缝形式	原 因 分 析
顶板的纵向正应力	上缘		整体效应下结构整体的纵向受弯
	下缘		
顶板的横向正应力	上缘		局部效应下桥面板的横向受弯,靠近腹板处的桥面板为负弯矩,其上缘受拉,桥面板跨中为正弯矩,其下缘受拉
	下缘		
顶板的面内主应力	板厚方向		整体效应下结构整体的纵向受弯、剪、扭复合受力
底板的纵向正应力	上缘		整体效应下结构整体的纵向受弯
	下缘		
底板的横向正应力	上缘		局部效应下底板的横向受弯,靠近腹板处的底板为负弯矩,其上缘受拉,底板跨中为正弯矩,其下缘受拉。局部荷载如变截面箱梁底板纵向弯曲预应力钢束产生的"外崩力"
	下缘		
底板的面内主应力	板厚方向		整体效应下结构整体的纵向受弯、剪、扭复合受力
腹板的纵向正应力	内侧		整体效应下结构整体的纵向受弯
	外侧		
腹板的竖向正应力	内侧		局部效应下腹板的横向框架受力,腹板的竖向正应力主要由箱梁畸变或内外侧温度差产生
	外侧		
腹板的面内主应力	板厚方向		整体效应下结构整体的纵向受弯、剪、扭复合受力

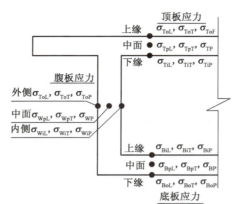

图 3-24　一个箱形截面中考虑顶板、底板和腹板的完整验算应力指标示意及其符号系统

以"完整验算应力"定义的空间应力检算体系是《公路钢筋混凝土及预应力混凝土桥涵设计规范》(JTG 3362—2018)中空间精细化分析的核心理念,代表桥梁分析与设计的先进方向。

2) 完整内力配筋设计指标

板元配筋应综合考虑板元的面内受力和面外受力,故交付配筋设计的完整指标为面内、面外 6 项内力值:$n_x, n_y, n_{xy}=n_{yx}, m_x, m_y, m_{xy}=m_{yx}$。针对面内力 $n_x, n_y, n_{xy}=n_{yx}$ 的配筋可沿厚度方向任意布置,而面外力 $m_x, m_y, m_{xy}=m_{yx}$ 配筋与抗弯配筋类似,布置在板件的上下缘最有效。因此,综合考虑面内面外配筋效率,确定板元配筋形式为上下两层正交钢筋网,如图 3-25 所示。其中,h 为板元厚度;c_1、c_2 分别为上下缘钢筋保护层厚度;d_1、d_2 为 x、y 方向钢筋的中心间距;a_t、a_b 分别以正交钢筋网为中心,上下各取一个保护层厚度。

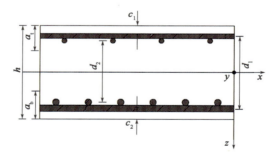

图 3-25　板元配筋形式(上下双层钢筋网)

针对板元的完整配筋模型,将板元分为上中下三层,其中上下层为薄膜受力层,以正交钢筋网为中心上下各取一个保护层厚度,其厚度分别表示为 a_t、a_b,中间层为素混凝土层,厚度为 $h-(a_t+a_b)$,如图 3-26 所示。极限状态下,假设面内力和面外力全部由含有正交钢筋网的上下层承担,素混凝土中间层不控制设计,仅维持剪力传递,以保证上下层协同受力。

极限状态下,板元面内力和面外力在上下层间的分配方式为:面内力平分至上下层,面外力以相应方向的钢筋间距 d_1、d_2,或者统一取平均间距 $d=(d_1+d_2)/2$ 为内力臂分配,其中弯矩 m_x、m_y 转化为上下层的轴向力,扭矩 m_{xy}、m_{yx} 转化为上下层的切向力。将面外力的轴向力和切向力分别与相应方向的面内力叠加,见式(3-1)~式(3-3)。

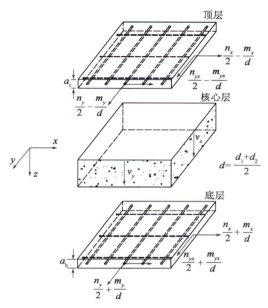

图 3-26　完整配筋模型

$$n_{x,\text{top/bot}} = \frac{n_x}{2} \mp \frac{m_x}{d} \tag{3-1}$$

$$n_{y,\text{top/bot}} = \frac{n_y}{2} \mp \frac{m_y}{d} \tag{3-2}$$

$$n_{xy,\text{top/bot}} = \frac{n_{xy}}{2} \mp \frac{m_{xy}}{d} \tag{3-3}$$

至此，板元的配筋设计可转换为针对板元上下两薄膜层的设计，可采用面内配筋理论。当以 x、y 方向配筋总量最小为目标时，面内配筋见式（3-4）、式（3-5），其中 $A_{x,m}$、$A_{y,m}$ 为 x、y 方向配筋面积，f_{yx}、f_{yy} 为 x、y 方向钢筋屈服强度，$\rho_{x,m}$、$\rho_{y,m}$ 为 x、y 方向钢筋配筋率。需要注意的是，当 $n_x + |n_{xy}|$ 或 $n_y + |n_{xy}|$ 值小于零时，意味着此方向只需按照构造要求进行配筋。

$$A_{x,m} f_{yx} = n_x + |n_{xy}|, A_{x,m} = \rho_{x,m}(1 \times h) \tag{3-4}$$

$$A_{y,m} f_{yy} = n_y + |n_{xy}|, A_{y,m1} = \rho_{y,m}(1 \times h) \tag{3-5}$$

将效应值式（3-1）~式（3-3）代入式（3-4）、式（3-5），得到上下两层正交网格配筋方程：

$$A_{x,\text{top/bot}} f_{yx} = n_{x,\text{top/bot}} + n_{xy,\text{top/bot}}, A_{x,\text{top/bot}} = \rho_{x,\text{top/bot}}(1 \times h) \tag{3-6}$$

$$A_{y,\text{top/bot}} f_{yy} = n_{y,\text{top/bot}} + n_{xy,\text{top/bot}}, A_{y,\text{outer/inner}} = \rho_{y,\text{top/bot}}(1 \times h) \tag{3-7}$$

求解上述公式后，得到上下薄膜层网格钢筋配筋率表达式如下。

上层网格钢筋配筋率：

$$\rho_{x,\text{top}} = \left(\frac{n_x}{2} - \frac{m_x}{d} + \left| \frac{n_{xy}}{2} - \frac{m_{xy}}{d} \right| \right) / h / f_{yx} \tag{3-8}$$

$$\rho_{y,\text{top}} = \left(\frac{n_y}{2} - \frac{m_y}{d} + \left| \frac{n_{xy}}{2} - \frac{m_{xy}}{d} \right| \right) / h / f_{yy} \tag{3-9}$$

下层网格钢筋配筋率：

$$\rho_{x,\text{bot}} = \left(\frac{n_x}{2} + \frac{m_x}{d} + \left|\frac{n_{xy}}{2} + \frac{m_{xy}}{d}\right|\right)/h/f_{yx} \tag{3-10}$$

$$\rho_{y,\text{bot}} = \left(\frac{n_y}{2} + \frac{m_y}{d} + \left|\frac{n_{xy}}{2} + \frac{m_{xy}}{d}\right|\right)/h/f_{yy} \tag{3-11}$$

基于完整配筋模型的配筋结果不但更加精细,而且无需鉴别弯矩的配筋方向,因为弯矩已经转化为面内力,提高了公式的实用性。

为获取板元的完整应力验算指标和内力配筋设计指标,《公路钢筋混凝土及预应力混凝土桥涵设计规范》(JTG 3362—2018)推荐了相应的实用精细化计算模型——空间网格模型,旨在为复杂结构桥梁通过计算得到所有的空间效应,实现桥梁的精细化受力分析。如图3-27所示,一个单箱单室箱梁截面可以分解为顶板、底板及多块腹板,箱形截面梁所离散成的"板"就可以用正交梁格模型来模拟。由于这些"板"位于不同的平面内,代表它们的正交梁格也在不同的平面内(对于弯梁桥为曲面),不同平面内的正交梁格将箱形截面梁离散为一个空间"网"状模型,可以形象地称为"空间网格"模型。

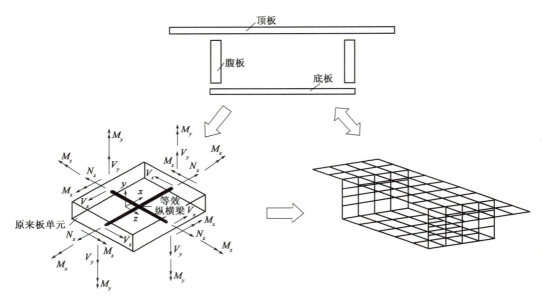

图 3-27 空间网格模型原理示意图

空间网格模型可以体现各板件的剪力滞效应,而不用计算有效宽度;扭转通过空间网格之间的相互共同作用反映在各板件的剪应力上;截面畸变反映在各板件的横向弯曲变形中。除此之外,空间网格模型亦可以考虑所有施工阶段、混凝土徐变收缩、活载、索力调整、局部温度及弹性稳定等方面的分析计算。钢—混组合截面桥梁是近年来讨论的热点,基于板件分离的空间网格模型尤其适用于分析组合截面。组成空间网格模型的板件是任意的:可以是全混凝土的、可以是全钢的,也可以是任意组合的。由于混凝土和钢的应力检算体系是通用的,所以,采用分离截面的方法设计计算钢—混组合截面,不但可以体现桥梁建设的应力历史,也可以得到更为真实、适用的极限承载力计算方法。

在空间网格模型中,1块板元是由共节点的4根等效纵横梁单元来表征,纵横梁单元分别具有6个自由度,分别为M_x、M_y、M_z、F_x、F_y、F_z,因此决定一个板元的内力自由度有$4 \times 6 = 24$(个),如图3-28所示。

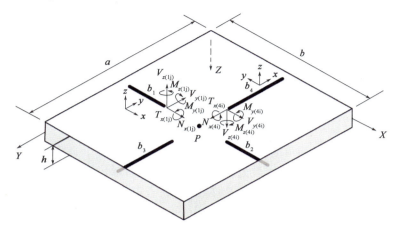

图3-28　板元指标来源(1个节点,4个6自由度梁单元,24个内力自由度)

板元的内力自由度与板元完整内力配筋设计指标的转换关系为:

$$n_X = \frac{N_X}{b} = \frac{N_{x(3j)} + N_{x(4i)}}{2b}, \quad n_Y = \frac{N_Y}{a} = \frac{N_{x(1j)} + N_{x(2i)}}{2a} \tag{3-12}$$

$$n_{XY} = n_{YX} = \frac{1}{2} \times \left[\frac{V_{y(1j)} + V_{y(2i)}}{2a} + \frac{V_{y(3j)} + V_{y(4i)}}{2b} \right] \tag{3-13}$$

$$m_X = \frac{M_X}{b} = \frac{M_{y(3j)} + M_{y(4i)}}{2b}, \quad m_Y = \frac{M_Y}{a} = \frac{M_{y(1j)} + M_{y(2i)}}{2a} \tag{3-14}$$

$$m_{XY} = m_{YX} = \frac{1}{2} \times \left[\frac{T_{x(1j)} + T_{x(2i)}}{2a} + \frac{T_{x(3j)} + T_{x(4i)}}{2b} \right] \tag{3-15}$$

根据上述内力指标可进一步求得板元的完整应力验算指标,其中正应力来源于面内轴力和面外弯矩,面内剪应力来源于面内剪力和扭矩,相关公式见式(3-16)~式(3-20)。由上节可知,板元的完整验算应力指标由板元上缘、下缘、中面3个位置的双向正应力和主应力构成,因此在公式中Z的相应取值为$-h/2$,$h/2$和0。

$$\sigma_X = \frac{n_X}{h} + \frac{12m_X}{h^3} \cdot Z \tag{3-16}$$

$$\sigma_Y = \frac{n_Y}{h} + \frac{12m_Y}{h^3} \cdot Z \tag{3-17}$$

$$\tau_Y = \frac{n_{XY}}{h} + \frac{12m_{xy}}{h^3} \cdot Z \tag{3-18}$$

$$\sigma_1 = \frac{\sigma_X + \sigma_Y}{2} + \sqrt{\left(\frac{\sigma_X - \sigma_Y}{2}\right)^2 + (\tau_Y)^2} \tag{3-19}$$

$$\sigma_2 = \frac{\sigma_X + \sigma_Y}{2} - \sqrt{\left(\frac{\sigma_X - \sigma_Y}{2}\right)^2 + (\tau_Y)^2} \tag{3-20}$$

需要注意的是,式(3-12)~式(3-20)仅适用于确定的荷载工况,若考虑工程实际中的可变荷载及荷载组合,则需根据不同的荷载工况对板元的24项内力数据进行处理,以求得最不利的内力输出矩阵。首先对桥梁结构可能承受的所有荷载工况进行分解,将其分为两类:

(1)在诸如施工、温度、沉降等荷载工况下,决定板元受力的24个自由度对应内力值是确定的,此时针对任一荷载工况,例如成桥徐变10年、整体升温、某种确定的支座沉降组合,板元内力输出矩阵为 1×24 行矩阵。

$$\begin{bmatrix} M_{x1} & M_{y1} & M_{z1} & F_{x1} & F_{y1} & F_{z1} & \cdots & M_{x4} & M_{y4} & M_{z4} & F_{x4} & F_{y4} & F_{z4} \\ a_1 & a_2 & a_3 & a_4 & a_5 & a_6 & \cdots & a_{19} & a_{20} & a_{21} & a_{22} & a_{23} & a_{24} \end{bmatrix}$$

(1×24 行矩阵)

(2)而在诸如活载、人群等可变荷载工况下,决定板元的24个自由度对应内力值并非确定,对每1个自由度而言均存在内力最大值和内力最小值,且每1个自由度对应内力取得峰值时其余23个自由度上均有相应内力值。这样在活载、人群荷载作用下,决定板元精细化配筋的24个内力自由度共有 $24 \times 2 = 48$ 种工况,相应的,板元内力输出矩阵为 48×24 矩阵。

$$\begin{bmatrix} M_{x1} & M_{y1} & M_{z1} & F_{x1} & F_{y1} & F_{z1} & \cdots & M_{x4} & M_{y4} & M_{z4} & F_{x4} & F_{y4} & F_{z4} \\ a_{1,1} & a_{1,2} & a_{1,3} & a_{1,4} & a_{1,5} & a_{1,6} & \cdots & a_{1,19} & a_{1,20} & a_{1,21} & a_{1,22} & a_{1,23} & a_{1,24} \\ & & & & & & \vdots & & & & & & \\ a_{24,1} & a_{24,2} & a_{24,3} & a_{24,4} & a_{24,5} & a_{24,6} & \cdots & a_{24,19} & a_{24,20} & a_{24,21} & a_{24,22} & a_{24,23} & a_{24,24} \\ a_{25,1} & a_{25,2} & a_{25,3} & a_{25,4} & a_{25,5} & a_{25,6} & \cdots & a_{25,19} & a_{25,20} & a_{25,21} & a_{25,22} & a_{25,23} & a_{25,24} \\ & & & & & & \vdots & & & & & & \\ a_{48,1} & a_{48,1} & a_{48,1} & a_{48,1} & a_{48,1} & a_{48,1} & \cdots & a_{48,19} & a_{48,20} & a_{48,21} & a_{48,22} & a_{48,23} & a_{48,24} \end{bmatrix}$$

(48×24 矩阵)

活载、人群下配筋板元内力输出矩阵中 $a_{i,j}$ 物理意义为:

(1)若 $a_{i,j}$ 在前24行,$a_{i,j}$ 表示当第 i 列对应内力自由度取最大值时第 j 列对应内力自由度上的相应内力值。

(2)若 $a_{i,j}$ 在后24行,$a_{i,j}$ 表示当第 i 列对应内力自由度取最小值时第 j 列对应内力自由度上的相应内力值。

这个矩阵可以定义为"板元内力相应值矩阵",并在空间网格模型中基于空间影响面加载实现。与梁单元内力相应值不同的是:梁单元内力相应值仅为本单元的相应值,为5项,例如最大弯矩下的轴力、两个剪力、另外一个方向的弯矩、扭矩共5项;而板元节点涉及周边4根杆件,每个内力相应值为23项。

将上述单项荷载工况下的内力输出矩阵按照《公路桥涵设计通用规范》(JTG D60—2015)进行荷载组合,得到控制板元设计的最不利 48×24 内力组合矩阵,用于该板元的精细化应力验算和配筋设计。

3.5.2 板元面内试验及斜裂缝

现行混凝土及相关桥梁行业规范大多只针对梁式构件给出了详细的设计方法,缺乏针对板元,尤其是板元面内受力形式的设计建议。此外,目前较为关注的斜裂缝计算方法在现行体系下也有所缺失。在上述背景下,试验规划了两批共20组正交网格钢筋混凝土试验板进行面内加载,旨在深入研究板元面内受力行为,并建立正常使用阶段斜裂缝宽度的计算方法。截至目前,此类试验尚属国内首次,对于完善我国桥梁结构的设计理论、提升桥梁设计水平具有重要意义。

第一批次试验规划 12 组,第二批次试验规划 8 组,试验板边长为 890mm × 890mm × 70mm,内置正交钢筋网。正交钢筋网由主筋和局部加固钢筋构成,其中主筋由 x 方向、y 方向的钢筋组成正交网格钢筋,局部钢筋选用 U 形钢筋或短直钢筋,布置在试件周边,防止试验板局部破坏。第一批次试验板的混凝土强度等级为 C30,主筋选用 $\phi 10$ HRB400 或 $\phi 8$ HRB400 两种型号,局部加固钢筋选用 $\phi 8$ HPB300 的 U 形钢筋,边角处额外增加 $\phi 8$ HPB300 短直钢筋,钢筋布置如图 3-29a)所示;第二批次的混凝土选用 C50 混凝土,主筋和局部加固钢筋全部选用直径更大的 $\phi 12$ HRB400 以配合其更高的混凝土强度等级,局部加固钢筋全部选用 $\phi 12$ HRB400 直钢筋,钢筋布置如图 3-29b)所示。试件周边布置 20 组钢齿键(每边 5 组),称为剪力键,钢筋端头车出螺纹并用配套螺母锚固于剪力键上,除此之外,剪力键也可以作为试验板浇筑模板的一部分,并在后续加载中负责连接加载机与试验板,将加载力传递至试验板内。

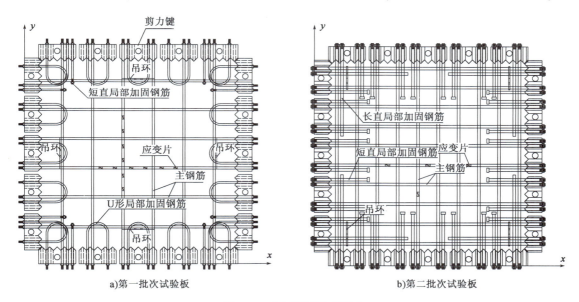

a)第一批次试验板　　　　　　　　　　b)第二批次试验板

图 3-29　试验板钢筋布置形式

试验板面内加载采用加拿大多伦多大学自主研发的薄膜试件试验装置(以下简称加载机)。加载机可对混凝土试验板施加包括面内纯剪在内的任意面内加载模式,其正视图与侧视图如图 3-30 所示。加载机采用自平衡刚性反力架,反力架内部安装了 40 个加载点,包括 37 个高精度双向作动器(以提供加载力)和 3 个刚性支点(以消除试件刚体位移)。加载机的背面外伸平行于试件的刚性框架,并配有长度可调节且两端铰接的钢杆与试验板剪力键相连,组成侧向支撑系统,防止试件在面内加载过程中出现面外受力的情况。

试验的控制变量是正交网格钢筋的配筋率、混凝土强度及加载方式。以承载能力极限状态下混凝土压溃时钢筋是否屈服为标准,将面内配筋分为 4 种经典配筋率模式,具体如下:

(1)双向少筋,即混凝土开裂后正交钢筋马上屈服,同时混凝土不被压溃。

(2)双向适筋,即薄膜试件混凝土压溃时正交钢筋均发生屈服。

(3)单向超筋,即薄膜试件混凝土压溃时只有一个方向钢筋发生屈服。

(4)双向超筋:薄膜试件破坏时,正交钢筋均未屈服,但混凝土压溃。

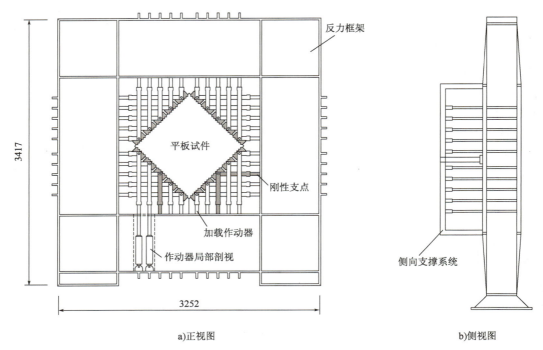

a)正视图　　　　　　　　　　　　　　b)侧视图

图 3-30　多伦多大学的薄膜试件试验装置(尺寸单位:mm)

试验板材料参数及加载方式汇总于表 3-23。

试验板材料参数及加载方式汇总　　　　　表 3-23

批次	编号	混凝土强度等级	正交网格钢筋			加载模式
			布置	配筋率	配筋模式	
第一批	PS1	C30	φ10 HRB400@135	$\rho_x = \rho_y = 0.831\%$	双向少筋	面内纯剪
	PS2	C30	φ10 HRB400@90	$\rho_x = \rho_y = 1.247\%$	双向适筋	面内纯剪
	PS3	C30	φ8 HRB400@45	$\rho_x = \rho_y = 1.569\%$	双向适筋	面内纯剪
	PS4	C30	φ10 HRB400@45	$\rho_x = \rho_y = 2.493\%$	双向超筋	面内纯剪
	PS5	C30	x-dir:φ10 HRB400@90 y-dir:φ10 HRB400@135	$\rho_x = 1.247\%$ $\rho_y = 0.831\%$	x 方向适筋 y 方向少筋	面内纯剪
	PS6	C30	x-dir:φ10 HRB400@90 y-dir:φ10 HRB400@45	$\rho_x = 1.247\%$ $\rho_y = 2.493\%$	x 方向适筋 y 方向超筋	面内纯剪
	PSTT1	C30	同 PS3	同 PS3	同 PS3	复合加载
	PSTT2	C30	同 PS3	同 PS3	同 PS3	复合加载
	PSTT3	C30	同 PS3	同 PS3	同 PS3	复合加载
	PST0	C30	同 PS3	同 PS3	同 PS3	复合加载
	PSTC1	C30	同 PS3	同 PS3	同 PS3	复合加载
	PSTC2	C30	同 PS3	同 PS3	同 PS3	复合加载

续上表

批次	编号	混凝土强度等级	正交网格钢筋 布置	正交网格钢筋 配筋率	正交网格钢筋 配筋模式	加载模式
第二批	2PS1	C50	φ12 HRB400@90	$\rho_x = \rho_y = 1.88\%$	双向适筋	面内纯剪
	2PS2	C50	φ12 HRB400@135	$\rho_x = \rho_y = 1.13\%$	双向适筋	面内纯剪
	2PS3	C50	φ12 HRB400@180	$\rho_x = \rho_y = 0.94\%$	双向适筋	面内纯剪
	2PS4	C50	φ12 HRB400@225	$\rho_x = \rho_y = 0.75\%$	双向少筋	面内纯剪
	2PS5	C50	x-dir: φ12 HRB400@90 y-dir: φ12 HRB400@135	$\rho_x = 1.88\%$ $\rho_y = 1.13\%$	x方向适筋 y方向适筋	面内纯剪
	2PS6	C50	x-dir: φ12 HRB400@90 y-dir: φ12 HRB400@180	$\rho_x = 1.88\%$ $\rho_y = 0.94\%$	x方向适筋 y方向适筋	面内纯剪
	2PS7	C50	x-dir: φ12 HRB400@90 y-dir: φ12 HRB400@225	$\rho_x = 1.88\%$ $\rho_y = 0.75\%$	x方向适筋 y方向少筋	面内纯剪
	2PS8	C50	x-dir: φ12 HRB400@135 y-dir: φ12 HRB400@225	$\rho_x = 1.13\%$ $\rho_y = 0.75\%$	x方向适筋 y方向少筋	面内纯剪

试验板的制作依托闵浦三桥工程进行,在养护完成后海运至加拿大多伦多大学结构实验室进行后期测试,第一批次试验板于2019年2月22日运抵,第二批次试验板于2020年2月28日运抵。试验板制作及运输如图3-31所示。

a) 钢筋加工

b) 试验板钢筋绑扎

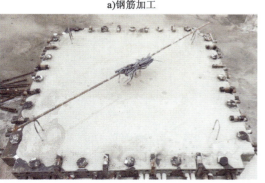

c) 试验板浇筑

d) 试验板养生

图 3-31

e)试件装箱运输

f)试件运抵多伦多大学实验室

图3-31 试验板制作及运输

试验板面内加载现场照片如图3-32所示,加载全程不间断采集试验板沿 x 方向、y 方向、对角方向的应变以及双向钢筋应变,如图3-33、图3-34所示。

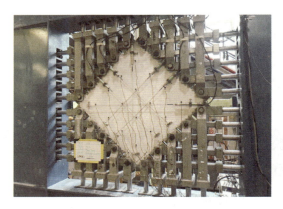

图3-32 试验板面内加载

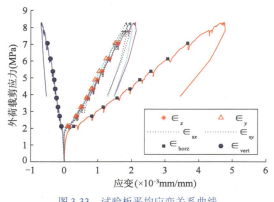

图3-33 试验板平均应变关系曲线

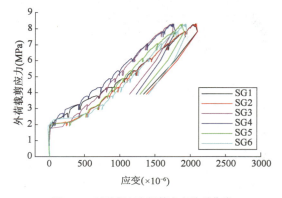

图3-34 试验板双向钢筋应变关系曲线

试验重点关注斜裂缝加载全程的发展规律,因此需在某些固定的荷载水平下对裂缝形态进行观测。通常将试件的初裂时刻或初裂不久作为首个裂缝观测阶段,之后以裂缝形态(宽度、角度)发生显著改变为依据设置后续观测阶段,直至钢筋发生屈服,一般以试件主拉应力增量0.5~1 MPa为标准。观测阶段开始前需将当前外荷载应力降低约10%后持荷,以降低持荷阶段对裂缝开展以及混凝土徐变的不利影响,并保证观测人员安全。需两人同时在试件正、背面进行裂缝观测,一人的观测时间通常持续15~30 min。

裂缝观测需采集裂缝宽度、间距及裂缝形态特征。观测时先用马克笔在试验板上描绘(新生)裂缝走向,接着根据裂缝长度选取1~3个裂缝特征位置进行宽度测量。对于中短裂缝或新生裂缝,选取1~2个测点即可;对于较长裂缝,一般选取上、中、下3个测点。裂缝宽度的测量:使用光学裂缝宽度仪进行目视读数,其目镜中内置刻度标尺,测量精度为0.02 mm,如图3-35所示。

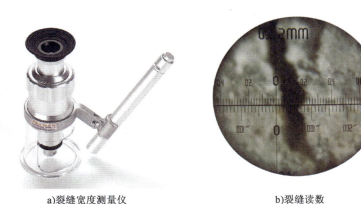

a)裂缝宽度测量仪　　　　　　b)裂缝读数

图3-35　裂缝宽度测量仪

获得裂缝宽度数据后,在测量位置处粘贴相应宽度标签,如图3-36所示。需要注意的是,除新测点外,原有裂缝度宽度测量位置在所有后续量测阶段需保持一致,仅将宽度标签更新,以实现对该条裂缝宽度的跟踪。

图3-36　更新裂缝标签

最后,在裂缝宽度观测完毕后,用相机对试件正反面进行拍照,以记录该观测阶段的各测点的裂缝宽度以及裂缝分布的完整信息。试验结束后,可直接在照片中统计裂缝数量,并根据标定过的比例尺直接在照片中量测裂缝间距,如图3-37所示,剪应力为7.05MPa,裂缝平均宽度为0.22mm,裂缝平均间距为79mm,裂缝数量为14。

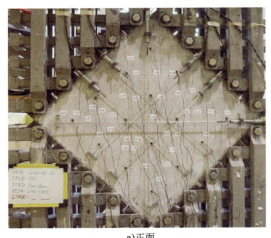
a) 正面

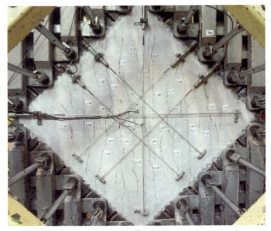
b) 背面

图 3-37　面内斜裂缝分布特征

在试验研究的基础上,基于"等效虚拟钢筋"概念提出了一套针对板元面内斜裂缝宽度的计算方法,其在形式上与基于黏结滑移理论的轴向裂缝宽度计算公式一脉相承,将斜裂缝与正裂缝的宽度计算统一起来。此理论概念清晰且易于计算,无需迭代计算。

板元面内斜裂缝与轴向裂缝均由沿截面厚度均匀分布的拉应力产生,裂缝分布比较均匀,不同的是,斜裂缝中的钢筋不垂直于裂缝方向,钢筋抵抗斜裂缝发展的效率较低,且试件处于双向而非单向受力状态。根据板元面内试验结果,斜裂缝的宽度发展与双向钢筋应力存在一定的关系,结合应变转换公式,可以将双向正交钢筋网转换为垂直于斜裂缝方向"等效虚拟钢筋",使其限制斜裂缝宽度发展的能力与原双向钢筋网完全一致,因其并非实际存在,故为虚拟。图 3-38 为板元面内受力示意图,外荷载应力 σ_x、σ_y、τ 以图示方向为正。x、y 方向为正交配筋方向,1、2 方向为裂缝坐标系方向,1 方向垂直于裂缝,2 方向平行于裂缝方向,分别对应于试件的主拉/压应变方向,也是混凝土的主拉/压应力方向。与 1 方向平行的虚线代表"等效虚拟钢筋",$S_{m\theta}$ 为斜裂缝平均间距。

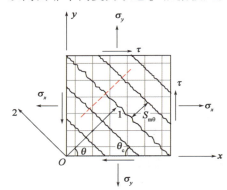

图 3-38　薄膜构件斜裂缝宽度计算模型示意图

式(3-21)为正交钢筋网沿主拉应力方向的"等效虚拟钢筋"配筋率,从根源上解释了斜裂缝一旦出现通常较宽且发展较快的原因,即正交钢筋垂直于裂缝方向的"等效虚拟钢筋"配筋率远低于纵横向钢筋的配筋率。

$$\rho_{s1} = \rho_{sx} \cos^4\theta + \rho_{sy} \sin^4\theta \tag{3-21}$$

式(3-22)~式(3-24)给出了斜裂缝的实用计算公式。其中,ε_{sm}、ε_{cm} 分别为钢筋与混凝土的平均应变;S_m 为平均裂缝间距;f_{s1} 为裂缝处的"等效虚拟钢筋"应力,f_{sr1} 为初裂时刻裂缝处的"等效虚拟钢筋"应力;β 为钢筋平均应力系数,对于短期荷载,通常可取 0.6;f'_t 为混凝土极限抗拉强度;ρ_{s1} 为垂直于裂缝方向的"等效虚拟钢筋"配筋率;α_e 为钢/混凝土弹模比 $\alpha_e = E_s / E_c$;

S_{mx}、S_{my} 为单向正裂缝在 x、y 方向上的平均间距,可参考相关规范确定。

$$w = (\varepsilon_{sm} - \varepsilon_{cm}) \times S_m = \frac{f_{s1} - \beta \times f_{sr1}}{E_s} \times S_{m\theta} \quad (3\text{-}22)$$

$$S_{m\theta} = 0.5 \times \frac{1}{\frac{\cos\theta}{S_{mx}} + \frac{\sin\theta}{S_{my}}} \quad (3\text{-}23)$$

$$f_{sr1} = \frac{f_t'}{\rho_{s1}}(1 + \alpha_e\rho_{s1}) \quad (3\text{-}24)$$

为验证上述计算公式的正确性与精确度,选用前述板元面内试验实测数据进行验证。结果表明,在不同外荷载水平下的斜裂缝宽度实测数据与本书提出的斜裂缝宽度计算公式所得的计算结果基本一致,且具备较好的鲁棒性,如图 3-39 所示,其中实测值偏小可能由于局部加固钢筋导致。

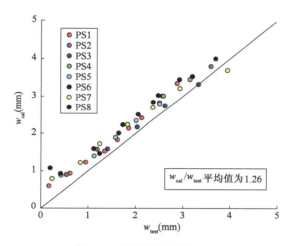

图 3-39 斜裂缝宽度试验验证

3.5.3 精细化体系在主桥设计中的应用

闵浦三桥为采用钢—混组合断面的独塔单索面斜拉桥。由于闵浦三桥体系复杂、空间效应显著,因此,针对闵浦三桥的空间受力特性研究具有重要意义。本节采用空间网格模型对该桥进行全桥建模,主梁截面划分为空间网格,斜拉索及桥塔则采用梁单元建模,全桥模型共 14787 个节点,29638 个单元,如图 3-40 所示。桥梁整体坐标系的选取为:原点设在桥梁一侧钢主梁的中心点,方向根据右手定则,x 方向沿桥梁纵向,y 方向为竖直向上,z 方向沿桥梁横向。空间网格模型中一个标准节段的渲染图如图 3-41 所示。

图 3-40 全桥空间网格模型的建立

图 3-41 网格模型标准节段渲染图

混凝土桥面板纵梁单元编号、钢主梁截面纵梁单元编号分别如图3-42、图3-43所示，其中混凝土桥面板划分为13个纵梁单元，钢主梁共划分为30个纵梁单元。空间网格模型中混凝土桥面板与钢主梁顶部对应节点之间通过独立的刚臂单元连接，如图3-44所示。

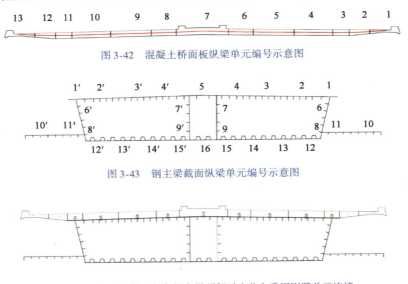

图3-42　混凝土桥面板纵梁单元编号示意图

图3-43　钢主梁截面纵梁单元编号示意图

图3-44　混凝土桥面板与钢主梁顶部对应节点采用刚臂单元连接

依托空间网格模型对闵浦三桥进行精细化的空间效应受力分析，分析将包含设计采用的所有荷载工况，以反映组合箱梁断面的各阶段受力，具体包括跟踪实际施工阶段、斜拉索施工索力、混凝土徐变收缩、非线性温度效应、扭转畸变效应、剪力滞效应以及活载加载效应等。这样的分析研究将能够精确得到箱梁混凝土顶板从施工阶段开始至承受活载的使用阶段的所有工况下的应力指标，特别是中面应力指标，可以有效防止桥面板斜向开裂等病害的发生。相关应力检算示例如图3-45～图3-47所示。

此外，空间网格模型也包含钢结构部分的计算，故还可以提供更为准确的钢箱梁在各阶段的情况，包括弯曲正应力、剪应力及结构弹性屈曲稳定。相关应力检算示例如图3-48～图3-50所示。

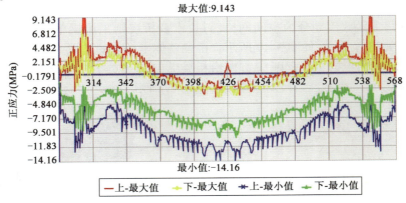

图3-45　频遇值组合桥面板纵梁2正应力包络图

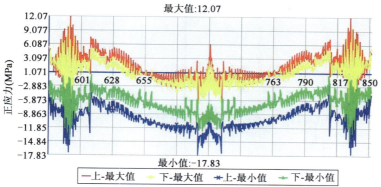

图 3-46　频遇值组合桥面板纵梁 3 正应力包络图

图 3-47　频遇值组合混凝土桥面板面内二维主拉应力云图

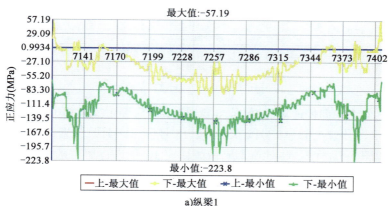

a) 纵梁1

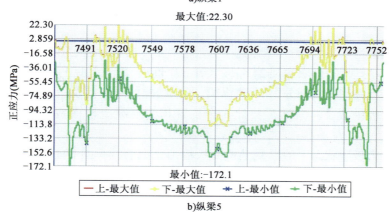

b) 纵梁5

图 3-48　极限组合钢主梁顶板纵梁正应力包络图

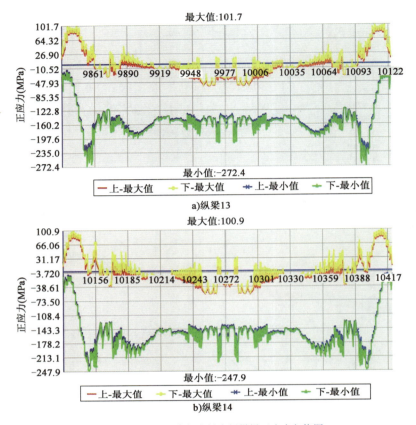

图 3-49 极限组合钢主梁底板纵梁正应力包络图

对主桥而言,索力横向传递规律、偏载主要通过桥梁不同位置处桥面板剪力滞效应综合反映。选取有索区 3 号段、7 号段、11 号段、15 号段、18 号段、21 号段,无索区 24 号段、27 号段共计 8 个特征断面,如图 3-51 所示,针对施工成桥和徐变 10 年进行剪力滞效应分析,如图 3-52～图 3-55 所示。对有索区而言,桥面板剪力滞效应已包含索力的横向传递效应。

基于板元的完整配筋模型,可对混凝土桥面板进行精细化配筋。在空间网格模型空间受力特性分析基础上,选取全桥混凝土桥面板的关键位置(纵桥向位置、横桥向位置)进行精细化配筋计算。

沿纵桥向依次选取主塔、斜拉索索区 7 号段、索区 15 号段、最大悬臂施工索区 18 号段、斜拉索索区尾端 21 号段、辅助墩墩顶 24 号段共计 6 个断面,用于混凝土桥面板的精细化配筋计算。混凝土桥面板在横桥向划分为 13 道纵梁,考虑结构的对称性及边纵梁不控制结构受力,选取混凝土桥面板纵梁 2～纵梁 7 共计 6 个位置作为混凝土桥面板精细化配筋计算位置(图 3-56)。

基于承载能力极限状态下的混凝土桥面板精细化配筋计算共有 1(施工)×3(整体升降温,无)×3(梯度升降温,无)×3(索梁温差,无)×32(基础沉降,无)= 288 种荷载组合,对应 288 种 48×24 配筋板元内力输出矩阵,需要将这 288 种 48×24 配筋板元内力输出矩阵进行比较,比较原则为:

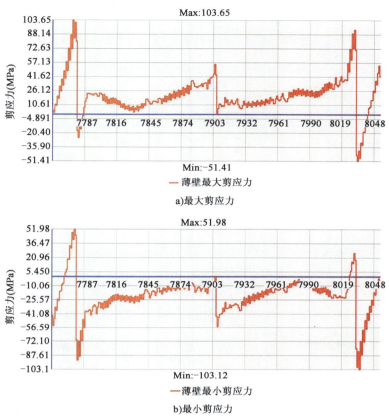

图 3-50　极限组合钢梁边腹板剪应力包络图

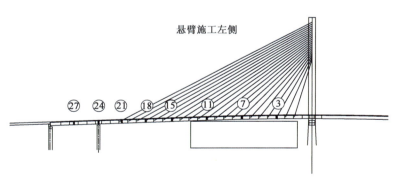

图 3-51　主桥混凝土桥面板施工剪力滞分析选取断面

（1）以该 48×24 矩阵的对角元素 $a_{i,i}$ 作为比较对象，对 288 种荷载组合下的配筋板元内力输出矩阵进行大小比较。

（2）对前 24 行对角元素，取相应内力自由度最大值所对应的荷载组合；对后 24 行对角元素，取相应内力自由度最小值所对应的荷载组合。

对这 288 种荷载组合下的配筋板元内力输出矩阵进行比较后，最终可以形成交付精细化配筋计算的 1 种 48×24 配筋板元内力输出矩阵，最终的配筋结果是从这 48 种配筋结果中取不利值，配筋形式为符合工程实际应用的上下两层钢筋网。

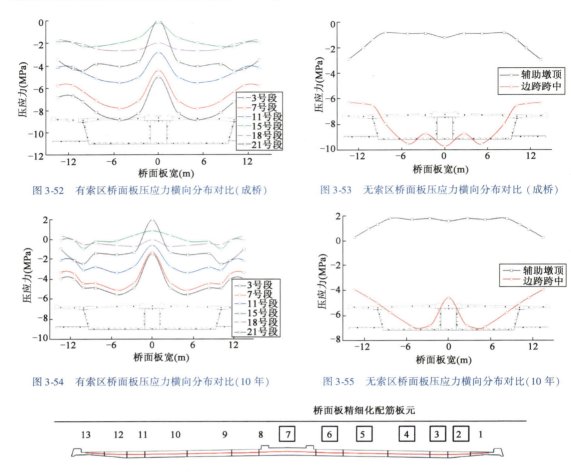

图 3-52 有索区桥面板压应力横向分布对比(成桥)

图 3-53 无索区桥面板压应力横向分布对比(成桥)

图 3-54 有索区桥面板压应力横向分布对比(10 年)

图 3-55 无索区桥面板压应力横向分布对比(10 年)

图 3-56 混凝土桥面板横桥向精细化配筋位置图

主塔处、斜拉索索区 7 号段、索区 15 号段、最大悬臂施工索区 18 号段、斜拉索索区尾端 21 号段、辅助墩墩顶 24 号段的桥面板 2~7 号板元的精细化配筋结果如表 3-24~表 3-29 所示，配筋率为负值代表无需受力配筋，只需按构造配筋即可。

由表中配筋数据可知，精细化的配筋充分考虑了桥面板不同位置的受力差异，有针对性地给出了差异化配筋方案，不但优化了钢筋用量，更提高了桥面板在承载能力极限状态下的安全性，对同类桥梁混凝土部分的配筋设计具有一定的指导意义。

3.5.4 现场试验验证

在空间网格模型分析基础上，可以发现混凝土桥面板受力较为复杂、特别面内应力状态受力较大的区域(索区 LS15~LS21 号段、辅助墩顶)，因此需要跟踪桥面板面内应力在施工过程中的变化情况。

传统的应力监测往往注重于截面上、下缘的正应力，包括纵向应力和横向应力，忽略了中面的面内主应力，因此并没有真正反映叠合梁斜拉桥应力状态。本次监测关注的位置为通过计算得到的关键区域，完整监测该区域的正应力与面内主应力。应力监测将结合施工过程进

主塔塔底处混凝土桥面板完整配筋验算　　表3-24

预应力总体信息

位置	类型	屈服强度（MPa）	张拉控制应力（MPa）	根数	混凝土板面积（m²）	等效配筋率（%）
纵向	螺纹钢筋（$d=32mm$）	930	$0.9f_y$	27	5.37	0.114
纵向	12-ϕ_s15.2钢绞线	1860	$0.75f_y$	3	5.37	0.132
纵向	9-ϕ_s15.2钢绞线	1860	$0.75f_y$	4	5.37	0.132
纵向	小计					0.378

位置	类型	屈服强度（MPa）	张拉控制应力（MPa）	数量	混凝土板宽度（m）	等效配筋率（%）
横向	4-ϕ_s15.2钢绞线	1860	$0.9f_y$	0.6m/根	2.276	0.132
横向	小计					0.132

普通钢筋设计总体信息

板元编号	位置	类型	屈服强度设计值（MPa）	配筋率（%）
2	纵向上缘	HRB400	330	−0.145
2	纵向下缘	HRB400	330	−0.513
2	横向上缘	HRB400	330	−0.594
2	横向下缘	HRB400	330	−0.290
3	纵向上缘	HRB400	330	0.269
3	纵向下缘	HRB400	330	−0.901
3	横向上缘	HRB400	330	−0.394
3	横向下缘	HRB400	330	0.154
4	纵向上缘	HRB400	330	1.646
4	纵向下缘	HRB400	330	−0.718
4	横向上缘	HRB400	330	2.150
4	横向下缘	HRB400	330	−0.078
5	纵向上缘	HRB400	330	0.592
5	纵向下缘	HRB400	330	−0.363
5	横向上缘	HRB400	330	0.131
5	横向下缘	HRB400	330	0.198
6	纵向上缘	HRB400	330	0.213
6	纵向下缘	HRB400	330	−0.571
6	横向上缘	HRB400	330	−0.325
6	横向下缘	HRB400	330	0.017
7	纵向上缘	HRB400	330	0.111
7	纵向下缘	HRB400	330	0.038
7	横向上缘	HRB400	330	−0.233
7	横向下缘	HRB100	330	−0.154

斜拉索索区 7 号段混凝土桥面板完整配筋验算　　表 3-25

预应力总体信息

	位置	类型	屈服强度（MPa）	张拉控制应力（MPa）	根数	混凝土板面积（m²）	等效配筋率（%）
7号段	纵向	螺纹钢筋（$d=32mm$）	930	$0.9f_y$	27	5.37	0.114
		12-ϕ_s15.2 钢绞线	1860	$0.75f_y$	0	—	—
		9-ϕ_s15.2 钢绞线	1860	$0.75f_y$	0	—	—
		小计					0.114

	位置	类型	屈服强度（MPa）	张拉控制应力（MPa）	数量	混凝土板宽度（m）	等效配筋率（%）
7号段	横向	4-ϕ_s15.2 钢绞线	1860	$0.9f_y$	0.6m/根	2.250	0.132
		小计					0.132

普通钢筋设计总体信息

板元编号	位置	类型	屈服强度设计值（MPa）	配筋率（%）
2	纵向上缘	HRB400	330	−0.339
	纵向下缘	HRB400	330	−0.569
	横向上缘	HRB400	330	−0.242
	横向下缘	HRB400	330	−0.137
3	纵向上缘	HRB400	330	−0.431
	纵向下缘	HRB400	330	−0.652
	横向上缘	HRB400	330	0.012
	横向下缘	HRB400	330	−0.067
4	纵向上缘	HRB400	330	−0.333
	纵向下缘	HRB400	330	−0.455
	横向上缘	HRB400	330	0.045
	横向下缘	HRB400	330	−0.263
5	纵向上缘	HRB400	330	−0.126
	纵向下缘	HRB400	330	−0.491
	横向上缘	HRB400	330	0.260
	横向下缘	HRB400	330	0.323
6	纵向上缘	HRB400	330	−0.396
	纵向下缘	HRB400	330	−0.399
	横向上缘	HRB400	330	0.257
	横向下缘	HRB400	330	0.097
7	纵向上缘	HRB400	330	−0.029
	纵向下缘	HRB400	330	0.154
	横向上缘	HRB400	330	−0.159
	横向下缘	HRB400	330	0.238

第3章 工程设计创新

斜拉索索区 15 号段混凝土桥面板完整配筋验算

表 3-26

15 号段

预应力总体信息

位置		屈服强度（MPa）	类型	张拉控制应力（MPa）	根数
纵向		930	螺纹钢筋（$d=32mm$）	$0.9f_y$	27
		1860	12-ϕ_s15.2 钢绞线	$0.75f_y$	0
		1860	9-ϕ_s15.2 钢绞线	$0.75f_y$	0

位置		屈服强度（MPa）	类型	张拉控制应力（MPa）	数量
横向		1860	4-ϕ_s15.2 钢绞线	$0.9f_y$	0.6m/根

	混凝土板面积（m²）	等效配筋率（%）
	5.37	0.114
	—	—
	—	—
小计		0.114

	混凝土板宽度（m）	等效配筋率（%）
	2.250	0.132
小计		0.132

普通钢筋设计总体信息

板元编号	位置	类型	屈服强度设计值（MPa）	配筋率（%）
2	纵向上缘	HRB400	330	0.348
2	纵向下缘	HRB400	330	0.053
3	横向上缘	HRB400	330	-0.219
3	横向下缘	HRB400	330	-0.147
4	纵向上缘	HRB400	330	0.266
4	纵向下缘	HRB400	330	-0.008
4	横向上缘	HRB400	330	-0.014
4	横向下缘	HRB400	330	-0.052
5	纵向上缘	HRB400	330	0.284
5	纵向下缘	HRB400	330	0.400
5	横向上缘	HRB400	330	0.035
5	横向下缘	HRB400	330	0.174
6	纵向上缘	HRB400	330	0.429
6	纵向下缘	HRB400	330	0.474
6	横向上缘	HRB400	330	0.116
6	横向下缘	HRB400	330	0.318
7	纵向上缘	HRB400	330	0.402
7	纵向下缘	HRB400	330	0.558
7	横向上缘	HRB400	330	0.275
7	横向下缘	HRB400	330	0.105
	纵向上缘	HRB400	330	0.511
	纵向下缘	HRB400	330	0.687
	横向上缘	HRB400	330	-0.162
	横向下缘	HRB400	330	0.231

斜拉索索区18号段混凝土桥面板完整配筋验算

表3-27

位置		预应力总体信息			根数	混凝土板面积 (m^2)	等效配筋率 (%)	板元编号	普通钢筋设计总体信息				
		类型	屈服强度 (MPa)	张拉控制应力 (MPa)					位置		类型	屈服强度设计值 (MPa)	配筋率 (%)
18号段	纵向	螺纹钢筋 ($d=32mm$)	930	$0.9f_y$	21	5.37	0.089	2	纵向	上缘	HRB400	330	0.197
									纵向	下缘	HRB400	330	−0.032
		12-ϕ_s15.2 钢绞线	1860	$0.75f_y$	0	5.37	0.220		横向	上缘	HRB400	330	−0.206
		9-ϕ_s15.2 钢绞线	1860	$0.75f_y$	0	—	—		横向	下缘	HRB400	330	−0.118
					小计		0.309	3	纵向	上缘	HRB400	330	0.042
									纵向	下缘	HRB400	330	−0.169
	位置	类型	屈服强度 (MPa)	张拉控制应力 (MPa)	数量	混凝土板宽度 (m)	等效配筋率 (%)		横向	上缘	HRB400	330	−0.011
									横向	下缘	HRB400	330	−0.036
	横向	4-ϕ_s15.2 钢绞线	1860	$0.9f_y$	0.6m/根	2.250	0.132	1	纵向	上缘	HRB400	330	0.022
									纵向	下缘	HRB400	330	0.200
					小计		0.132		横向	上缘	HRB400	330	0.102
									横向	下缘	HRB400	330	0.242
								5	纵向	上缘	HRB400	330	0.033
									纵向	下缘	HRB400	330	0.140
									横向	上缘	HRB400	330	0.190
									横向	下缘	HRB400	330	0.357
								6	纵向	上缘	HRB400	330	−0.022
									纵向	下缘	HRB400	330	0.207
									横向	上缘	HRB400	330	0.261
									横向	下缘	HRB400	330	0.133
								7	纵向	上缘	HRB400	330	0.059
									纵向	下缘	HRB400	330	0.245
									横向	上缘	HRB400	330	−0.110
									横向	下缘	HRB400	330	0.294

第3章 工程设计创新

斜拉索索区 21 号段混凝土桥面板完整配筋验算　　表 3-28

预应力总体信息

位置	类型	屈服强度（MPa）	张拉控制应力（MPa）	根数
纵向	螺纹钢筋（$d=32\text{mm}$）	930	$0.9f_y$	21
纵向	12-ϕ_s15.2 钢绞线	1860	$0.75f_y$	6
纵向	9-ϕ_s15.2 钢绞线	1860	$0.75f_y$	0

位置	类型	屈服强度（MPa）	张拉控制应力（MPa）	数量
横向	4-ϕ_s15.2 钢绞线	1860	$0.9f_y$	0.6m/根

位置	混凝土板面积（m^2）	等效配筋率（%）
纵向	5.37	0.089
纵向	5.37	0.264
纵向	—	—
	小计	0.353

位置	混凝土板宽度（m）	等效配筋率（%）
横向	1.087	0.132
	小计	0.132

普通钢筋设计总体信息

板元编号	位置	类型	屈服强度设计值（MPa）	配筋率（%）
2	纵向上缘	HRB400	330	−0.112
2	纵向下缘	HRB400	330	−0.190
2	横向上缘	HRB400	330	−0.448
2	横向下缘	HRB400	330	−0.212
3	纵向上缘	HRB400	330	−0.073
3	纵向下缘	HRB400	330	−0.052
3	横向上缘	HRB400	330	−0.118
3	横向下缘	HRB400	330	−0.116
4	纵向上缘	HRB400	330	0.286
4	纵向下缘	HRB400	330	0.368
4	横向上缘	HRB400	330	−0.055
4	横向下缘	HRB400	330	−0.057
5	纵向上缘	HRB400	330	0.159
5	纵向下缘	HRB400	330	0.165
5	横向上缘	HRB400	330	−0.227
5	横向下缘	HRB400	330	−0.127
6	纵向上缘	HRB400	330	0.062
6	纵向下缘	HRB400	330	0.210
6	横向上缘	HRB400	330	−0.030
6	横向下缘	HRB400	330	−0.117
7	纵向上缘	HRB400	330	0.429
7	纵向下缘	HRB400	330	0.676
7	横向上缘	HRB400	330	−0.354
7	横向下缘	HRB400	330	0.160

表 3-29 辅助墩墩顶 24 号混凝土桥面板完整配筋验算

预应力总体信息

位置		类型	屈服强度（MPa）	张拉控制应力（MPa）	根数	混凝土板面积（m²）	等效配筋率（%）
辅助墩墩顶	纵向	螺纹钢筋（$d=32mm$）	930	$0.9f_y$	27	6.79	0.090
		12-ϕ_s15.2 钢绞线	1860	$0.75f_y$	12	6.79	0.418
		9-ϕ_s15.2 钢绞线	1860	$0.75f_y$	0	—	—
					小计		0.508

位置		类型	屈服强度（MPa）	张拉控制应力（MPa）	数量	混凝土板宽度（m）	等效配筋率（%）
	横向	4-ϕ_s15.2 钢绞线	1860	$0.9f_y$	0.6m/根	2.300	0.132
					小计		0.132

普通钢筋设计总体信息

板元编号	位置	类型	屈服强度设计值（MPa）	配筋率（%）
2	纵向上缘	HRB400	330	0.951
	纵向下缘	HRB400	330	0.374
	横向上缘	HRB400	330	-0.317
	横向下缘	HRB400	330	-0.249
3	纵向上缘	HRB400	330	0.966
	纵向下缘	HRB400	330	0.323
	横向上缘	HRB400	330	0.039
	横向下缘	HRB400	330	-0.021
4	纵向上缘	HRB400	330	0.542
	纵向下缘	HRB400	330	0.820
	横向上缘	HRB400	330	0.494
	横向下缘	HRB400	330	0.264
5	纵向上缘	HRB400	330	0.951
	纵向下缘	HRB400	330	0.515
	横向上缘	HRB400	330	0.507
	横向下缘	HRB400	330	0.290
6	纵向上缘	HRB400	330	1.080
	纵向下缘	HRB400	330	0.603
	横向上缘	HRB400	330	0.229
	横向下缘	HRB400	330	0.236
7	纵向上缘	HRB400	330	1.188
	纵向下缘	HRB400	330	0.845
	横向上缘	HRB400	330	-0.012
	横向下缘	HRB400	330	0.105

行,跟踪从预制开始的施工全过程,监测得到的应力将与本书开展的空间网格计算结果进行对比分析,从而得到应力变化规律,对闵浦三桥的精细化分析提供全面可靠的数据支撑和实桥验证,进一步保障大桥施工过程的安全,提高桥面板抗裂的风险控制能力。

在空间网格模型分析基础上,选取悬臂施工节段 2 号、5 号、10 号、15 号,边跨及部分主跨满堂支架滑移施工节段 21 号、27 号,共计 6 个特征受力位置,考虑全桥纵向对称性,取 10 个特征测试断面,如图 3-57 所示,以确定混凝土桥面板面内应力实际发展情况。

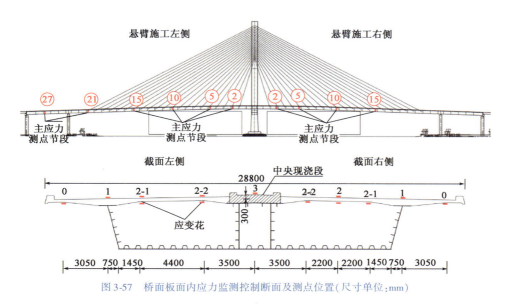

图 3-57　桥面板面内应力监测控制断面及测点位置(尺寸单位:mm)

采用表贴式和内埋式两种应变计对昆阳路斜拉桥的桥面板开展监测,如图 3-58 所示,其中面内主应力监测同时需布设 3 组应变计组成应变花。

a)

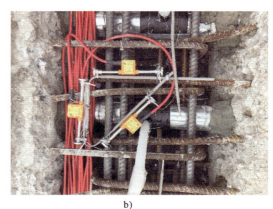
b)

图 3-58　桥面板面内应力监测现场布设

桥面板实桥监测工作较好验证了空间网格分析的准确性,为网格分析从侧面提供了数据支撑,并且得出了桥面板在不同施工阶段、不同位置处的面内应力变化规律,为后续桥面板精细化配筋设计提供一定依据。监测数据节选如图 3-59～图 3-62 所示。

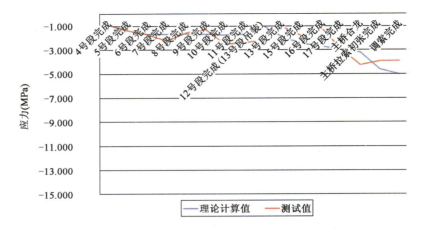

图 3-59　截面中央 3 号上测点正应力对比

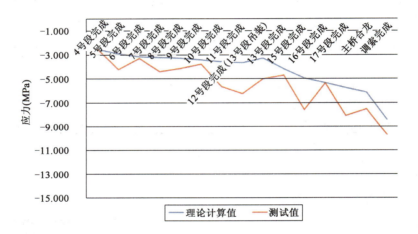

图 3-60　截面右侧 2-2 号下测点正应力对比

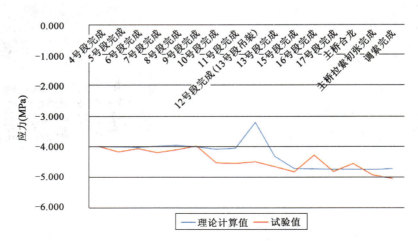

图 3-61　截面左侧 1 号上测点主拉应力对比

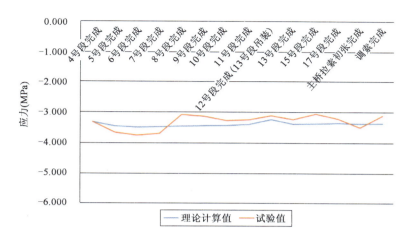

图3-62　截面左侧2-1号上测点主拉应力对比

基于专项研究,将"板元"作为复杂桥梁精细化分析体系中的核心理念,板元既是效应分析的有限元基本单元,也是交付应力验算和配筋设计的基本对象,两者相互衔接,实现了结构层面和构件层面的同步精细化。基本板元理念,针对正常使用阶段和承载能力极限阶段分别构建了完整的指标系统,并通过20组板元面内试验提出了斜裂缝宽度的实用计算方法。通过遍历截面中的所有板元,可以实现针对全截面的精细化抗裂验算和配筋设计,甚至可以不必坚持截面的概念,通过遍历桥梁全结构中的所有板元,即可直接实现针对全结构的验算和设计:

(1)提出了针对板元的完整应力验算指标和完整内力配筋设计指标。前者与复杂桥梁中所有典型受力裂缝形式一一对应,代表了精细化抗裂验算的先进方向;后者能够综合考虑面内、面外的相互作用,以先进的面内配筋理论为基础,直接针对主拉应力进行配筋,配筋形式为符合工程实际应用的上下两层钢筋网。

(2)针对工程实际中的可变荷载作用,例如车辆和人群活载,给出了板元内力输出矩阵处理方式,提出了"板元内力相应值矩阵"的概念,得到用于交付应力验算和配筋设计的板元最不利内力矩阵。

(4)依托板元面内试验,首次建立了针对斜裂缝宽度的实用计算方法,概念清晰且无需迭代。该方法以黏结滑移裂缝计算理论为基础,根据"等效虚拟钢筋"的概念,将斜裂缝与正裂缝的宽度计算统一起来。此理论广泛适用于任意面内受力与配筋形式的板元构件。

(4)提出了同时监测桥面板上下缘正应力及面内主应力的应力监测方法,大大提高了桥面板的抗裂性能,进一步保障桥梁施工安全。

将上述精细化分析体系应用至昆阳路斜拉桥工程实际中,针对闵浦三桥进行了空间应力检算,针对桥面板进行了剪力滞效应分析和关键位置的精细化配筋设计,并在施工过程中持续跟踪桥面板上下缘正应力和面内主应力状态。相关成果对同类桥梁的设计与建造具有一定的参考价值。

第4章

工程建造组织

4.1 概述

4.1.1 施工条件

本工程桥梁跨度较长,对水上通航安全产生影响的主要为跨江的主桥,因此主要对主桥施工期通航安全进行评估,对于陆域施工不做分析。水上施工主要关注的建设条件包括气象条件、水文条件、工程地质及附近水域的通航条件,这些因素都与安全施工和工程质量息息相关。

1)气象条件

(1)风

桥址处全年常风向为东南东风,强风向为东北东风,最大风速为20.0m/s;其次是东风,最大风速为18.0m/s。6级以上的大风天气平均每年有27d。

根据资料,1949—2009年间共受台风影响145次(其中1961—2009年为117次),平均每年2.4次。受台风影响次数各年差别较大,最多时一年出现6次,最少时全年无台风影响。受台风影响为每年5~11月,其中7~9月最多。

(2)雷暴

桥址区每年3~10月均可能出现雷暴,7~9月最多,月平均5~10d;4~6月次之,月平均1天。初雷一般在3月,终雷一般在9月底或10月初。雷暴持续时间不长,短者只有几分钟,多数不超过3h,4h以上的很少。

(3)气温

根据资料,1873—2007年间,上海地区年平均气温15.7℃,夏季极端气温最高为40.2℃(1934年7月12日),冬季极端最低气温为-12.1℃(1983年1月19日)。月平均最高气温27.8℃(8月),月平均最低气温3.5℃(1月)。

(4)降水

多年平均降水量为1123.7mm,4~9月降水量约占全年的69%。6~9月为高温季节。7~9月受台风影响形成暴雨,或受副热带持续高温影响形成伏旱。年降雨天数一般为125~135d。

(5) 雾

影响上海的雾主要为辐射雾和平流雾,多年平均雾日数为43d,最多为66d,最少为25d。上海市雾日按月统计见表4-1。

上海市雾日统计表　　　　表4-1

月份	1	2	3	4	5	6	7	8	9	10	11	12	年均
平均(d)	1.8	1.0	1.9	1.6	0.8	0.8	1.6	1.6	0.9	0.9	0.9	1.3	15.2
最多(d)	9	5	5	6	3	3	5	7	4	4	5	4	35
最少(d)	0	0	0	0	0	0	0	0	0	0	0	0	1

2) 水文条件

(1) 潮汐

黄浦江受长江和海洋潮汐影响较大,水位涨落比较显著,河流水位一般冬季小于夏季。5~10月为汛期,12~翌年2月为枯水期。根据资料统计,多年平均高潮位3.25m,平均低潮位1.02m,平均潮差为2.20m,平均潮涨历时为4h34min,平均落潮历时为7h52min,呈不规则半日潮。潮波自河口向上游逐渐变形,涨潮历时缩短,落潮历时延长。浦江河口最大涨潮水量为1.25亿 m^3 (历时5h41min),海潮平均净进潮水量约5800万 m^3 ,年平均进水量超过440亿 m^3 。根据分析,本工程受潮汐的影响,在采取相应的措施后,该风险源处于可控范围内。

(2) 水、暴雨、台风对黄浦江水位的影响

从历史资料分析,地区暴雨对黄浦江水位影响较小。强台风对黄浦江水位影响较大,潮位的高低、高潮的潮时受风暴潮、长浪、风浪等影响较大。

(3) 桥址处河床冲刷

河床断面呈U字形,深槽基本位于河中,最大水深保持在10m以上,其中闵浦三桥桥址上游冲淤幅度明显大于下游。河道的演变趋势:根据目前的水动力和泥沙等情况,河流本身的冲淤调整仍将继续,但其变化的幅度不会超过历史上最大变幅范围,按目前的水深,预测深槽最大冲淤幅度在2m左右。

3) 工程地质

上海地区位于长江三角洲冲积平原的东南前缘。沿线场区地貌类型单一,属于长江三角洲下游的滨海平原。工程沿线主要为道路、住宅、厂房、绿化、农田、苗圃、农舍、河流等,地面起伏不大。经勘察实测,沿线场地陆域地面高程3.16~4.25m,高差1.09m。线路穿越处黄浦江处,现状河宽约400m,水下地形基本呈U字形,江底均有一定厚度的淤泥。

4) 通航条件

根据2014年统计资料,施工水域通行船舶单向约2200艘/d、双向约5500艘/d。根据现场调查情况,桥址处来往船舶情况统计见表4-2。

桥址处来往船舶情况统计　　　　表4-2

航　向	船舶流量(艘/h)		
	<1000吨级船舶	1000~2000吨级船舶	>2000吨级船舶
由东往西	24.7	2.1	0.94
由西往东	41.4	6.4	1.61

注:统计时间为10:00—11:15,12:00—15:00;航道通行流量受潮汐影响,此表统计船舶流量仅代表落潮时统计流量。

根据 2015 年桥址处来往船舶情况统计得出,共约有 169522 艘船只进出统计范围区域,主要来往船只种类包括散杂货船、液体散货船和集装箱船。按照占比,以 1000 吨级以下船只为主(图 4-1)。

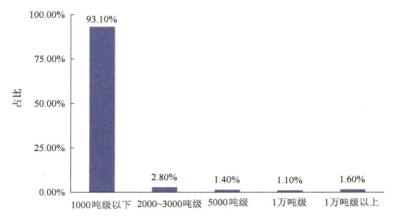

图 4-1　2015 年闵浦大桥至巨潮港区进出船舶吨级比例图

4.1.2　技术架构

针对项目特点、建设条件等因素,从管理体系、施工方案、风险评估与现场控制及施工监控等方面全面制定了建设的技术构架,架构图见 4-2。具体内容如下:

(1)精密高效的管理体系。

为了确保本工程项目顺利、安全实施,在项目计划期间,管理者们统筹规划,建立相应的领导体系和管理制度,明确各部门主要职责,对工程进度及质量进行监督检查、协调管理,并对总体资源进行合理配置,通过信息化管理技术,达到了资源共享。信息化技术的应用加快了信息更新的速度及信息获取的便利性,同时也确保了每个施工细节的规划及落实,充分展现了信息化技术管理方法对项目建设的重要性。

(2)精细化的施工方案。

施工是工程质量的重要保障。本工程的施工不仅体现在强大的建设团队、成熟的施工经验,同时也体现在精细详尽的施工计划上。由于本工程包含陆地及水上作业两大部分,工程阶段的相互协调成为本工程项目的难点之一。工程的时间安排精确到了以日为单位,确保工程进程严格按照计划进行。

在初步确定施工方案后,组织专家对专项施工方案开展论证,具体探讨了施工方案的可行性、可操作性及经济性,完善施工方案,并对方案中的物资、人员、设备的具体分配、运输问题逐项落实。

(3)风险评估与现场控制。

本工程建设将对附近水域的通航环境及船舶通航安全产生一定影响。为保障桥梁水域船舶航行安全及桥梁自身安全,防止桥梁水域通航环境恶化,确保桥梁施工顺利进行,根据《中华人民共和国水上水下活动通航安全管理规定》及《中华人民共和国海事局水上水下活动通航安全影响论证与评估管理办法》(海通航〔2011〕262 号)等规定,组织专业技术单位对本项目全过程的风险开展评估,对建设过程中可能遇到的困难、挑战及技术难题进行提前分析预估,并建立相应解决方案及措施,为顺利施工保驾护航。

(4) 专项施工监控。

施工监控通过精细化仿真分析,确定成桥目标及施工各阶段的理论目标,并制订合理的调整措施,保证结构无应力合龙及成桥线形合理。在施工过程中对桥梁结构进行实时监测,根据监测结果评估各主要施工阶段结构主要构件的变形及应力状态是否符合要求,判断施工过程结构是否安全,结构是否正常工作。当出现较大误差或参数发生变化时,及时对施工误差进行分析判断,调整结构计算模型,并对后续施工方案提出调整建议,从而保证成桥时结构最大可能地接近理想设计状态,同时确保施工期间主要构件、结构安全,保障施工质量与工期。

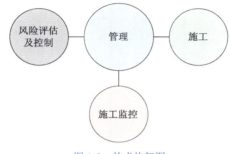

图 4-2　技术构架图

4.1.3　工程目标

闵浦三桥的建造是基于上海城市基础建设发展特色,由整体到局部,突出项目总体建设重点,牢抓建造品质,落实安全文明施工,坚持与环境友好相处的目标。精品工程目标见图 4-3,具体解读如下:

(1) 总体目标

建设团队以"建设精品大桥品质工程,打造一流项目团队"为建设目标。科学管理,合理安排,精细施工,确保安全、优质、高效完成建设任务。

(2) 质量目标

工程质量根据上海品质工程建设的五大理念,从提高生活效率,增强出行舒适感,体现区域性文化特点,功能性服务社会的角度来衡量。从施工角度,工程质量满足合同约定,单立工程一次性验收合格率100%,分项(工序)工程合格率100%,努力争创上海市优质结构奖或上海市市政金奖。

(3) 安全、文明施工目标

在施工建造过程中,闵浦三桥工程将影响周围居民、企业、商圈的正常运行的各因素降至最少,避免倾覆、坍塌等高危事故发生,争创上海市安全标准化样板工地。具体落实到施工中,即无重大伤亡事故,事故负伤率控制在 0.6‰ 以下,无重大设备、火灾、管线、交通等事故,不发生各类污染环境事故,杜绝江河污染事件,争创"文明工地"。

(4) 绿色环保目标

将"绿色"理念融入工程建设的各环节,做到环保与文明建设不分家,积极响应持续性发展建设的社会路线,将节约资源、保护环境落实到本项目的建设过程中,为其他基础工程设施的建造引领新的方向。

图 4-3　精品工程目标概念图

4.2　总体安排部署

4.2.1　总体施工进度

根据主桥设计方案，将建造进度计划按大板块分为准备工作阶段、主桥建造、引桥建造、排水工程、电梯工程、道路工程、构件预制及其他细节工程完善阶段等。同时，在定完大方向后，详细规划各阶段的具体实施日期，以精确到日的细致策划为本工程的圆满建造奠定基础。

本工程计划周期为 40 个月，实际开工日期 2017 年 7 月 25 日，竣工日期 2020 年 10 月 28 日，总工期 1191 工作日。其中，主桥工程于 2017 年 7 月 25 日开始，持续 1191d；引桥工程于 2017 年 9 月 30 日开始，历时 974d。总体施工进行计划见图 4-4。

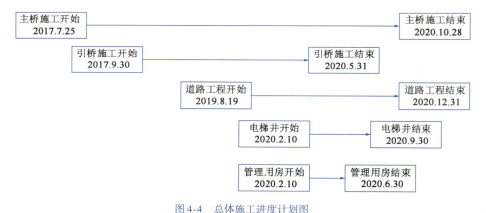

图 4-4　总体施工进度计划图

4.2.2　人力资源部署

为了让实际建造进展能与预期建设进度计划相匹配，管理部门的人员部署是必不可少的条件。明确各管理部门职责，合理分配任务内容，利用有限的人力资源高效完成职责范围内的工作，是本工程项目前期规划的重要环节。

根据上海公路桥梁(集团)有限公司工程管理规定及上海市工程管理和监督的特点，在施工现场成立"上海公路桥梁(集团)有限公司闵浦三桥工程项目经理部"。项目经理部设"六部二室",并根据项目的特点,组建三大工区,工区下设备专业施工队,见图4-5。各工区负责落实进度计划以及日常的安全、质量管理工作;钢结构厂及预制场负责钢结构及引桥预制构件的制作生产、运输及安装协调工作。

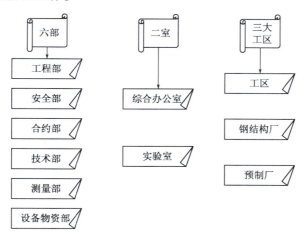

图4-5 人力资源部署图

另外,成立上海公路桥梁(集团)有限公司技术专家组,作为本工程的技术顾问,负责本工程重点施工方案审定和技术难题攻关工作;配备"安全总监"对施工生产安全行使监督检查职能,具体指导安全员工作;合约部和综合办公室将系统管理招标、合同、综合治理和后勤保障工作;设备物资部门主要负责设备材料的采购、租赁、进出场等管理工作;实验室及测量部主要负责日常试验检测、测量控制及施工监控等;对于安全施工的部分由安全部负责。

在劳动力投入的人员储备方面,调配具有相关领域技术知识的业务骨干人员,根据方案实施要求及施工进度制订合理高效的劳动力需求分配计划,建立相应的管理体系,组织劳动力分批进场,集合建设团队有次序开展施工工作,力求高效施工,建造高质量的品质工程。

另外,为了应对突发状况,在安排施工人员时,储备一定的"后备军",以防原定施工人员"缺席",保障工程进度仍能按照计划进行。根据工程各阶段需求,共建立15个工种类型,分别按专业技能比例投入7个施工阶段,总共投入的人数为1448人。具体劳动部署如图4-6所示。

4.2.3 材料设备筹备

材料供应是保证施工进度与质量的关键,为了使本工程能够顺利施工,达标创优,在购买材料时,对多个渠道的材料取样对比,在得到相关负责人认可后,选择经济、质量兼顾的材料,并进行相关试验测试,检验材料是否达标、符合要求。所有的材料在进场时办理验收手续,分门别类按批次入库存储,方便施工时候取用。由于仓库大小有限,所需材料众多,材料的存储入库严格按照施工计划日程表进行订购存放。开发了材料资源部署程序,对材料的采购、取样、订货、运输、验收和入库等环节进行管理,便于查询相关信息,同时也便于材料的管理,如出现任何问题也可有迹可循,找出问题的症结所在,及时采取紧急措施,保障施工进度。

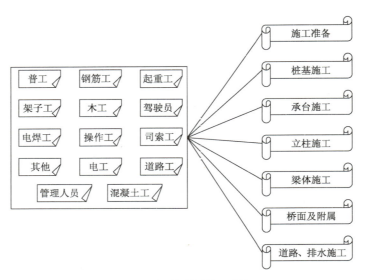

图 4-6　劳动部署及施工阶段

另外,根据工程需求,为本工程配置了能够满足施工要求和工程质量的施工机械,共计使用了 51 种仪器,共 200 台,其中包括全站仪、水准仪、坍落度筒等仪器设备。

4.3　施工场地布置

4.3.1　总体布置筹划

本项目在工程现场设一个大型临时设施(以下简称"大临")、一个水中平台、两条便道及一个江边码头。南岸的主要大型临时设施(以下简称"主大临")作为主桥、施工办公区、施工人员居住及材料加工场所。整个工作区被划分为三桥工作区及南岸工作区两大主区。主桥工作区又根据作业工段性质分为水上工段及陆上工段。南岸工作区划分为引桥工段、道路工段、排水工段及其他工程工段。施工平面如图 4-7 ~ 图 4-10 所示。

图 4-7　施工总体平面及作业区布置图

图 4-8　南岸主大临

图4-9 水上平台与施工中的塔柱

图4-10 施工便道

主桥工作区包括水上工段和陆上工段,南、北岸工作区包括引桥工段、道路工段及排水工段等其他工程工段,同时,每个工段负责不同的工作面,如图4-11~图4-14所示。例如,水上工段中的承台施工包括封底、桩头切除、劲性骨架安装、钢筋绑扎、混凝土浇筑及预埋件安放等具体工作内容。陆上工段中桥面湿接缝包含钢筋连接、混凝土浇筑、预应力张拉及封锚等施工步骤。南、北岸工作区的引桥,包含便道施工、桩基、承台施工、墩身、箱梁、桥面及附属结构的作业面,具体施工内容有便道修护、维护、混凝土管桩、现浇段浇筑等。

图4-11 主桥工作区水上工段工作面内容

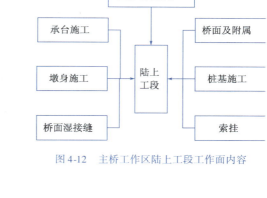
图4-12 主桥工作区陆上工段工作面内容

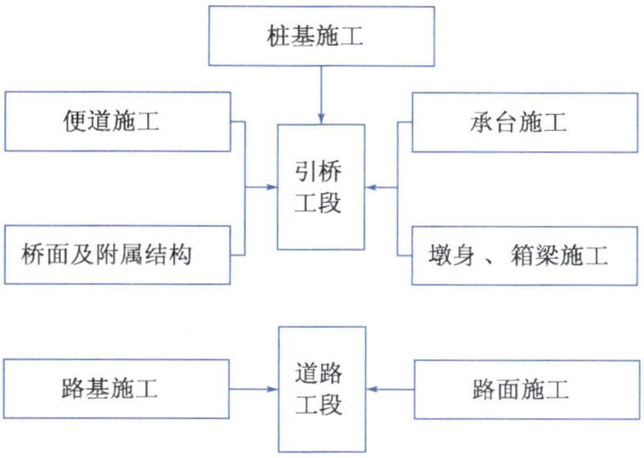

图4-13 南、北岸引桥及道路工段工作面内容

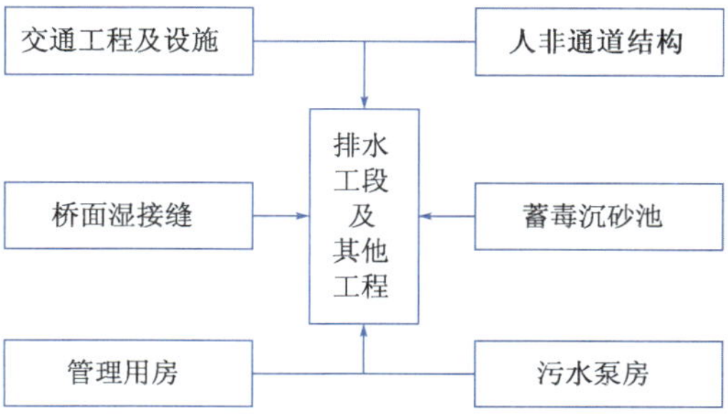

图4-14 南、北岸排水及其他工程工段工作面内容

4.3.2 临时设施建设

临时设施主要建设了水上平台、钢筋加工车间、运输便道、辅助及安全设施等。

1) 水上平台

根据本桥的设计方案,由于主墩位于黄浦江中间位置,来往船舶较多,航道繁忙。因此在准备工作节段,对闵浦大桥至巨潮港区段进出港货船进行吨级及数量的统计,为施工平台的建设提供参考信息。

本项目主墩施工采用能够满足抗风能力、抗流力、抗波浪力强的大直径、高桩施工钢平台施工方案,称之为"孤岛施工方案",水上施工平台桩基采取了分批次交替施工,降低交叉作业风险;平台结构采取厂内预先制作,现场快速安装,保证安装质量。为确保水上施工混凝土浇筑,独立设置水上搅拌站及供料系统,结合工程需要,合理配置储料及拌和能力,物料采用船舶运输,专业团队管理,确保混凝土材料质量及施工效率。水上平台设施完善齐全,布局合理。

如图 4-15、图 4-16 所示,平台由上游平台、下游平台、上下游平台连接栈桥和钢管桩区四部分组成。平台上游部分设置办公区域,下游区域设置混凝土拌和站及现场加工区域。

图 4-15 水上平台及混凝土拌和站

根据工程每日所需混凝土量,水上平台拌和站每小时供料 120m³,配备 4 个存料罐,每个料罐 200t,平台设置集料存放区,按 400m³ 混凝土拌制需要设置。当大方量混凝土浇筑时,配备 2 艘 1500t 驳船和 1 艘 2000t 驳船存放粗集料和细集料,1 艘 1000t 散装水泥船进行水泥补给。

2) 钢筋加工车间

为了实现"工厂化、集约化、专业化"的建设标准,本工程在南岸工作区设钢筋加工厂。所有钢筋原材切割、弯曲及半成品或成品制作均在钢筋集中加工车间内完成,并采用数控设备按钢筋模块化集中加工制作,按结构特征在场内整体焊接、绑扎成型短驳至工地现场吊装,或分段分片短驳至施工现场后焊接绑扎成型。钢筋料堆放区、成品区及作业区分开设置。钢筋集中加工车间内各功能区均设置防火设施。钢筋集中加工车间内作业区用电回路分开设置,加设断路器和漏电保护器,照明设施应加设网罩防护。

第4章 工程建造组织

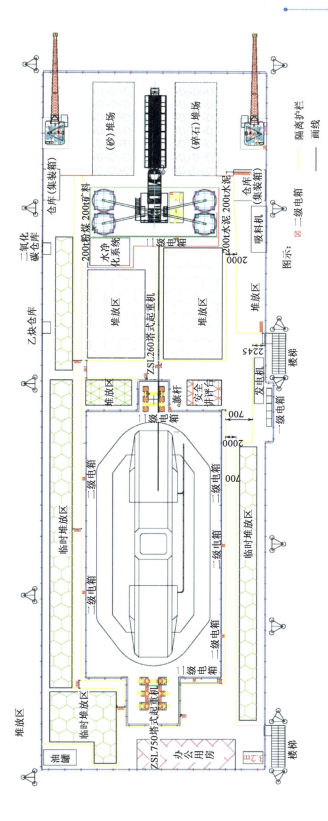

图4-16 平台布置图（设计图）（尺寸单位：cm）

3) 运输便道

工程建设将扰动性降到最低为建设目标,争取不影响周围人们的出行。本工程修筑了施工便道,并且做好了施工区域的隔离设施,同时给沿线单位、厂商及居民住宅区预留出入通道,以保障人们的出行,最大程度减少施工带来的不便。

本工程的便道主要分为道路施工段便道、桥梁段便道、横向便道、浜塘段路基处理便道及钢便道。道路施工段便道在北岸东川路至江川路段以及南岸下桥点至终点段,便道的宽度约为5m,可供大型车辆以及机械进出且在每200m处设会车车道;桥梁段便道沿着桥的投影线建造,只在一侧设置,北岸的便道设置在南侧,南岸的便道设置在东侧,桥梁结构施工区便道的宽度为7.5m,在每隔200m设会车道;横向便道设置在每个承台外围,宽度为3m,以便于施工材料的进出;浜塘路段在对路面进行处理后,填筑便道结构层,范围在路基坡外5m处;由于在南北两岸都有小河穿过施工区域,于是建立钢便桥,使便道畅通。

4) 辅助与安全设施

辅助与安全设施主要包括临时用电、用水设施,标准养护室(简称"标养室")及消防设施等。

(1) 临时用电、用水设施

本工程采用"孤岛施工"方案,施工平台距离岸边约200m,无法通过常规手段直接供电供水。临时供电采用两台800kV·A箱式变电站(简称"箱变")供电,通过水下电缆供电接入平台,并在平台上备用400kW·A柴油发电机作应急电源。水下电缆采用浮式起重机敷设置于河床下1.5m,并设置禁锚区,电缆供电采用经箱变输出的380V电压。陆上引桥部分采用装配式工艺建造,仅在安装阶段使用电源,其余时间很少用电,因此,在减箱变数量的基础上以发电机供电补足。具体临时用电汇总如图4-17所示。

本工程周边供水条件较好,安装接水阀门、水管便可以解决现场的生活、生产用水问题。同时,安装水质净化系统及储水桶,以防江水水质不符合使用条件。在考虑临时排水布置的问题上,以防止江水污染为布设原则,在主墩作业平台上布设油污收集处理设施,施工产生的泥浆等物质通过泥浆船外运。厕所采用独立化粪池,并且定时清理。南岸的现场无市政排水管道,安装污水处理系统净化后排入河道;北岸现场排水利用现有道路水网系统。为了适应突发性降水情况,施工现场根据防汛、防台风要求,配备潜水泵等设备。

(2) 标养室

在考虑整个工程建设需求以及国家对当地土地施工规划要求后,在南、北两岸工作区各设置一个混凝土标养室,主墩设临时标养室,待3d混凝土达到要求强度后运至南岸标养室安放。标养室要求如图4-18所示。

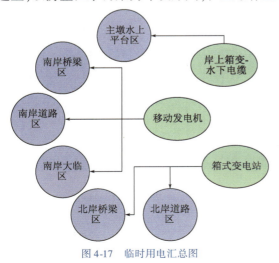

图4-17 临时用电汇总图

(3)消防设施

根据《建设工程施工现场消防安全技术规范》(GB 50720—2011)规定,为预防建设工程施工现场火灾,降低火灾危害,保护人身和财产安全,消防设施布设原则如下:

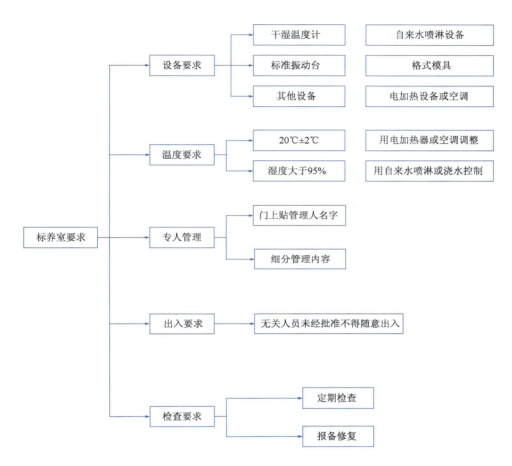

图 4-18　标养室要求

①临时用房、临时设施的布置满足现场防火、灭火及人员安全疏散的要求。

②施工现场内应设置临时消防车道,临时消防车道与在建工程、临时用房、可燃材料堆场及其加工场的距离,不宜小于 5m,且不宜大于 40m。

③易燃易爆危险品库房与在建工程的防火间距不应小于 15m,可燃材料堆场及其加工场、固定动火作业场与在建工程的防火间距不应小于 10m,其他临时用房、临时设施与在建工程的防火间距不应小于 6m。

④宿舍、办公用房采用金属夹芯板材时,其芯材的燃烧性能等级应为 A 级。

⑤施工现场应设置灭火、临时消防给水系统和临时消防应急照明等临时消防设施。

根据上述原则,本工程将在办公区域、宿舍区域、生产加工区域及施工区域布置灭火器、消防栓及应急灯等设施。

4.4 水上施工组织

4.4.1 航道条件

黄浦江从吴淞口到桥址处下游约 2km 处,可通行 3000～10000 吨级船只,属于 Ⅰ 级航道。从桥位处往上游,属于 Ⅲ 级航道。桥址南侧巨漕港为黄浦江上的小支汊,根据目前的水道情况,巨潮港为 Ⅶ 级以下航道。设计通航标准双通航孔,单个通航孔净空尺度:净宽 $B \geqslant 110m$,净高 $H \geqslant 28.5m$。最高设计通航水位为 4.37m(吴淞高程)。

桥址水域河宽 400m 左右,码头规划前沿线宽度约 336m。目前,对应 10m、8m 水深,水域宽度分别在 180m、280m 左右,5m 水深水域宽度约 320m。该河段主槽略偏黄浦江北侧,航道水深良好,桥址处最大水深 10.8m。

水上作业通航水域如图 4-19 所示。

图 4-19 水上作业通航水域

在对施工区域的勘察和综合评估后,选用种类、吨级合适的船只,对桩基施工阶段、试桩平台搭设、承台施工、塔柱施工、主梁施工及平台拆除防撞施工节段进行作业区域规划,明确主要运输对象,合理安排施工时间,有序按时完成运输任务。

4.4.2 协同管理措施

闵浦三桥工程的水上建设面对多个涉及水上安全保障的难题:复杂的水域通航环境,风险影响因素多而繁杂;多个单位与部门之间职责交叉,关系不顺;保障工程进度与船舶通航之间的矛盾突出。为此,本工程多方协调,为解决类似难题提供新的思路。

在施工管理措施方面,成立多方领导小组,凡涉及工程安全的单位及部门统一纳入领导小组,厘清职责,明确分工,并通过定期召开例会、联合检查及应急演练等方式,强化协同。同时,创立"预案、预控、预警"三阶段安全工作法。开工伊始,施工单位、水上监护单位制定船舶碰撞、防台防汛及水域污染等预案,海事部门制定搜救、交通管控等预案,并适时进行演练,检验预案的可操作性;每月召开水上施工安全会议,并定期开展安全检查工作,预控施工风险源;每日由施工单位运用"单元预警法"开展预警,以全面细化的保障体系(图4-20)确保工程水上施工的安全进行。

4.4.3 水上交通组织

本工程上跨黄浦江航道,并北接已建东川路南接浦卫公路。要保证原有航道、交通畅通,确保沿线、地方道路畅通,确保社会车辆和施工车辆的正常运行,合理组织交通配合是工程实施过程中一项极其重要的工作内容。

在本工程施工过程中,水上工程段的通航问题

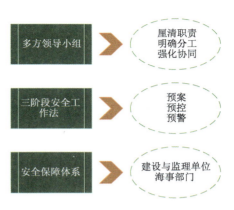

图4-20 闵浦三桥工程建设保障体系构架

难免受到一定的影响,对此,在主墩桩基修建时,会采取临时封航措施,根据不同打桩节段对南侧或北侧航道临时封锁。安装主梁时,起重船安装主塔区梁段南侧航道临时封航15d,北侧临时封航10d;安装近岸侧梁段时对南、北侧航道交替临时封航,各临时封航25d,平均每天约临时封航半天。节段梁吊装时,运梁驳船在节段梁安装位置下临时停放约0.5d,此时对驳船停放航道临时封航。

在主桥的整个施工期间内会在施工水域对来往船舶采取限速,禁止追越、并列行驶,停泊等有效措施进行通航限制,以确保工程项目的安全顺利进行。施工项目所在的工作区域及施工周期见图4-21。

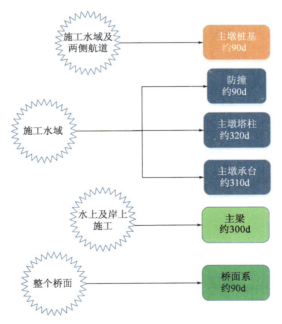

图4-21 施工项目工作区域及施工周期

施工期间交通组织应注重交通设施的设置,按照国家有关规定和规范设置施工期间临时交通标志、标线、信号灯、护栏、警示灯等(图4-22)。重视施工期间交通组织的宣传工作,尽量

减小对既有建成路段的影响。

图4-22 施工期间禁止通航及导向指示

1)施工安全作业区的规划

施工准备阶段申请安全作业区。根据《中华人民共和国水上水下活动通航安全管理规定》的要求,划定与施工作业相关的安全作业区必须报经上海海事局和上海市地方海事局核准、公告,与施工无关的船舶、设施不得进入施工作业安全作业区,施工作业者不得擅自扩大施工作业安全区的范围。安全作业区(或警戒区)应远离航道并尽可能缩小面积。

本工程规模较大,施工环节多,施工船舶作业主要分为跨航道及顺航道作业,不同的施工环节对于通航水域的影响各不相同。跨航道进行施工作业时,占用上航道或下航道,实行临时交通管制,可以确保船舶航行及作业安全,占用的水域面积大约为231m×450m,满足施工船舶的尺度要求及其所抛锚链的长度需求。图4-23所示为上、下航道安全作业水域示意图。

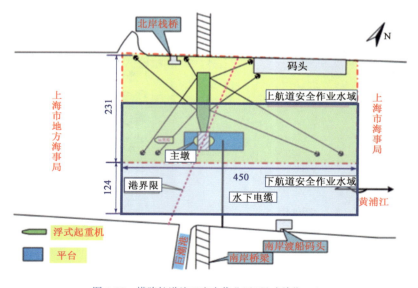

图4-23 横跨航道施工安全作业区(尺寸单位:m)

顺航道进行施工作业时,占用航道中央区域面积为103m×450m,可允许来往船只在左右两侧通行,如图4-24所示。主梁悬臂吊装区域采用桥面起重机施工,运梁船停靠在待吊阶段位置,将船四周15m范围内定为施工作业区,如图4-25所示。每段悬臂拼装节段所需时间约6h,安全作业区将随着节段安装进度移动。

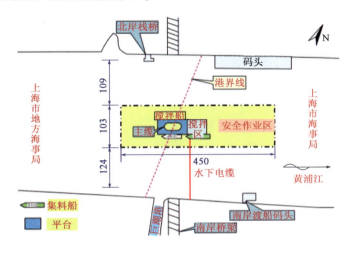

图4-24 顺航道施工安全作业区示意图(尺寸单位:m)

尽管南岸渡船码头临时设施、施工设备布置在岸基上,但仍有部分施工作业区占用一定水域。因此,该水域以渡船码头边缘向外延伸50m水域作为警戒水域(图4-26),为下行的船舶起到警示作用。主塔、桥面及附属设施安全施工为高空作业,施工有一定风险性。为避免作业发生意外或高空坠物,主塔下方四周30m范围内为施工警戒水域,桥面及附属设施安装施工以桥面上下边界各30m作为施工作业区,如图4-26中蓝色方框区域和图4-27中红色长方形区域。

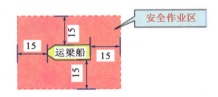

图4-25 主梁悬臂施工安全作业区示意图(尺寸单位:m)

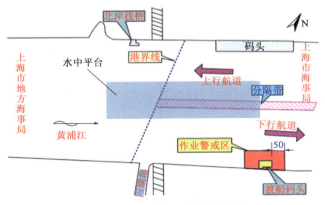

图4-26 栈桥施工安全作业水域(尺寸单位:m)

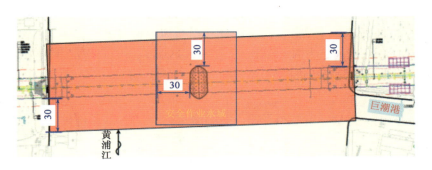

图 4-27 高空坠物安全作业区(尺寸单位:m)

2)施工安全作业区的维护

工程施工区域位于可航水域附近,其他船舶有可能误入施工区,产生安全隐患。因此施工安全作业区划定后需根据周围水域通航环境特点,在安全作业区外围界线设置相应的施工临时警戒标志,但注意该警示标志的设置要充分考虑附近水域船舶通航需求,尽可能不成为附近通航水域主要航道及航线上的碍航物。由于拟建工程的施工特点,随着施工的推进,施工安全作业区需根据施工作业进度与施工船舶同步推进,并需对临时警戒标志的位置进行相应调整。

根据《中华人民共和国水上水下活动通航安全管理规定》第二十四条"水上水下活动经海事管理机构核准公告设置安全作业区的,建设单位或者主办单位应当设置相关的安全警示标志和配备必要的安全设施或者警戒船"和《中华人民共和国水上水下活动通航安全管理规定》第二十三条第四款,"实施施工作业或者活动的船舶、设施应当按照有关规定在明显处昼夜显示规定的号灯号型。在现场作业船舶或者警戒船上配备有效的通信设备,施工作业或者活动期间指派专人警戒,并在指定的频道上守听。"

(1)施工临时停泊区设置

本工程北侧为上游航道,南侧为下游航道。在上游进行施工作业时,临时停泊区在南岸;反之,则临时停泊区在北岸。这样便解决了在施工过程中船舶的停泊问题。在确定大方向后,临时停泊区的具体选址需要考虑距桥址上下游的距离要大于 432m,并且周围水域水流平缓、风浪小、水深适宜,防止停泊的船只颠簸碰撞,引起安全事故。在距离本桥桥址上游南侧岸线 2000m 处有渡运线码头,下行船的临时停泊区设置在渡运线—闵行 3000 吨级粮食码头之间的水域,停泊区为长 1000m、宽 80m 的水域。桥址下游北岸避开两处禁锚区,上行船临时停泊区设置在北竹港河口 1000m 处,停泊区同样长为 1000m、宽为 80m 水域。两处临时停泊区都设置浮筒,供小型船舶系泊,大型船舶则直接抛锚。

(2)施工作业警示标志

标志的形状、颜色、字体、颜色及图案都符合《内河交通安全标志》(GB 13851—2019)的要求,并且设立在醒目的位置处,正方形边长大于 1.5m,长方形尺寸大于 1.5m×2.2m,便于过往船舶在一定范围内就能观测到。本工程所需要的标志有导向标、禁令标志、禁止用锚标志、分道通航标及辅助标志。在施工期间,标注有施工字样的辅助标志设置在桥址上下游 800m 醒目位置处,警示过往船舶及时采取措施。警示标志见图 4-28。

图 4-28　警示标志图

施工期间,带有警戒标志的警戒船在桥址上下游各 500m 处,下游警戒船固定在江北岸侧,上游警戒船固定在南岸侧,避开码头及航道水域。根据需要,在不同的施工阶段及时更换警戒标志,施工期设标方案如图 4-29 ~ 图 4-32 所示,例如在江底电缆敷设后,在江底电缆水域两侧各 50m 处设置禁锚标志。

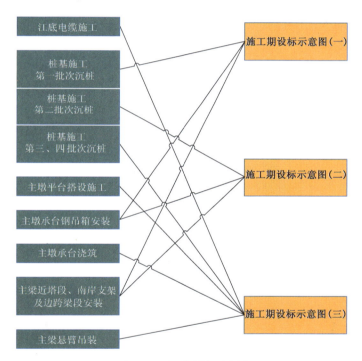

图 4-29　施工期设标示意图

根据《中华人民共和国海上航行警告和航行通告管理规定》,按照该规定的相关要求,向海事主管机关申请发布海上航行警告/航行通告。施工结束后,及时拆除设立的标志,设立桥区导助航设施,包括桥区灯浮、桥涵标灯。

在闵行区地方海事部门的协助下,本项目建立了安全保障体系:建设单位与监理单位共同监督施工质量,施工单位核查专业水上分包单位施工措施落实情况,海事部门随机抽查现场施工通航安全保障措施,各部门形成合力,同抓安全施工,共织一张内部安全网;工程施工船舶有序施工,水上监护船舶驻守维护,海事巡逻船艇现场指挥,运输途径上的船舶依序通过,各类船舶组织井井有条,共织一张外部安全网。

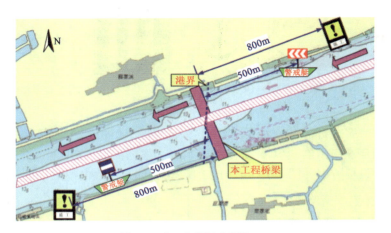

图 4-30　施工期设标示意图(一)

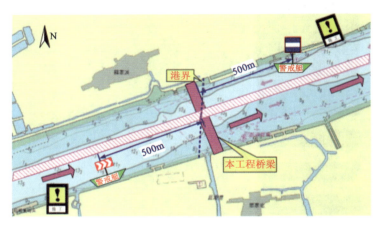

图 4-31　施工期设标示意图(二)

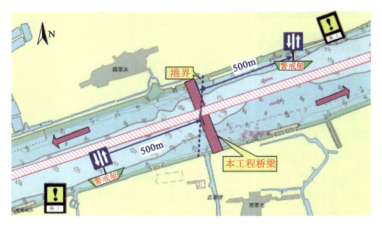

图 4-32　施工期设标示意图(三)

4.5 环境保护

本工程的环境保护不仅体现在工程材料选取及施工措施相关环保细节等,更是将环保的理念深入到每个参与到这项工程建设中的员工心里,培养施工人员加强环保意识。在施工前,将《水土保持法》《水污染防治法》《水法》《土地管理法》及地方有关法规、规章,施工中挂警示牌、标志牌、贴宣传标语等,提高全体员工对环保重要性的认识,并制定相应的责任制和奖惩制度,把环保工作落到实处。

4.5.1 固体废弃物污染的控制

本工程主要致力于"三废"、土方运输及弃土的污染控制。控制"三废"排放,制定排放物的分类原则,组织施工人员对废弃物进行归类,并对不同种类的废弃物制定排放时间段,避免混杂情况发生,并采取必要的净化防治措施,便于事后的清理工作。对于土方运输车辆,严格做到不超载,防止泥土散落;施工现场采取封闭式管理,在场内设置洗车槽,清洁运输车辆的外表面及车轮胎,防止附着的尘土污染周围场地。在取土、砂石等材料时,控制开挖尺寸,减少土体扰动,维护好自然地形地貌,防止地质性灾害隐患。采备完成后,对相应土地采取平整、平铺卵石处理。施工过程中如有弃土,则由专门配备的管理人员对其进行现场管理。

固体废弃物控制措施如图 4-33 所示。

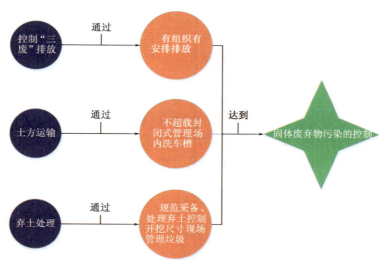

图 4-33　固体废弃物控制措施

4.5.2 河道保护

本工程靠近黄浦江水源保护地,工程施工过程中对于河道保护的要求较高。本工程实行清污分流,清洁水和废水禁止混合排放。施工人员临时驻地厕所设临时化粪池,并经预处理后排入污水管道。排水系统采用污水处理设备进行处理,达到标准后才允许外排,杜绝对外部水源的污染。同时,针对可能产生水污染的个别工程阶段,例如钢管桩填芯、钻孔灌注桩等产生的泥浆及废渣,委托专业单位进行外运处理。钻孔泥浆处理如图 4-34 所示。

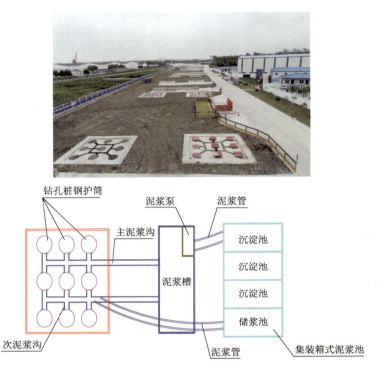

图 4-34　钻孔泥浆处理

4.5.3　污水及垃圾处理

根据作业区间的地形,对地面水的排放进行组织设计,严禁施工污水乱排、乱流,污染道路,破坏周围环境,并且尽量减少施工过程中的用水量,减少废水排放量。

在施工场地设置临时沉砂池,将含泥沙的开挖水、雨水、泥浆等经沉沙池沉淀后排放,可以避免漫流现象的发生,达到达标排放的目的。对于处理后的废水循环利用(图 4-35),可以减少本工程新鲜水的用量,一定程度上降低了生产成本。

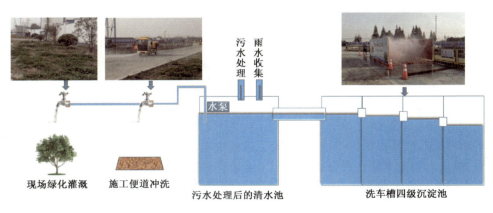

图 4-35　水资源再利用

对于垃圾的处理,本工程监理生产人员生活垃圾应定点收集,及时交给当地环卫部门统一处理,并做好施工场所的生活垃圾收集、处理,防止乱丢乱放,任意倾倒,尤其防止"白色污染"对土地危害。施工结束后,所有与工程无关的材料都应从施工区域清除,并对其进行储存或抛弃。对废弃物的处理要根据其物理、化学性质分类(图4-36)分别处理。

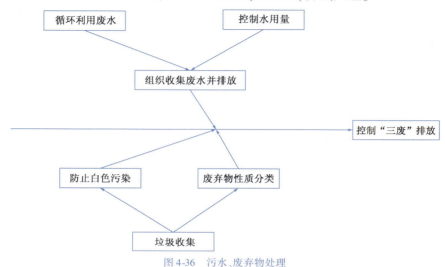

图4-36 污水、废弃物处理

4.5.4 施工废弃控制

工程建设过程中产生废弃是难以避免的,但是如果在施工过程中重视细节控制,可以对废弃控制达到最好的效果。本工程在施工的局部现场或者清理场地、拆毁废弃建筑物时设置围挡(图4-37),减小扬尘扩散范围。另外,高频率洒水是防止粉尘污染、尘土飞扬的最好方法,在路基施工区、施工便道处、进入料场的道路、施工场地等区域定时洒水,保持路面湿润,并及时清理重点路段散落的泥土,保持整个施工场地的清洁。

对于进入施工区域的车辆在离开时进行清理,不将泥土等废弃物带出建设区域外,现场车辆冲洗设备如图4-38所示。这些措施看似简单,但是为减小施工完成后的收尾工作量起了决定性作用,并展现整洁有序的施工环境和团队精神面貌。

图4-37 围挡、喷雾装置

图4-38 现场车辆冲洗设备

4.5.5 施工噪声及震动控制

从声源上控制噪声,是防止噪声污染的最根本措施。噪声扬尘监测设备见图4-39。严格控制人为噪声,在施工现场不得高声喧哗,尤其是在夜间施工时段。在人口密集区进行强噪声作业时,禁止在22:00—06:00施工,如有特殊需紧急情况,尽量采取降低噪声措施并出示安民告示,请群众谅解。

对于噪声较大的机械如发电机、空压机等,尽量布置在远离居民区和学校等敏感区域,同时采取吸声、隔振等声学科技手段降低噪声。合理安排施工工期,将施工对周围环境的噪声危害降到最低。

图4-39 噪声扬尘监测设备

4.5.6 危险化学品管理

危险化学品的管理尤为重要,如不妥善存放危险化学品,会导致不可挽回的损失与危害。本工程首先对危险化学品进行分类,现场存放油料及油漆,要设置专用的油料及油漆库,库内严禁放置其他物质,库房地面和墙面要做好防渗漏的处理。对于废弃的油料及油漆进行回收;施工范围内油漆、漆桶、含油棉纱、废弃油和其他危险废品实行统一存放与管理。

对于危险化学品的管理和处理方面,项目经理部负责联系具有处理资质和能力的单位,签订协议,委托其对现场产生的危险废品统一进行处置并指定专人负责危险废品管理。施工生产中涉及的危险废品主要是废机油、润滑油、液压液、废电池、漆渣、漆桶、荧光灯管等,按危险废品分类进行收集,做好记录,再交由当地环境管理主管部门认可的单位进行处理。

4.5.7 光照影响控制

夜间施工时的强光将影响周围居民的休息质量。本工程的前期计划中,对周围住宅区的距离等条件进行调查,定制了详细的关于光照影响控制的方案。

首先,工地夜间实施场地平面照明或深基坑照明,如图4-40所示,灯光下斜照射,下斜角度应大于20°。其次,强光照明灯具配备防眩光罩,照明光束俯射施工作业面。进行电焊作业或者夜间施工使用灯光照明的,必须采取有效的遮蔽光照措施,避免眩光直射居民区。临近居民区的工地施工易发生强眩光的焊割作业,其作业点设置遮挡设施。若占路围挡遮挡了通行道路路灯光,则在影响光照一侧的围挡上架设照明路灯。

除了采取以上措施外,夜间施工(图4-40)期间还严禁各类工地夜间照明灯光平射设置及各类工地夜间照明灯光直射居民住宅,禁止工地内灯光或焊光直射城市行人和车辆通行道路,以此来保障周围居民最大程度上的休息质量,减少夜间施工光照带来的负面影响。

图 4-40　夜间施工现场

4.5.8　生态保护

闵浦三桥是一个规模浩大的工程,合理的规划管理可以维护自然格局,保护生态环境。

本工程根据现场实际,合理规划施工便道、施工场地、施工营地。将仓库、施工机具停置、材料堆场、施工驻地等小型临时设施,尽量设置在少植被无植被的地段。为了尽可能减少地表扰动及地表植被的破坏,施工期间对行车路线、便道宽度进行严格固定,限制人为活动,严禁车辆、人员随意行走。在开挖时严格控制开挖尺寸,减少土体扰动,维护好自然地形地貌,防止引发地质性灾害。

花园式工地如图 4-41 所示。

图 4-41　花园式工地

4.5.9　施工后期的场地恢复

在项目完成以后,由施工单位对施工场地进行恢复。施工单位将根据工程进展情况,逐步退还所占用土地,并将其恢复到占用前状态。对于施工区域现有的河道及设施(管道和电缆),在施工前、施工过程中加以保护。若因施工原因确实需要拆除管线的,铺设临时管线予以替代,并在施工完成后恢复原状。对桥梁水中钢吊箱、栈桥,施工完毕后立即拆除。

4.6 文明施工

本项目对安全文明施工标准化进行升级,高起点谋划、高标准建设、高质量管理,以"三化一式"的模式将安全生产责任落实到末端,不断加强工地安全生产标准化、规范化建设。

4.6.1 管理措施

一个工地的文明施工管理水平是一个工程项目综合水平的体现。工程建设必须严格执行上海市有关文明施工、环境保护的最新规定和管理要求,施工规划需得到专项负责人审核批准后才可以开始实施。

文明施工管理是一个外延很广的概念,包括外场、内业资料、节能创新等方面,以改善施工现场、作业场站面貌,展示良好的管理水平,也包括工程管理、生产作业现场、分包管理、费用管理、综合管理、质量管理、安全管理、环境形象、卫生防疫、宣传教育、资料管理等,体现了文明施工管理的精细度和广泛度。再往下细分到具体事务,有现场措施费用收支、使用和管理记录、按规定设置施工告示图牌等。由此可见文明施工管理体系的庞大及错综复杂。如此复杂的流程必须落实专职管理人员配合,确保各环节有管理负责人,做到专项专责,积极推动文明施工管理工作的落实。

除了硬性的规定准则,人文素质提升是文明施工实施的根本,建立业务学校,对所有参与工程建设的人员进行文明施工宣传。在生活中,定期对人员居住及物资需求进行统计供给,关爱参与施工的每位人员(图4-42),消除等级观念,积极开展各类职工业余文体活动(图4-43),拉近人与人之间的距离,培养强烈的团体意识,促进整体和谐,同时增强个人荣誉感、归属感,将建设任务从真正意义上作为己任。

图4-42 施工场内休息室及茶水凉棚

4.6.2 现场落实

在上一节中,从管理者角度探讨了文明施工的概念及意义,具体落到实处,本工程在文明施工方面采取的文明施工专项措施如图4-44所示。医疗设施保障、文明宿舍及食堂分别如图4-45、图4-46所示。

图 4-43　大临内业余文体活动场

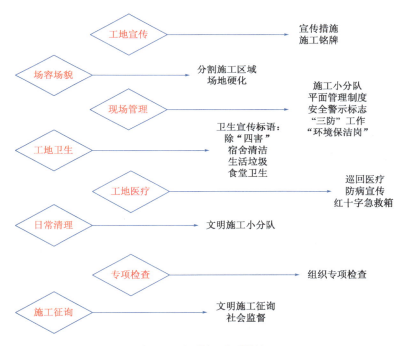

图 4-44　文明施工专项措施

在工地四周的围墙建筑物、宿舍外墙及其他地点，设置反映企业精神、时代风貌的醒目宣传标语，不仅时刻提醒参与施工人员身上肩负的重大责任，同时也流露出发自内心的自豪感。工地内的宣传栏、黑板报等及时反映工地内外的各类动态，可以实现信息传递的即时性。将施工区和非施工区以围墙或护栏形式清晰分隔开（图4-47），以实现对非施工区最小扰动的效果。施工区域内组织施工小分队，维护环境整洁，监督食堂卫生标准，督促"三防"工作落实，关心工人的健康问题，并且定期向沿线的单位及居民发放"文明施工征询单"，认真听取群众的意见，主动接受社会监督。

 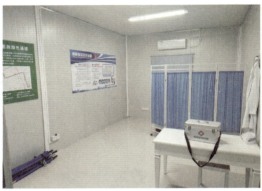

图 4-45 医疗设施保障

图 4-46 文明宿舍及食堂

图 4-47 作业区与非作业区隔离

4.6.3 和谐共建

工程建设能够按时、高质量、快速建造与周围警民、社区以及外单位的合作支持密不可分，通过警民共建、社区共建、对外交流等，成功传递"美好家园，人人有责"的理念意识。

（1）警民共建

施工地区周围尽管已经预留了供人们出行的通道，但是在高峰期，仍然不可避免会造成交通拥堵的情况，增加交通事故发生的概率，有安全隐患。施工地附近的民警引导车流有秩序通行，同时保障了行人的安全。另外，加强警民联谊，互通相关信息，落实共建内容，不定期开展交流活动，邀请警员为施工工人开展法制宣传教育、国防教育和逃生消防演练，突发火灾等情况发生时，人人具备逃生安全知识，降低人员伤亡及财产损失。同时，警民合作，整顿施工现场及周边治安环境，为工地创建良好的治安环境。

（2）社区共建

工程建设与周边社区是紧密相连的。在建设单位组织下，与工点周围社区联手合作，推广环境卫生、党建工作、文明建设理念，举办公益文化活动，积极引导广大居民和干部职工树立"社区是我家，建设靠大家"的责任意识，提倡以实际行动维护、改善环境，将节能减排措施落到实处。推进精神文明创建工作，实现文明共享，建立文明创建机制，深化文明创建活动，宣传总结文明共建活动中的经验和成果。组织建设人员积极参与到社会公共管理和精神文明建设的各类主题实践活动中，丰富社区文化资源。

（3）对外交流

积极举办对外交流活动（图4-48），将工程中积累的经验传播出去，一方面可以拓宽发展机遇，另一方面可以在交流中查漏补缺，不断完善，对于提升工程品质起到有益作用。

图4-48　对外交流活动

第 5 章
跨江主桥建造品质提升技术

组合梁斜拉桥具有自重轻与承载性能高的优点,采用混凝土桥面板可以避免产生桥面板疲劳以及铺装破坏的问题,工艺上采用工厂加工制造、现场安装的方法,不仅建造速度快,而且对环境扰动较小,成为大跨径桥梁极具竞争力的桥型之一。

随着城市发展与进步,对此类大跨径斜拉桥的建造水平的要求也逐渐提高,具体体现在结构性能、美观性、建造速度、占用空间、环保等方面。跨越黄浦江主桥采用独塔、钢—混凝土组合梁斜拉桥,主塔下设置直、斜钢管桩,结构形式较为新颖,品质提升的难度较高。参与建造的工程师们通过践行上海品质指导思想,对此类桥梁的建造技术进行了系列革新,为结构性能提升、快速化建造、美观、环保提供保障技术。本章对主桥的建造精度以及关键工艺进行凝练,以供同类工程参考。

5.1 建造精度

5.1.1 基础及下部结构

1)桩基

本工程项目主墩采用钢管桩桩基形式,针对此种桩基形式特点结合水上打桩的特殊环境,主要对钢管桩制造质量及钢管桩打设质量分别提出精度控制指标及控制值。钢管桩制作共检测 10 项指标,钢管桩沉桩共检测 2 项指标,分别见表5-1、表5-2。

钢管桩制作精度 表 5-1

序号	项目	允许偏差	检查方法和频率
1	外周长(mm)	$\pm 5S/1000$	用钢卷尺量两端
2	管端椭圆度(mm)	$\pm 5D/1000$	用钢卷尺量管端互相垂直两直径之差:每根(节)2个测点
3	管端平整度(mm)	2	用1/4周长的弧形靠尺和塞尺检查两端,或用V形尺检查:取大值,每根(节)2个测点

续上表

序号	项 目	允许偏差	检查方法和频率
4	桩顶倾斜度(mm)	5D/1000 且不大于 4	用大直角尺和楔形塞尺检查垂直两方向;每根(节)2个测点
5	桩长度(mm)	+300,-0	用钢卷尺量;每根(节)1个测点
6	桩纵轴线弯曲矢高(mm)	L/1000 且不大于 30	在平台上转动或拉线用钢尺量;每根(节)1个测点
7	桩尖对纵轴线偏斜(mm)	10	用大直角尺或拉线用钢尺量;每根(节)1个测点
8	管节对接错牙(mm)	$\delta/10$ 且不大于 3	用焊口检测器检查;每根(节)取一大值,每根(节)1个测点
9	焊接尺寸与外观	满足相关标准要求	样板尺;目测10点
10	焊缝探伤	满足相关标准要求	超声:100%;X射线:按设计规定或2%

钢管桩沉桩精度 表 5-2

检测项目	允许偏差		检验数量
	直桩	斜桩	
桩顶偏差	100mm	150mm	每根桩
桩中轴线倾斜度	≤1%	$\pm 0.15\tan\theta$	

2)承台与塔座

承台与塔座的施工精度见表5-3。

承台与塔座施工精度 表 5-3

序号	项 目	规定值或允许偏差	检查方法和频率
1	钢筋排间距	±5mm	尺量:每构件检查2个断面
2	钢筋同排间距	±20mm	尺量:每构件检查2个断面
3	保护层厚度	±10mm	尺量:每构件沿模板周边检查8处
4	混凝土强度	≥设计强度	按《混凝土结构设计规范》(GB 50010—2010)附录D检查
3	断面尺寸	±20mm	尺量:检查3个断面
4	竖直度或斜度	0.3%H 且不大于20mm	吊垂线或经纬仪:测量2点
5	顶面高程	±10mm	水准仪:测量3处
6	轴线偏位	10mm	全站仪或经纬仪:纵、横各测量2点
7	节段间错台	5mm	尺量:每节检查4处
8	大面积平整度	5mm	2m 直尺:检查竖直、水平两个方向,每20m² 测1处
9	预埋件位置	10mm	尺量:每件
10	温度控制	无裂缝	裂缝检测仪器:逐节检查

3)桥塔

桥塔施工精度见表5-4。

桥塔施工精度　　　　　　　　　　　　　　　　　表5-4

序号	项目	规定值或允许偏差	检查方法和频率
1	混凝土强度	≥50MPa	按《混凝土结构设计规范》附录D检查
2	钢锚梁定位	±5mm	全站仪；逐个检查
3	导管定位	±5mm	全站仪；逐个检查
4	塔柱外观	无色差无裂纹	目测；逐节检查

5.1.2 上部结构

针对主梁的施工提出精度控制指标及控制值见表5-5、表5-6。

主梁焊接施工精度　　　　　　　　　　　　　　　表5-5

序号	项目	焊缝种类	质量标准（除已标注之外，单位均为mm）
1	气孔	横向对接焊缝	不允许
		纵向对接焊缝、主要角焊缝	直径小于1.0，每米不多于3个，间距不小于20
		其他焊缝	直径小于1.5，每米不多于3个，间距不小于20
2	咬边	受拉杆件横向对接焊缝、桥面板与弦杆角焊缝、横梁接头板与弦杆角焊缝、桥面板与U形肋角焊缝（桥面板侧）、竖向加劲肋焊缝（腹板侧受拉区）	不允许
		受拉杆件横向对接焊缝及竖加劲肋角焊缝（腹板侧受压区）	≤0.3
		纵向对接焊缝、主要角焊缝	≤0.5
		其他焊缝	≤1.0
3	焊脚尺寸	主要角焊缝	0~2.0
			0~2.0
		其他角焊缝	手工焊角焊全长10% −3.0~1.0
4	焊波	角焊缝	≤2.0（任意25mm范围高低差）
5	余高	不铲磨余高的对接焊缝	≤2.0（焊缝宽度 b≤20）
			≤3.0（焊缝宽度 b>20）
	有效厚度	T形角焊缝	凸面角焊缝有效厚度应不大于规定值2.0，凹面角焊缝应不小于规定值0.3
6	余高铲磨后的表面	横向对接焊缝（桥面板除外）	不高于母材0.5 不低于母材0.3 粗糙度50μm

主梁涂装施工精度　　　　　　　　　　　　　　　表5-6

序号	工序	检测项目	检测手段	检验要求	检测数量
1	除油	油污、杂质	目测	清除可见油污、杂质	全面
2	喷砂	清洁度	图谱对照	Sa2.5级要求	自检全面检测，监理选点
		粗糙度	表面粗糙度比较样板	30~75μm	自检全面检测，监理选点

续上表

序号	工序	检测项目	检测手段	检验要求	检测数量
3	涂漆	膜厚	磁性干膜测厚仪	达到规定膜厚。钢梁外表面采用90-10规则，内表面采用85-15规则	每10m² 为一测量单元，每个测量单元至少选取3处基准表面，每个基准表面按5点法进行测量
4	附着力	结合力	划格法	0级或1级	每个钢箱梁/每5个锚锚梁、钢牛腿钢套箱各体系抽测一处
			拉拔法	≥3MPa	
		外观	目测	自检和监理专检在每道涂脂干后全面检查，并记录于记录表中	全面

5.2 桩基施工

5.2.1 总体工艺

桩基本身为预制钢构件，采用打桩船打入，施工速度快，对现状河道扰动较小，具有较好的环保性，总体工艺如图5-1所示。

5.2.2 施工准备

1）设备选用

打桩船为钢管桩沉入的主要设备。本工程钢管桩桩长70m，单根重约60t。根据施打能力，选定的打桩船为"长象6"，其主要由以下几个部分组成：船体系统、桩架及其吊桩系统、锤击沉桩系统、天宝GPS打桩系统。有效工作天数内，打桩船日沉桩可达4～5根，具有较高的作业效率，具体参数见表5-7。

打桩船参数　　　　表5-7

船体尺寸	61.2m×26m×4.2m	最大桩径	1.6m	最大桩重	80t
最大桩长	63m+水深	俯仰角度	+20.57°	桩锤型号	D138

本工程中打桩船采用的打桩锤为D138筒式柴油锤，参数见表5-8。

打桩锤参数　　　　表5-8

技术参数类别	单　位	控　制　值
上活塞量	kg	13800
每锤打击能量	N·m	459800
打击次数	次/min	36～45
作用于桩上的最大爆发力	kN	3900
适宜打桩规格最大为	kg	80000

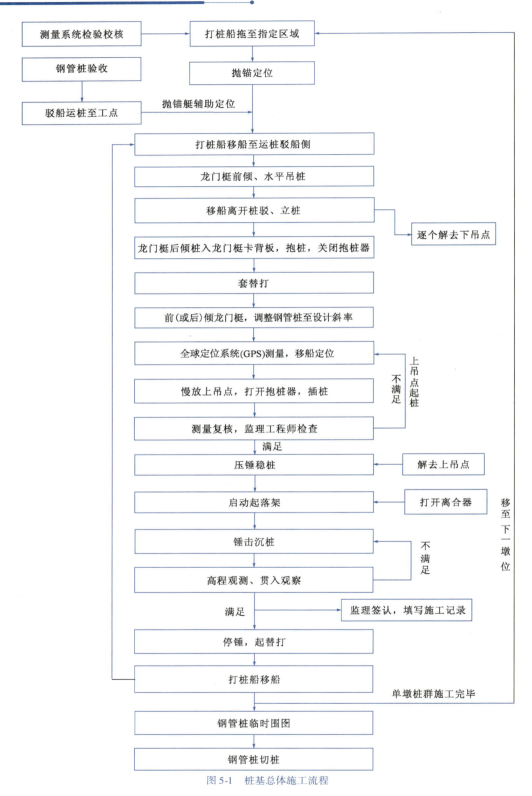

图 5-1 桩基总体施工流程

选择起重能力250t的秦航工56起重船1艘,用于导向桩沉桩施工。起重船扒杆高度约39m左右,满足施工要求。导向桩沉桩设备采用DZ150振动锤。

在沉桩施工中除打桩船的投入外,另外需要投入其他辅助船舶,如运装船、抛锚艇及交通船等。

2)测量技术

沉桩施工采用GPS中的实时载波相位差分技术(RTK),并结合免棱镜测距仪研制的一整套水上打桩定位的测量方案,包括设备选择、船固坐标系统建立、相应软件系统等。

在岸上设置基准站,通过移动站采集已有控制点数据计算出参数后输入打桩船定位系统,在打桩船船体驾驶室后部两侧安装2台定位天线,在中前部右舷侧安装1台定位天线,以RTK模式实时测出打桩船上三个固定点的三维坐标;同时根据安装在舱底的倾斜仪检测船体横摇和纵倾值,计算出理论上水平的船位坐标和方位;再根据打桩船桩架的角度传感器和船体前端免棱镜激光测距仪测定桩身相对位置,通过船体与打桩船桩架的几何关系,推算出桩位坐标和方位,从而达到通过GPS-RTK控制桩位的目的。

3)作业区划分

作业区划分及打桩顺序如图5-2所示。

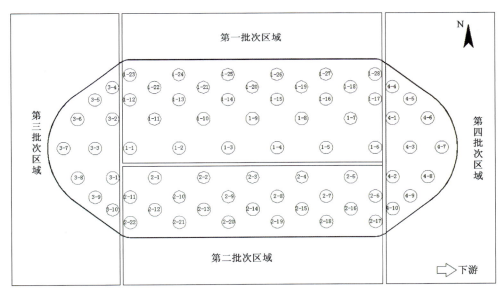

图5-2 作业区划分及打桩顺序

(1)第一批次钢管桩打桩船横河道向由中心向北侧退打,占据河道宽度268m,长度400m,北侧封航,通航宽度南侧70m。俯打桩对桩船后锚拉力要求高,尽量保证后锚锚缆有足够长度,后锚考虑抵近北岸约15m抛设。运桩船位置放在上游侧,待打桩船先抛好定位锚后进场,抛锚长度及方向必须保证吊桩时自身锚位稳定,桩尖朝上游,如图5-3所示。

(2)第二批次钢管桩打桩船横河道向由中心向南侧退打,占据河道宽度241m,长度400m,南侧封航,北侧通航宽度100m。俯打桩对桩船后锚拉力要求高,尽量保证后锚锚缆有足够长度,后锚考虑抵近南岸约15m抛设。运桩船位置放在上游侧,待打桩船先抛好定位锚后进场,抛锚长度及方向必须保证吊桩时自身锚位稳定,桩尖朝下游。

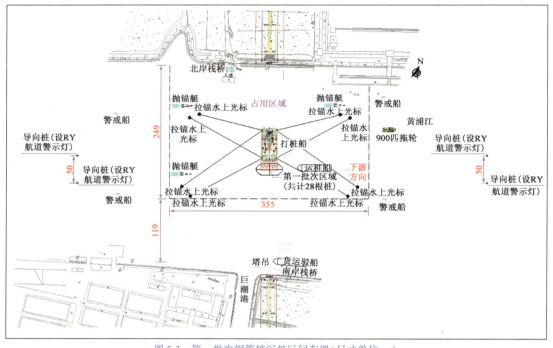

图 5-3 第一批次钢管桩沉桩区间布置(尺寸单位:m)

(3)第三批次钢管桩纵河道向由下游向上游退打,占航道宽度 267m,长度 427m,北侧封航,南侧通航宽度 80m。如图 5-4 所示,按图锚位基本可以满足北侧大扭角桩施工,打南侧最大扭角桩时船尾刷向南侧,如再按图中锚位设置,锚缆角度就变得不理想,并要调整同时增加抛锚长度,并临时封闭整个航道。为方便取桩,运桩船位置需横流定位,待打桩船先抛好定位锚后进场,抛锚长度及方向必须保证吊桩时自身锚位稳定,桩尖朝下游。

(4)第四批次钢管桩纵河道由上游向下游退打,占航道宽度 257m,长度 400m,北侧封航,南侧通航宽度 80m。现有锚位基本可以满足北侧大扭角桩施工,打南侧最大扭角桩时需临时封闭整个航道,道理同打第三批南侧桩。运桩船位置放在上游侧,待打桩船先抛好定位锚后进场,抛锚长度及方向必须保证吊桩时自身锚位稳定,桩尖朝下游。根据打桩船上 GPS-RTK 定位系统显示的数据,打桩船由拖轮拖到施工地点附近,进行粗定位,如图 5-5 所示。

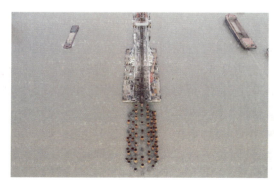

图 5-4 桩位布置图

图 5-5 第四批打桩

5.2.3 施工方法及技术措施

1)吊装

钢管桩在防腐涂层检查后,按照设计图纸上给定的吊点开始进行吊装,为避免钢管桩保护层被钢绳刮伤,采用橡皮管对辅助钢绳进行包裹,将打桩船移动至桩位附近开始立桩,如图5-6所示。

图5-6 吊装

2)立桩

立桩过程中,主吊钩上升,副吊钩下降,随着下降程度,副吊钩逐个解去,使钢管桩成竖直状态。龙门桅后倾,使钢管桩与龙门桅滑道呈平行状态(即同时呈竖直状态),如图5-7所示。

抱桩器合拢抱桩并锁定。为确保钢管桩保护层不被损坏,抱桩器上的导向轮采用橡胶材质导向轮,并保持导向轮的表面光洁。替打沿龙门桅轨道滑移,套住桩顶,如图5-8所示。

图5-7 立桩　　　　　图5-8 套替打

3)插桩

前(或后)倾龙门桅(打俯桩时前倾,打仰桩时后倾),将钢管桩粗略调整至设计斜率。操纵室通过观察打桩船上的两台测距仪和操纵室控制台上的角度测量仪调整桩架的前后倾斜度,以使桩身斜率符合设计要求。

根据预先输入的单桩平面扭角(方位角)、平面坐标,依据打桩船"海上打桩 GPS-RTK 定位系统"显示打桩船的姿态及钢管桩空间位置的图形和数据,通过锚机精确调整船位、利用打桩架液压系统调整桩架的向前或向后的倾角,使桩到达设计位置,如图5-9所示。

4)锤击沉桩

按照要求压上锤和替打→测桩偏位、调整船和龙口→小冲程锤击沉桩→正常锤击沉桩→满足沉桩条件→起吊锤和替打→移船取桩的顺序进行打桩施工。

沉桩的开始阶段要重锤轻打,以防溜桩,待贯入度正常后再逐步加大冲击能量。在沉桩过程中,如果出现贯入度异常、桩身突然下降、过大倾斜、移位等现象,应该立即停止沉桩。锤击停锤采用暂行停锤标准,即沉桩以标高控制为主,贯入度校核、钢管桩锤击至符合停锤标准时,停止锤击,起替打,打桩船移船重复上述步骤的施工,如图5-10所示。

图5-9 插桩

图5-10 锤击沉桩

本工程主墩共有70根钢管桩,直径均为1.5m,长度均为70m,其中32根为直桩,38根为斜桩,根据工艺要求,在施工时采用锤击法整根打入。主墩钢管施工从2017年7月25日开始到10月30日结束,共计98d。

5.3 承台及塔座施工

5.3.1 总体工艺

承台为典型大体积混凝土构件,采用现场浇筑施工,主要工艺如图5-11所示。承台分两次浇筑,第一次浇筑2.0m,第二次浇筑3.0m,塔座为一次浇筑。现场浇筑形式对混凝土养护阶段的温度控制要求较高,通过冷却管安装、实时温度监控等手段,避免混凝土开裂。

5.3.2 施工准备

1)钢吊箱选型、制作与运输

根据施工现场实际起重能力情况和施工区域黄浦江水位情况,考虑承台吊箱不作为桥梁防撞结构等因素,采用单壁有底钢吊箱围堰施工方案。

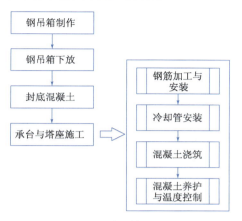

图 5-11　承台总体施工流程

钢吊箱外框尺寸为 47.4m×21.8m×8.6m,内尺寸为 46.8m×21.2m×7.2m。钢套箱由底板、侧板、内支撑、隔仓、下放系统、吊挂系统组成(图 5-12)。钢吊箱在镇江市润丰钢结构有限公司进行制作,起重船吊运至驳船上驳运至施工现场,如图 5-13 所示。

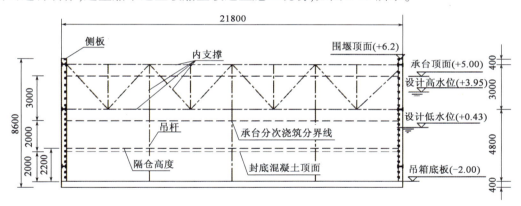

图 5-12　钢吊箱尺寸设计(尺寸单位:mm)

图 5-13　钢吊箱制作运输至现场

2）钢吊箱下放临时搁置位置

钢吊箱第一次下放至设计位置，利用直桩总计 20 根，焊接总计 44 个牛腿进行临时搁置，如图 5-14 所示，其中黑白点位置为牛腿位置。

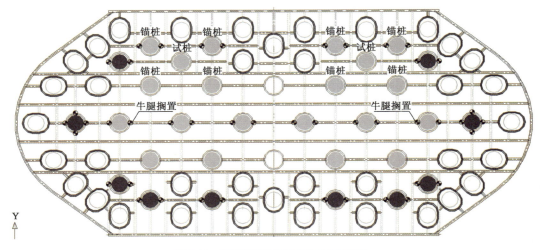

图 5-14　钢吊箱临时搁置点的平面示意图

3）大体积混凝土温度控制

温度控制首先进行配合比减热优化，承台混凝土强度等级为 C35，塔座混凝土强度等级为 C50，根据实际施工时所采用的砂石料、水泥、粉煤灰及外加剂的性能进行交叉配合比试验，确定最佳的混凝土施工配合比。但是应遵循以下总的原则：大体积混凝土应采用低水化热水泥，并采用"双掺技术"（即掺加粉煤灰及外加剂），降低混凝土的入仓温度等措施，以改善混凝土的性能，减小混凝土的水化热。主墩承台与塔座同属于大体积混凝土，应按照大体积混凝土要求进行配合比设计。大体积混凝土的配合比应根据实际施工时所采用的砂石料、水泥、粉煤灰及外加剂的性能进行交叉配合比试验，确定最佳的混凝土施工配合比。最终优化的配合比见表 5-9、表 5-10。

承台优化配合比　　　　　　　　　　　　　　　　　　　　表 5-9

材料	P.O42.5 水泥	砂	碎石	水	外加剂	粉煤灰
用量（kg）	260	762	1052	160	3.6	140

塔座优化配合比　　　　　　　　　　　　　　　　　　　　表 5-10

材料	PII52.5 水泥	砂	碎石	水	外加剂	矿粉	粉煤灰
用量（kg）	288	733	1012	155	4.8	120	72

为保障混凝土性能，粗集料采用级配良好的碎石，粒径为 5～25mm，细集料宜采用级配良好的中砂，细度模数应控制在 2.5～2.7，混凝土初凝时间约 20h，混凝土的坍落度控制在 18～22cm。

为了降低大体积混凝土由于水泥水化热而引起的内外温差，在钢筋绑扎过程中，分层分区埋设好冷却水管网，安装好控制阀门。冷却水管布置密度约为 1m×1m，总长 3100m，采用 $\phi50×2$

黑铁管。冷却水管出水量满足20L/min以上,确保不渗漏。冷却水管网通水结束后灌M30水泥浆封孔,并将进、出口部分塑料管拔除。控制过程中,在结构内埋设阻式温度传感器,对温度变化进行监测,及时预警异常,承台温度测点布置如图5-15所示。

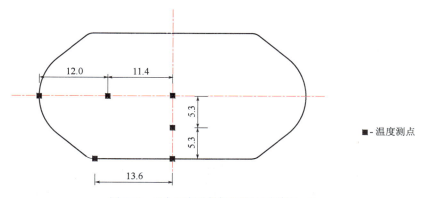

图5-15 承台温度测点布置图(尺寸单位:m)

混凝土在降温阶段如出现气温较低或突遇寒潮,内表温差大于25℃的情况时,需对大体积混凝土进行保温及养护。主墩承台浇筑完每次混凝土后,顶面及时洒水养护,浇完最后一层混凝土,待混凝土初凝后表面覆盖土工布进行洒水保温养护,以防止表面散热过快,形成较大的内表温差产生应力裂缝,同时防止早期混凝土干缩裂缝。

5.3.3 施工方法及技术措施

1)钢吊箱施工

钢吊箱(含吊架)约重500t,船运至桥址后,采用秦航工66起重船(700t)吊装。起吊扒杆倾角取55°,此时起重性能为300t×2(大于实际吊重500t),吊距为36.56m(此时船距水上施工平台净距约7.5m),设计吊高为53.26m(大于实际吊高42m),起重船起重性能均满足起吊工况要求。

由于钢吊箱的吊索和卡环均非常重,靠人力很难完成吊点的连接,所以必须通过左右移动起重船来实现吊点的连接,同时要准备若干2t手拉葫芦,用以辅助吊点连接,如图5-16所示。

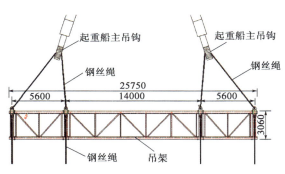

图5-16 钢吊箱吊架吊点示意图(尺寸单位:mm)

当钢吊箱的纵、横轴线与平台的纵、横轴线重合时,起重人员指挥起重船进行初步定位。定位好后,慢慢落钩,此时要安排足够多的人员观察落钩情况,待所有接高钢管桩均进入钢吊箱后,起重船继续落钩,直至距钢牛腿还剩 2cm。此时,通过限位装置进行钢吊箱一次下放平面位置精确定位。安装吊挂梁、液压千斤顶提升(下放)系统,安装完成后,通过液压泵站及计算机系统,调节各吊点,使之均匀分级受力,如图 5-17 所示。本工程的钢吊箱吊装施工工作在 2018 年 2 月 5 日完成了第一阶段的吊箱安放、搁置,被誉为"2018 浦江第一吊"。

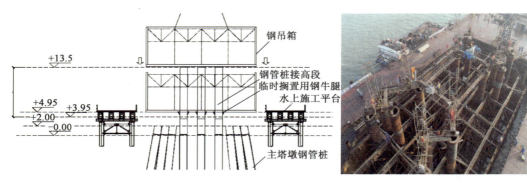

图 5-17　钢吊箱下放

钢吊箱二次下放由桩顶分配梁,钢绞线下放系统及内支撑吊点分配梁等组成,下放时采用 8 个吊点,放置 8 台 FY-TSD-100 千斤顶,行程为 500mm,利用柳州欧维姆同步提升(下放)系统控制千斤顶同步顶升以及同步下放。下放限位安放位置如图 5-18 所示。

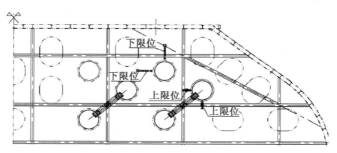

图 5-18　限位装置 1/4 平面位置示意

钢吊箱在下放前,底部事先安放有临时封堵板,下放后,由潜水员下去固定封堵板,并用混凝土堵漏。吊箱底板封底混凝土层分为十个独立隔仓,分别进行编号,在完成下放后浇筑 2m 厚封底混凝土,如图 5-19 所示。

浇筑顺序为:首先同步依次浇筑 A1-4～A1-1/A1-4～A1-7 位置混凝土,根据测量数据补浇混凝土,其次同步依次浇筑 A2-3～A2-1/A2-4～A2-6 位置混凝土,再根据测量数据补浇混凝土。套箱封底混凝土采用一艘混凝土搅拌船进行拌和及浇筑。本工程历时 30h 连续施工,于 2018 年 3 月 16 日完成浇筑任务。封底后,于 2018 年 3 月 22 日凌晨开始进行抽水,至 3 月 23 日完成抽水工作。

2)钢管桩填芯

钢管桩的填芯施工在围堰内抽干水后进行首次割除,统一割除至高程 +1.00m 处。钢管桩顶部需先割洞,作为切割后吊除起重吊点,再进行横向缝的切割,最后塔吊直接吊除割下的钢护筒,如图 5-20 所示。

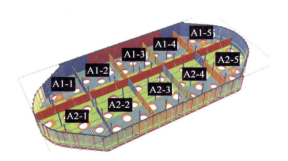

图 5-19　钢吊箱封底浇筑

吸泥机械采用塔式起重机,吊放到已浇好的封底混凝土面上,连接好相关管道。利用 2t 门式起重机将吸泥总成吊放到钢管桩内,进行抽水工作直到全部排水后,利用高压水冲击淤泥,使淤泥液化后被泥浆泵吸出并排放至停靠在平台一侧的泥浆船上,如图 5-21 所示。

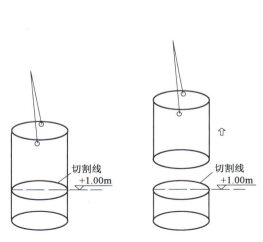
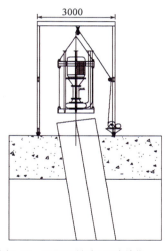

图 5-20　钢管桩割除　　　　图 5-21　吸泥机吊放(尺寸单位:mm)

填芯混凝土灌注过程中要及时测量混凝土面上升高度,保持孔内水头高度,导管埋深保持在 2~6m 范围内。为了确保桩头混凝土强度,通过捣插来提高混凝土密实性。

完成桩填芯后,需对钢桩头进行二次割除及凿除桩头混凝土。破除桩头时应采用空压机结合人工,沿钢管桩顶切割面凿除,上部采用空压机凿除,下部留有 10~20cm 由人工进行凿除。破除工作严禁用起重设备将桩头强行拉断,以免破坏主筋。

3)承台施工

主墩承台混凝土高度为 5m,分两次浇筑,第一次浇筑 2.0m,第二次浇筑 3.0m。在浇筑承台混凝土时,接长布料橡胶导管,减小混凝土的自由落体高度到 2m 以下,以防混凝土在浇筑时发生离析。浇筑时分层厚度严格控制在 30cm 左右。

混凝土采用二次振捣工艺,保证振捣的时间和位置,防止漏振、过振和欠振。采用插入式振动器振捣。每一振捣部位的振捣时间不能过长或过短,应振捣到该处的混凝土停止下沉、不再冒气泡,表面平坦、泛起浮浆为止。对桩基周边的混凝土也加强振捣。

混凝土浇筑到设计高程后,要除去表面浮浆,用木抹进行二次收浆找平。主墩承台分二次浇筑,留有一道施工缝。当承台混凝土的强度达到2.5MPa时,水平施工缝采用人工凿毛,高压气或高压水枪冲洗混凝土表面清除浮浆和松动石子的处理方法,确保结合面为粗糙面。在第二次承台混凝土浇筑前,对结合面进行洒水湿润。

4)塔座施工

塔座模板由塔吊起吊安装,精确定位,固定牢靠,其标准模板图如图5-22所示。混凝土浇筑后,强度达到2.5MPa以上,在白天气温较高时(防止混凝土表面接触冷空气骤然降温),平稳吊装,拆除模板。

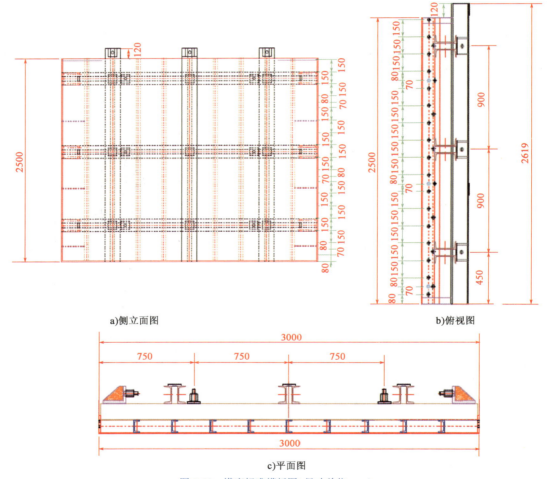

图5-22 塔座标准模板图(尺寸单位:mm)

混凝土浇筑使用布料机直接下料,采用对称浇筑,由塔座中部向上下游、南北侧扩散,增大混凝土的散热面积,减小混凝土水化热的集中程度。混凝土振捣密实,直到混凝土停止下沉、不再冒气泡,表面开始泛浆为止。

混凝土浇筑需连续进行,某一区域的冷却水管被混凝土完全覆盖后,即可将该区域的冷却水管通水,尽量减少新老混凝土的温差,防止混凝土开裂。浇筑完成后,注意混凝土的养护工作,保持混凝土表面潮湿状态。

塔座混凝土停止通水养护后压注水泥浆封孔,将冷却水管伸出部分割除。

5.4 桥塔施工

5.4.1 总体工艺

1)塔柱施工

塔柱总高136m,分28个节段浇筑,其节段划分示意图如图5-23所示。采用两套液压爬模施工,塔柱第1节为起始段,采用搭设钢管脚手架作为操作平台,浇筑完成后,安装液压爬模第一、二层平台并作为塔柱施工操作平台。塔柱第3节开始正式进入液压爬模施工阶段。其中,塔柱第5节与横梁同步浇筑,采用定型钢模板,横梁支架采用大钢管支架+贝雷桁架+分配梁作为支撑结构,其底板采用竹胶板,侧模采用定型钢模。中塔柱与上塔柱结合段施工时,拆除两套液压爬模内侧模板,合并为一套模板继续向上施工。塔柱总体施工流程如图5-24所示。

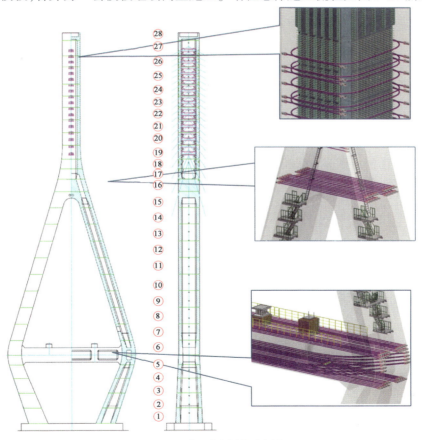

图5-23 塔柱节段划分示意图

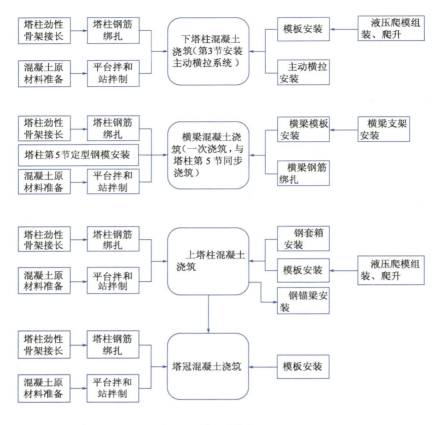

图 5-24 塔柱总体施工流程

2)预应力

塔柱的施工还包括预应力张拉工程。预应力分布在主塔的下横梁、塔柱交汇段及上塔柱环向位置。工艺流程如图 5-25 所示。

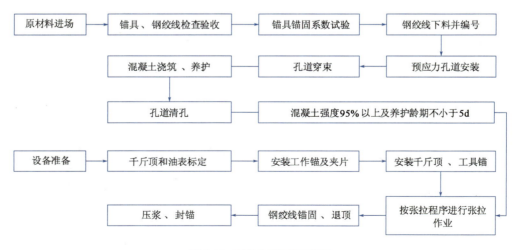

图 5-25 预应力总体施工流程

5.4.2 施工准备

1）场地与设备规划

主墩采用孤岛施工，因此需要满足主墩施工时现场加工、物料运输、办公、混凝土拌制等功能要求。主要设置2台塔式起重机、1台混凝土拌和站、2台固定式起重机、1台拖泵和1台工业用水处理装置。

由于主墩采用孤岛施工，材料需由货船将南岸陆上加工好的材料运至主墩平台。因此，需在南岸设置材料装卸点。南北两岸人员来往通过交通船进行运输（北岸不设材料装卸点）。采用1台平头塔式起重机进行岸上与船上货物的装卸。

2）通道布置

塔柱施工阶段人员上下通道分为两个阶段，下塔柱至横梁施工阶段，采用梯笼，中塔柱及上塔柱施工采用施工电梯。施工电梯布置在主塔东西两侧轴线，斜向布置，附着在塔柱上。

下塔柱及横梁人员上下通道采用梯笼，梯笼沿塔柱南侧布置。横梁以上部位采用施工电梯。施工电梯沿塔柱东侧布置，穿过塔吊扶墙。东侧施工电梯从中塔柱布置至塔顶，西侧从塔内爬梯上人，如图5-26所示。

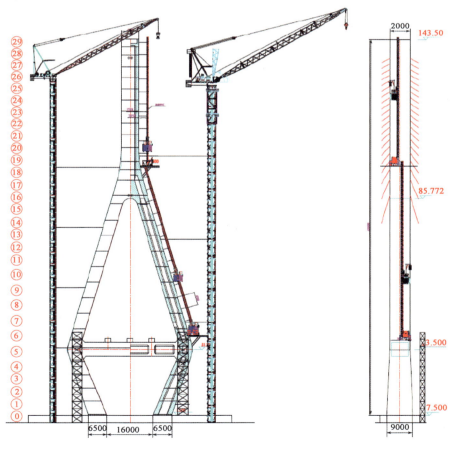

图5-26　人员通道布置（尺寸单位：mm）

3）模板系统的精细化设计

模板系统采用液压自爬模系统，模板体系由21mm进口板（整板尺寸1.22m×2.44m）、H20木工字梁、横向背楞和专用连接件组成。由于模板体系板件与连接件的数量众多，在设计与拼装过程中容易产生信息丢失，从而导致模板体系难以达到预计的强度、刚度，进而影响塔柱的施工质量。本项目采用三维可视的精细化设计方法，以更为直观的表现形式，有效地避免了人因失误，为设计与施工精度提供保障技术。模板体系的三维设计如图5-27所示。

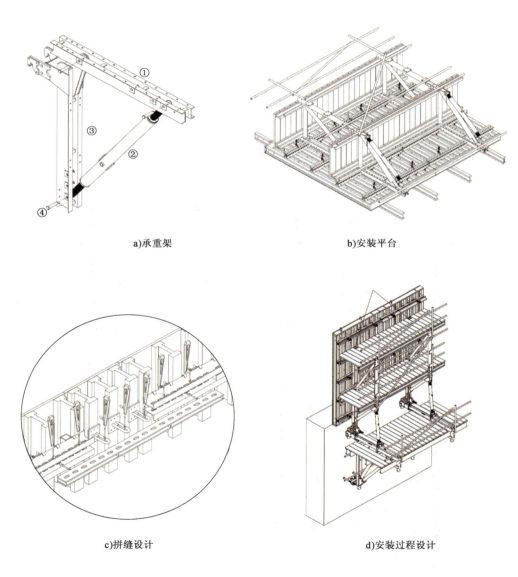

a) 承重架　　b) 安装平台

c) 拼缝设计　　d) 安装过程设计

图5-27　模板体系的三维设计

5.4.3 施工方法及技术措施

1）塔柱施工

塔柱采用两套液压爬模施工，分29个节段浇筑。1~4节为下塔柱，第5节为横梁，6~15节为中塔柱，16~28节为上塔柱，第29节为塔冠。塔柱第1节为起始段，采用搭设钢管脚手架作为操作平台，浇筑完成后，安装液压爬模第一、二层平台并作为塔柱施工操作平台，如图5-28所示。塔柱第3节开始正式进入液压爬模施工阶段。其中，塔柱第5节与横

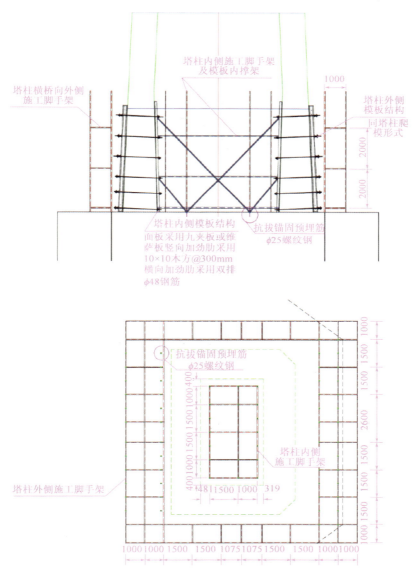

图5-28 塔柱第1节操作平台布置（尺寸单位：mm）

梁同步浇筑,采用定型钢模板。横梁底板采用竹胶板,侧模采用定型钢模。中塔柱与上塔柱结合段施工时,拆除两套液压爬模内侧模板,合并为一套模板继续向上施工。塔内模板采用木模。

2）液压爬模

液压自爬模的动力来源是自带的液压顶升系统,液压顶升系统包括液压油缸和上下换向盒,换向盒可控制提升导轨或提升架体,通过液压系统可使模板架体与导轨间形成互爬,从而使液压自爬模稳步向上爬升。液压爬模结构如图5-29所示。

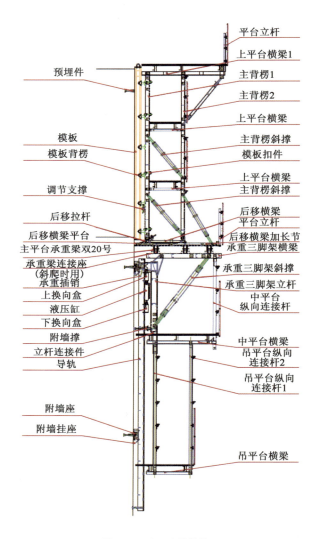

图5-29 液压爬模结构

3）混凝土浇筑

塔柱的施工自下而上主要分为4个阶段,分别为主塔下塔柱浇筑、主塔下横梁浇筑、主塔中塔柱浇筑及主塔上塔柱浇筑。主塔塔柱施工均采用爬模施工方式。下横梁采取落地式钢管支架一次浇筑施工,整个支架采用 2 排 3 列钢管立柱,下塔柱内侧设置牛腿参与共同受力(图 5-30)。2018 年 12 月 28 日,主塔下塔柱及横梁浇筑完成。

图 5-30 主塔下塔柱及横梁浇筑施工

2019 年 5 月 18 日,主塔中塔柱交汇段完成施工,上塔柱及塔冠于 2019 年 11 月 15 日完工。从完成浇筑的节段来看,节段表面完整、直顺,没有明显可见裂缝出现,建造品质得以充分体现,如图 5-31 所示。

4)预应力张拉

预应力钢束采用张拉力与伸长量双控,锚下控制张拉力 $\sigma_{con} = 0.75 f_{pk} = 1395 \mathrm{MPa}$,同时根据预应力钢绞线的长度,对下横梁初应力值进行调整。张拉采用两端张拉,上塔柱环向预应力张拉顺序由下至上进行。

在张拉过程中,按照张拉顺序,使用两台千斤顶分别在两端同步进行张拉,及时测量伸长量。伸长量可以量测千斤顶的液压缸外露长度,也可以量测钢绞线的长度。张拉结果采用控制张拉力和伸长量双控,以控制张拉力为主。张拉完成后,进行预应力孔道压浆,并进行端头封锚工作。

图 5-31 主塔中塔柱及上塔柱浇筑施工

5.5 主梁及斜拉索施工

5.5.1 总体工艺

1）主梁

主梁施工包括施工准备、节段制造、节段安装三个环节，各环节工序流程如图5-32所示。

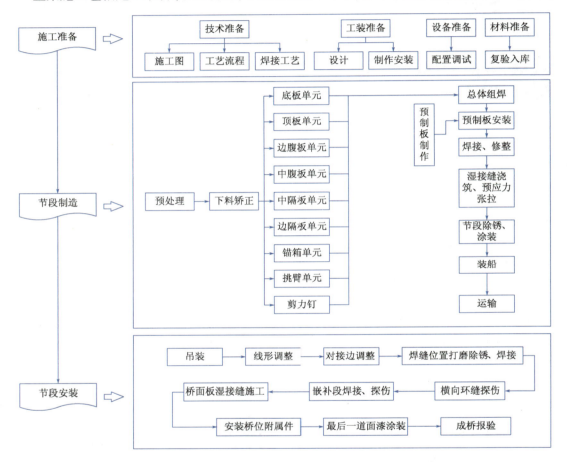

图5-32 主梁施工工艺流程

主桥钢—混凝土叠合梁节段安装拟分为三个部分：边跨段（锚墩至过渡墩）支架上梁段安装、近塔段（零号块）梁段安装、水上悬臂标准梁段安装。其中，临时搁置在支架上的梁段即支架区梁段（边跨区梁段、近塔区梁段）利用大型浮吊分段吊装，标准梁段（包括合龙段）则利用桥面吊机吊装，施工示意图如图5-33所示。

2）斜拉索

本工程采用中央双索面竖琴扇形布置形式，两横向间距为1.1m。采用单丝涂敷环氧层钢绞线，标准强度为1860MPa，双层聚乙烯（PE）护套防。全桥合计84根斜拉索，拉索规格共有5种。拉索体系在预埋管内安装置式高性能阻尼器，利用橡胶来耗减震。斜拉索梁端通过钢锚箱固于钢主梁中间箱室,纵向索距为9m。在塔上1~3号索为锚齿块方式锚固,4~21号索采用钢锚梁固,竖向间距为2m。斜拉索施工工艺流程如图5-34所示。

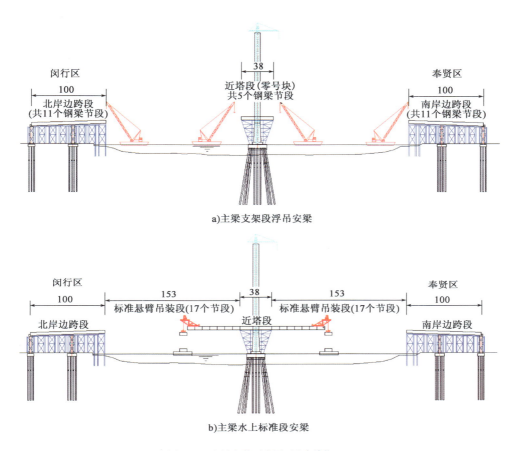

图5-33 主梁安装示意图(尺寸单位:m)

3)总体施工流程

主梁与斜拉索的总体施工流程(图5-35)为:

(1)架设边跨和中跨的滑移支架,同时安装滑道、滑靴、施工平台、滑移设备等,为后续梁段架设做必要的准备。

(2)滑移支架架设完毕后,边跨采用浮吊依次吊装B29~B19梁段至边跨的滑移支架上,通过滑移千斤顶将其滑移到位,并利用液压千斤顶调节梁段的横桥向位置。

(3)近塔B0-1、B0-2、B1梁段也是利用浮吊将其吊至主塔滑移支架上,B0-1安装位置处在主塔下横梁上,浮吊未能将B0-1梁段吊装到位,还需利用滑移千斤顶将B0-1梁段滑移到位,调整好横向位置后,利用竖向千斤顶将其落至支座上,B0-2和B1梁段直接采用浮吊吊装到位。

(4)B0-1、B0-2、B1梁段安装完毕后,安装B1梁段斜拉索,在完成斜拉索张拉后,进行湿接缝浇筑,强度达标后,进行桥面吊机拼装,同时对边跨梁段B29~B19进行连接。

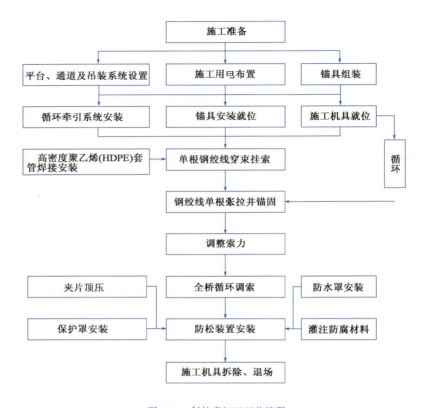

图 5-34 斜拉索施工工艺流程

（5）桥面吊机悬臂吊装钢梁，由跨中向边跨方向同步吊装，桥面吊机拼装完毕后，将桥面吊机前移至 B2 梁段吊点，下放吊具至运梁船，与 B2 梁段进行吊点相连接，以 B2 梁段作为试吊梁段，试吊实验完成后，将 B2 梁段吊起。

（6）B2 梁段吊装到位进行梁段对接，临时固定完毕后，安装斜拉索，并且进行张拉，待张拉完毕后，浇筑湿接缝，另外主塔也继续施工，保证下一个节段能安装斜拉索。

（7）重复步骤五和步骤六，桥面吊机继续对称吊装钢梁。

（8）安装两侧合龙段，焊接合龙。

5.5.2 施工准备

1）桥面吊机选型

本次主梁悬臂段吊装采用以液压提升千斤顶为提升设备，钢绞线为力系承载的桥面吊机，左右各两台，布置如图 5-36 所示。1 套吊机由两台提升千斤顶进行同步加载提升，吊机后锚锚固于桥面上，利用吊耳作为锚固点。

步履式桥面吊机结构主要由吊机主体桁架、行走机构、支锚机构、调位系统、吊具、提升千斤顶、收放线装置、液压泵站及电气控制系统组成，具体如图 5-37 所示。

第5章 跨江主桥建造品质提升技术

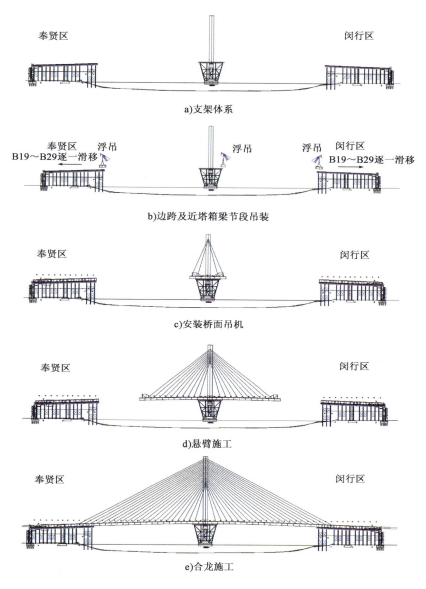

图5-35 总施工流程示意图

2) 浮吊吊装用主梁吊耳设置

主桥支架段主梁采用浮吊吊装就位,为优化吊装流程,支架段主梁吊耳均设置于每节梁段中心位置,每段梁共4个吊点,横桥向间距2.2m,纵桥向间距4.5m,采用浮吊主吊钩及配套吊索具直接连接起吊安装,不再另行设置吊架。

3) 桥面吊机吊装用主梁吊耳设置

主桥水上悬臂段主梁采用桥面吊机吊装就位,悬臂段主梁吊耳根据桥面吊机自有吊具结构设置,每段梁共8个吊点。每个吊耳底板设置8个孔位,穿过预制桥面板,采用8根10.9级高强螺栓与钢梁顶板栓接。

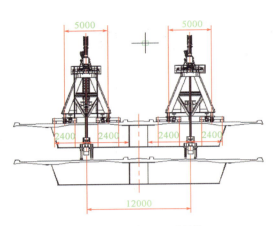

图 5-36　塔面吊机布置(尺寸单位:mm)

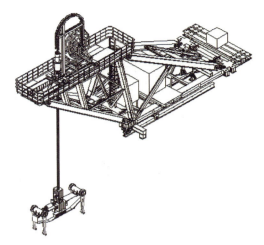

图 5-37　桥面吊机结构

5.5.3　施工方法及技术措施

1）施工技术储备

（1）超宽预处理线应用技术

用于本项目的两条板材预处理线,最大加工宽度 4.5m。加大了板单元的宽度,最大限度减少对接焊缝数量,确保质量。

（2）板单元生产自动化技术

板单元全面实现自动化生产,自动除锈、定位组装、自动焊接。在 U 形肋组装机上组装 U 形肋,在门式多电极自动焊接专机上焊接,保证焊接质量及外观要求,如图 5-38 所示。

a)板单元自动除锈设备

b)U 形肋自动组装

图 5-38　自动生产设备

（3）U 形肋坡口的加工技术

8mm 板厚的 U 形肋采用等离子切割机或门式切割机精切下料,用双面坡口加工机加工两长边,在双机联动数控折弯设备上折弯成型,使其满足技术标准要求。U 形肋采用双定尺材料,确保单个节段 U 形肋的使用长度。具体包括:钢板经预处理滚平后喷涂车间底漆;采用等离子切割机或门式切割机精切下料,两长边留出刨量,长向预留一定的收缩量;在划线平台上划出纵、横基线(长度分中线)及两长边加工线;双面坡口加工机上加工两长边坡口;在数控折弯机上压制成型(U 形肋钢衬板按理论尺寸下料后直接压制成型);在平台上对 U 形肋进行检测,主要检测 U 形肋的扭曲及旁弯,并进行修整;对 U 形肋焊接边打磨除锈,并对其内侧底漆损坏部位进行补涂。U 形肋加工流程如图 5-39 所示。

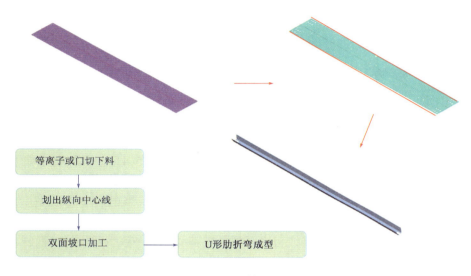

图 5-39　U 形肋加工流程

2)"三纵一横"基准法组装与叠合

钢箱梁制作时以总拼胎架为外胎,以横隔板为内胎,通过测量塔和横向基准线即"三纵一横法",控制板单元及块体(部件)就位,在尽可能少的码板约束下施焊。"三纵一横法"组装与叠合工艺如图 5-40 所示。

待胎架上的梁段组焊完成后,在预拼装胎架上吊装叠合预制板、浇筑工厂湿接缝 C55 混凝土,满足"混凝土养护双控指标"后,进行预拼装作业。

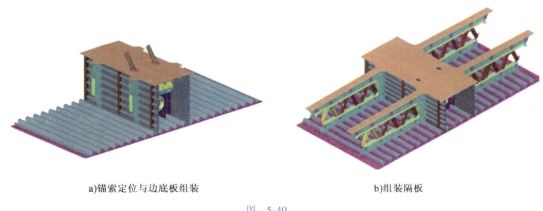

a)锚索定位与边底板组装　　　　　　　　b)组装隔板

图　5-40

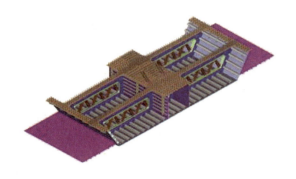
c) 组装腹板单元与挑臂单元

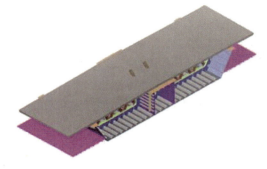
d) 预制板叠合与预应力作业

图 5-40 "三纵一横法"组装与叠合工艺

3) 胎架预拼装

本桥采用实桥式预拼装以模拟桥位架设状态，即按照桥位架设线形在胎架上依次摆放各梁段，待各项预拼装尺寸检测合格后，组焊桥位定位匹配件（图 5-41）。具体要求如下：

(1) 严格按预拼装胎架上的纵横基准线摆放复位段，同时控制复位段高程要求。

(2) 在每个梁段纵横基线的交点处架设全站仪，根据纵基线修正梁段横基线。

(3) 采用全站仪或激光经纬仪，以独立于胎架的稳固测量基准点检测梁段纵基线位置，若超差则调整梁段空间位置，使其纵基线与中间测量塔基线位置一致，各梁段位置经检查合格后用临时件连成整体。

(4) 待节段全部就位后，以顶板为基准检查线形、长度及工地环缝间隙等。

(5) 用盘尺检测相邻梁段横基线间距，量测两点取平均值，以此确定梁段接口间匹配件的安装位置。待各项检查合格后，组焊临时匹配件。

(6) 组装匹配件后，以中间测量塔确定的纵基线为基准，划出桥位组装对位线，作为桥位精确对位的基准。

4) 边跨支架段主梁安装

边跨支架段需滑移梁段（南、北岸各 11 节段）共计 22 段。支架段梁段均采用大型浮吊 + 千斤顶水平滑移系统分段吊装滑移就位，并完成线型调整及焊接。具体做法为：

(1) 在边跨支立支架体系，在支架体系上设置滑移，每节梁段下设置 8 个滑靴，通过长行程千斤顶作用于滑靴，将钢梁滑移至目标位置。

(2) 由黄浦江运输箱梁节段至桥位，采用浮吊将箱梁节段安放在滑靴上，通过滑移千斤顶顶推滑靴，推动箱梁节段向边墩侧滑移。

(3) 利用千斤顶进行调整梁段线形，同时侧卷扬机牵引系统将滑移千斤顶和泵站倒回原处，进行后续节段的滑移。

(4) 焊接相邻箱梁节段，并持续安装其他节段，最后两个节段可直接采用浮吊吊装就位，无须滑移。

吊装安装梁段施工示意图如图 5-42 所示。采用滑移安装方式具有效率高的优点，于 2019 年 7 月实施，工期持续约 91 天，南侧现场安装如图 5-43 所示。

第5章　跨江主桥建造品质提升技术

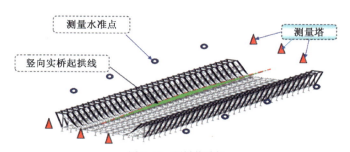

图 5-41　预拼装胎架

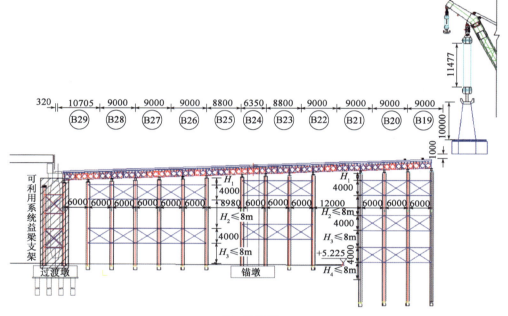

a)第一梁段吊装(B29)

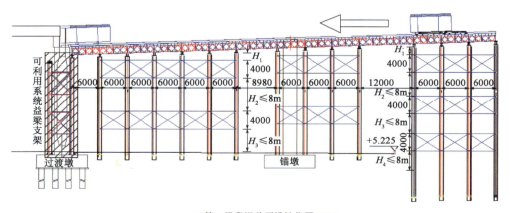

b)第一梁段滑移至设计位置(B29)

图 5-42　梁段滑移施工示意图(尺寸单位:mm)

图 5-43　南岸边跨吊装滑移

5）近塔支架段主梁安装

本工程主桥近塔支架段主梁共计 5 个节段,编号为 B0-1、B0-2×2、B1×2,均采用大型浮吊吊装就位,通过千斤顶完成线型调整,并焊接形成整体,如图 5-44 所示。B0-1 段由于被临时结构阻挡,采用结合滑移入位方法进行施工,其余近塔支架段主梁均直接吊放到位。完成所有梁段吊装后,通过边跨顶推辅助,完成主桥合龙。

主梁 B0-1 梁段于 2019 年 7 月 7 日成功吊放(图 5-45)。边跨及近塔支架段主梁安装于 2019 年 10 月 21 日全面完成施工。

6）水上悬臂段主梁安装

主梁水上悬臂标准梁段(包括合龙段)利用桥面吊机同步对称吊装。桥面吊机安装位置位于主梁中线横桥向 6m 处,单侧上下游各安装一台桥面吊机,两台桥面吊机中心间距 12m。桥面吊机吊装钢梁时主塔并未封顶,采用塔梁同步的施工方法,在近塔支架段主梁安装完毕后,在梁段上拼装桥面吊机,采用由主塔向边跨对称吊装的施工工艺,吊装就位后与已安装梁段焊接连接,安装斜拉索并张拉,随后进行湿接缝浇筑工作。按照以上步骤逐步完成水上悬臂段所有梁段安装施工。

2019 年 9 月 27 日,开始浮吊配合桥面吊机施工阶段,2020 年 5 月 16 日完成施工。如图 5-46 所示为悬臂施工过程照片。

7）斜拉索安装及张拉

(1)斜拉索下料

斜拉索的下料长度根据监控指令确定的数据进行下料。下料时,盘索吊装采用软吊带进行吊装。在钢绞线脱盘过程中,采用支架支撑钢绞线,支架与钢绞线之间穿塑料软管做防护。

(2)HDPE 安装

焊接完成第一个节段的 HDPE 管,尾端装好 PE 管抱箍和钢丝绳,用卷扬机牵引(图 5-47)。牵引到位后预留一部分在桥面上,端部临时固定。第一节段尾部与第二节段端部焊接。

首根钢绞线的安装是为了把 HDPE 管张拉至绷直状态。把首根钢绞线下料剥皮完成并通过人工穿过整根 HDPE 管后,利用索夹及钢丝绳把钢绞线与 HDPE 管锚固,采用塔吊起重设备吊装至塔外后,通过连接装置连接完成后牵引至塔内夹片进行锚固。最后,采用千斤顶张拉至钢绞线使 HDPE 管呈绷直状态完成安装。

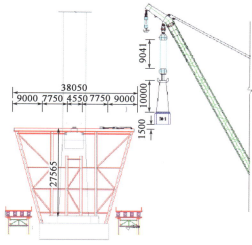

a)吊装B0-1梁段

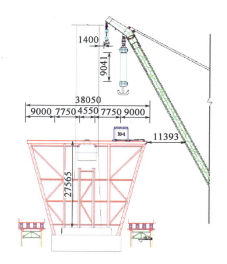

b)B0-1梁段滑移到位

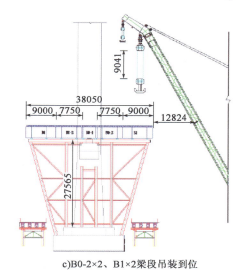

c)B0-2×2、B1×2梁段吊装到位

图5-44 近塔主梁吊装图(尺寸单位:mm)

图5-45 B0-1梁段吊放

图 5-46　悬臂段吊装滑移

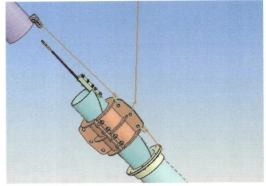

图 5-47　HDPE 管吊装

(3) 锚具安装

将锚具内壁进行清洗,后重新组装。

经检查孔位一一对应后,把密封板与延长筒、延长筒与支承点焊固定,以防施工过程中松动错位,留下隐患。张拉端锚固位置调整,要求有效可长度全落在螺母底面下。

安装前,先清理锚垫板、预埋管内杂物,注意下端排水槽。如有未被使用的锚孔,应作相封堵以防注浆时泄露。张拉端和固定锚孔按每排水平列,两两相互对应不得有错位现象;锚具中心线与垫板保持一致,两者偏差不得超过 5mm。

(4) 挂索

由于塔梁同步,主塔未封顶时,塔顶穿索机不能布置,此时采用单循环牵引挂设法单根挂索。将 1 根预备钢绞线装入高塔穿索机滚筒内,钢绞线一端从滚筒出口穿出直至塔顶标记点为止;用连接器将剩余的预备钢绞线头尾连接并穿入 PE 软管内,钢绞线露出管口一段距离,将钢绞线与 PE 软管用钢丝绑扎固定;连接好的预备钢绞线及 PE 软管用钢丝绳牵引至塔顶,牵引钢绞线与高塔穿索机滚筒的钢绞线用连接器连接,拆除 PE 软管与钢绞线,并将 PE 软管端头固定在塔顶支架上,另一端固定在梁面;从梁面放线架上牵出钢绞线,断料、墩头,用连接器与预备钢绞线连接;移动下料平台,使台式切割机上的切割片端面与钢绞线断口对齐,固定下料平台;开启高塔穿索机进行穿索,当第 1 根预备索钢绞线与第 2 根钢绞线的连接位置到达塔顶标记点位置时,记好重合面,如图5-48所示。

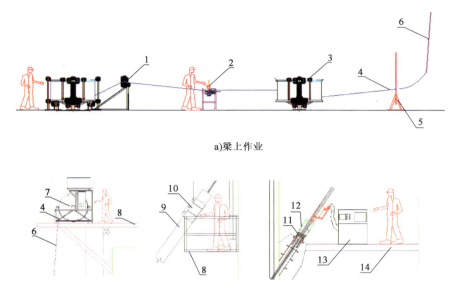

图5-48 挂索操作

1-放线架;2-下料平台;3-放索架;4-钢绞线;5-安全挡板;6-塑料软管;7-穿索机;8-建筑吊笼;9-HDPE管;10-PE管抱箍;11-锚板;12-单根张拉支座;13-单根智能张拉系统;14-塔内施工平台

塔上人员停机穿梭机,用对讲机联系梁面人员在下料平台上断料,钢绞线在镦头器上墩头,用连接器连接两根钢绞线。梁面人员对讲机联系塔上人员继续穿索,直至下一根钢绞线的连接位置到达塔顶标记点处,断料、墩头、穿索、顶紧,重复以上动作直至完成整束斜拉索的穿索。

(5)张拉

由于塔内空间不足及张拉设备与锚具的干涉,采用单根张拉方式进行拉索张拉,如图5-49所示。第一根钢绞线穿挂后,在固定端装夹片。在张拉端张拉支架内穿过测力传感器作为对比传感器,以及临时锚具。

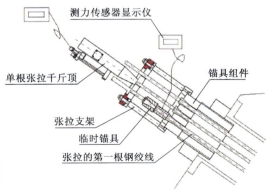

图5-49 单根张拉示意

张拉第一根钢绞线至设定值的40%后,进行临时锚固、千斤顶卸载。随后进行第二根钢绞线的穿挂,张拉至与第一根钢绞线相同力值后,在拉索锚头锚固,并以同样的方式完成剩余所有钢绞线的张拉。钢绞线的张拉分为3次,第一、第二次分别按照设计张拉值的40%、80%进行控制,第三次根据监控进行索力修正。

(6)调索及减震装置安装

整体调索工况、次数、顺序、控制索力及调索部位均根据指令进行。在全桥调索完成后,将减震器固定于预埋管上。

(7)拉索防护

索体外用HDPE圆管防护。减震器固定后,固定预先套在管外的防水罩,与两段预埋管连接,保护索体。锚头内钢绞线采用防腐密封胶,用注浆泵压进锚具内进行防护。锚具外安装保护罩。

8)合龙施工

合龙段B18采用先焊接近塔侧焊缝形成整体,然后张拉拉索调整高程,再焊接与边跨支架段的接缝的方法。考虑到合龙口姿态为倒八字形,且受索力影响产生竖向位移,为避免与已安装节段发生碰撞,故将合龙段多配切,减小合龙段的尺寸,待高温时刻合龙口缩小后,再行焊接完成合龙。由于边跨为滑动支座,高温合龙对结构体系无不利影响。具体步骤:

(1)当吊机完成B17梁段的吊装后,定位、焊接B17与B16节段环口。24h连续观测B17与B19节段间里程、高程、轴线数据,并记录测量当时的大气温度与箱室内的温度。

(2)对B18节段进行配切,考虑悬臂端15mm焊缝、合龙焊缝长20mm、合龙口温度变形25mm,配切尺寸设定为60mm;配切完成后装船并运至桥位。

(3)根据当天最低温度(合龙口最大距离)将B18节段吊入合龙口与B17节段定位、焊接、湿接缝浇筑、斜拉索安装并一同张拉。

(4)准备工作完成后,根据当天最高气温进行自然合龙,焊接环口。解除主墩临时固结及边跨支座限位。

(5)合龙后,连接B18节段与主梁支架段桥面纵向预应力,浇筑湿接缝混凝土并张拉。二次张拉B18节段斜拉索,逐根安装B19-B21斜拉索并张拉,由B17向B13逐根对斜拉索二次张拉。同时完成支架段墩顶现浇混凝土桥面板施工。

合龙焊缝对两侧高差要求较为严格,采用索力与配重双控的方式,对高程进行主动控制。索力方面,控制合龙前一日斜拉索100%张拉时机,在最后10根钢绞线张拉前控制在下午3点后张拉,拟合合龙时的高程,当达到合龙高程后暂时停止张拉,待合龙后再将剩余钢绞线张拉完成。配重方面,在合龙当天若高程不能达到合龙高程(理论上高于合龙高程)时,采用钢绞线在梁段上进行配重,以达到合龙高程。

在合龙过程中,主梁悬臂段随温度的变化而体现出里程和高程上的变化,根据计算,按10℃温差,水平力为2×10^4kN,竖向力为620kN。水平力方面,主梁在滑道上的启动力为9400kN;主梁边跨支架弹性变形水平位移25mm所需的水平力为1750kN。因此,合龙后受热胀冷缩水平力的影响将被主梁边跨支架的弹性变形所消除。

按焊接2h内温度变化为3℃计算,产生的竖向力为186kN,水平力按支架"阻力"1750kN,以此为控制开展焊缝的安全性检算。经计算2h内焊接中腹板2m长度焊缝,可承担14750kN

拉力,完全满足温度变化要求。合龙施工现场照片如图 5-50 所示。

a)俯视

b)正视

图 5-50 合龙施工现场照片

5.6 施工控制

5.6.1 控制目标

桥梁设计图纸只是理想目标,从开工到竣工,整个为实现设计目标而必须经历的过程中,将受到许多确定和不确定因素(误差)的影响,包括设计计算、材料性能、施工精度、荷载、大气温度等诸多方面在理想状态与实际状态之间存在的差异,施工中如何从各种受误差影响而失真的参数中找出相对真实之值,对施工状态进行实时识别(监测)、调整(纠偏)、预测,对设计目标的实现是至关重要的。

监控的最终目标是使成桥后的线形、应力与设计值的误差均控制在规范规定和设计要求的范围之内,针对主梁、桥塔、斜拉索等构件的控制类目及控制值见表 5-11。

控制目标　　　　　　　　　　　　　　表 5-11

序号	构件或部位	控制项目	控制目标	
			控制类目	控制值
1	主梁	桥面轴线	平面线形	$\pm L/20000$ mm(± 14 mm)
2		行车道宽度	平面线形	± 10 mm
3		桥梁长度	平面线形	-50 mm,$+30$ mm
4		桥头高程衔接	高程线形	± 3 mm
5		主桥高程	高程线形	最大 $\pm L/4000$(主跨跨中 ± 70 mm,边跨、协作跨 ± 30 mm),且应保持平顺
6		各断面	应力	160MPa
7	桥塔	塔顶	平面线形	$\pm H/3000$ 且不大于 20mm
8		各断面	应力	$\pm 20\%$
9	钢绞线斜拉索		应力	$\pm 10\%$
10		索力	安全系数	施工阶段,≥ 2.0 成桥状态,≥ 2.5

5.6.2 控制方法

1) 桥塔施工控制

塔柱施工期间结构简单,受力并不复杂,只要按照预定的施工工序及加载方式进行施工,内力即可达到控制的要求,因此控制的直接目标是塔柱的外形尺寸,当外形达到要求后,内力目标自动实现。塔柱将进行如下目标的施工控制:塔柱立面垂直度的控制;塔柱高程控制;斜塔肢横向倾斜角度的控制;索塔应力控制。

桥塔在控制中需要考虑基础沉降效应对高程进行修正,因此需开展基础沉降的观测与规律分析工作;此外针对倾斜塔柱的横向变形采取一定的预偏措施,计算需要利用较为准确的材料弹性模量以及临时横撑的刚度系数。

2) 主梁施工控制

首先充分考虑桥梁施工全过程的荷载与边界条件的变化,考虑混凝土徐变收缩以及结构几何非线性影响,开展施工全过程仿真计算,以计算结果确定主梁的无应力线形。无应力线形区别于设计线形的地方主要在于其对高程以及里程方向进行了预抛,预制基地将按照无应力线形进行加工制造。

其次在主梁安装过程中针对各项误差原因开展分析,以自适应方法修正安装线形,具体包括各项参数的识别与修正、模型调整、模型误差评估以及线形修正等环节,如图5-51所示。

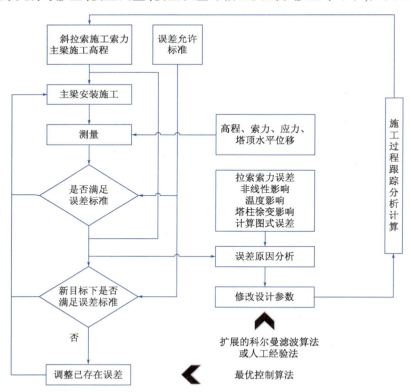

图 5-51 施工控制流程

自适应控制依赖的有限元模型中,主要对混凝土的弹性模量、钢结构的截面刚度、节段的重度、张拉索力等参数进行识别,可先开展一定的敏感性分析,获得基本规律,在实际误差产生后,通过变形、应变、索力多方数据的比对,快速判断偏差环节,采用扩展的卡尔曼滤波算法或者人工经验法对参数量值进行修正。一般重复数节的安装后,即可得到收敛的参数结果。控制模型的建立如图5-52所示。

图5-52 控制模型的建立

数据的稳定性是线形控制的重要保障之一,除提高测量精度外,一般情况下应采取限制钢箱梁安装定位和测量时间来避免温度效应影响,将线形和索力测量工作严格控制在温度相对稳定的00:00~6:00内完成。

线形控制断面支架存梁段设置3个断面,悬臂施工段每节梁端设置一个监测断面,断面与测点布置如图5-53所示。为保证成桥线形平顺,在施工阶段的定位高程误差应控制在±5mm以内,主梁轴线与已完成相邻梁段的轴线偏差在±2mm以内。

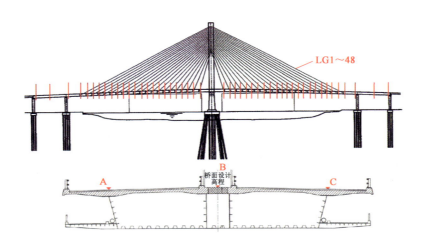

图5-53 主梁线形控制断面及测点位置

应变测试不仅起到验证成桥状态与设计状态符合度的作用,在施工过程中也起到多方数据校验、快速锁定误差来源的作用,针对近塔根、中跨跨中、墩顶与边跨跨中开展应变测试工作,每个断面在钢梁上布置应变传感器,如图5-54所示。

3)斜拉索施工控制

斜拉索控制采用无应力长度法,首先考虑垂度效应计算得到斜拉索的无应力索长,考虑穿索与张拉需要的工作长度等,计算提供下料长度。在张拉过程中以引伸量控制拉索长度,将索力值作为参考,将主梁的高程作为校验参数之一。

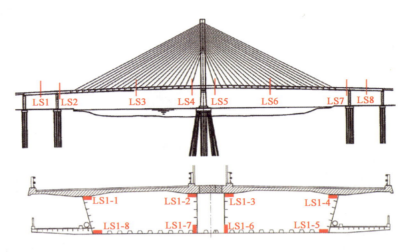

图 5-54　主梁应变控制断面及测点位置

实际操作规程中通过测量标记相对套筒出口的相对移动距离即可得到斜拉索伸长量,换算后即可得到张拉力。同时,本桥可通过引伸量和千斤顶液压数据的互相比对,实现对索力的精确控制。

为保障成桥阶段索力偏差满足本项目控制需求,斜拉索张拉后的容许的误差设定为 ±5%,采用油表记录值与引伸量推测误差,采用磁通量法对索力进行抽检,共选取 20 根拉索(约 1/4 数量的拉索)布置磁通量传感器,如图 5-55 所示。

图 5-55　磁通量传感器布置位置

5.6.3　预警及应急策略

虽然在施工监控开始前期进行了大量的、精确的结构分析,得到了桥梁的各项施工监控参数,按照此控制数据进行施工一般能够得到较为理想的结果。但是,由于桥梁结构及施工过程的复杂性,不可避免地产生误差。

在施工监控工作中专门设置异常情况警戒线,当结构实际响应的偏差超出警戒线时,即认为出现了异常情况。异常情况包括:

(1) 混凝土结构出现拉应力,或压应力超过计算值的 20%。
(2) 钢结构应力超出允许应力,或应力相对于计算值偏差超过 20%。
(3) 索力安全系数降至 2.5 以下,或相对于计算值偏差超过 20%。
(4) 施工过程中主塔、主梁线形偏差超出允许范围。

出现上述异常情况时,施工监控方将立即发出停工令,并判断异常情况出现的原因,将此异常情况及其初步判断作为重大问题向施工监控协调小组汇报,召开各方联席会议,对异常情况原因做出结论,在保障施工过程安全与成桥状态的前提下采取有效措施,改善结构内力,调整结构线形。

5.6.4 信息系统

采用了监控团队研发的信息系统开展施工控制,系统采用"互联网+"与"建筑信息模型(BIM)"进行架构,引入机器辅助研判方法,提高监控的精度与效率,如图 5-56 所示。

图 5-56 闵浦三桥监控信息平台

(1) "互联网+"模式具有更高的兼容度

"互联网+"模式可以适用于个人计算机(PC)、手机互联网(Web)端、掌上电脑(PDA)等多种终端,兼容程度高,只需要接入互联网,即可访问信息及功能。

(2) "BIM"技术具有更高的信息集成度与信息传递效率

采用网页内嵌入"BIM"模型,对关键信息进行可视化展示,拓展了信息展示的维度,具有更高的信息集成度。其友好的信息呈现界面也会提高信息的传递效率。

(3) 机器辅助研判提高工程品质

人因是影响工程品质的主要因素,采用机器辅助研判的方法,能够提供更为稳定的技术服务。辅助研判包括质量、进度的统计信息,质量问题或进度问题的溯源等方面。

大数据分析方法以及机器学习,是提升生产力的必然发展方向,监控系统中的机器辅助研判也为数据分析方法、机器学习积累了大量的素材,可以为后续方法的开发奠定基础。

5.6.5 控制成效

施工控制于 2018 年 9 月开始,于 2020 年 9 月结束,按既定方案开展全过程监测控制,取得了品质性的控制效果。

（1）主梁线形

合龙前合龙口两侧高差在 2～16mm 之间，小于最大允许误差 ±20mm，合龙精度达到要求，见表 5-12。

合龙高程及误差表（单位：m）　　　　　　　　　　　　表 5-12

位置		上游		下游	
		N19	N18	N19	N18
小里程（闵行侧）	计算值	34.860	34.555	34.859	34.555
	实测值	34.872	34.569	34.863	34.571
	线形误差	0.012	0.014	0.004	0.016
	合龙误差	0.002		0.012	
位置		上游		下游	
		S19	S18	S19	S18
大里程（奉贤侧）	计算值	34.860	34.562	34.868	34.562
	实测值	34.863	34.563	34.870	34.551
	线形误差	0.003	0.010	0.002	0.011
	合龙误差	0.007		0.009	

考察铺装前裸梁线形误差，误差在 −49～+54mm 之间，满足 ±70mm 的控制要求，如图 5-57 所示。

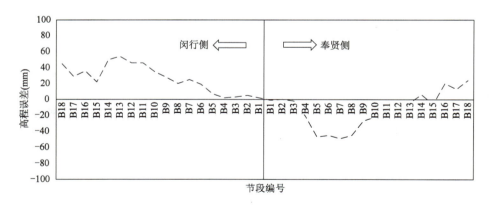

图 5-57　线形误差分布图

（2）拉索索力

实测索力与理论索力误差在 −240～+135kN 之间，如图 5-58 所示。

索力相对误差在 −6.2%～+4.3% 之间，满足 ±10% 的控制要求，如图 5-59 所示。

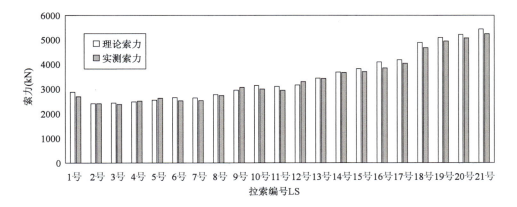

图 5-58　索力分布图

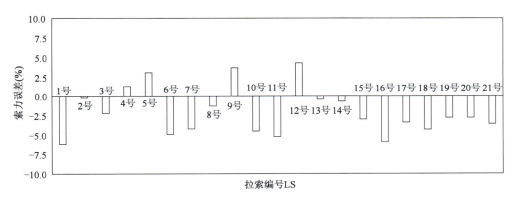

图 5-59　索力误差分布图

(3)塔、梁内力

主塔应力误差在 -1.2~+1.0MPa 之间,与理论计算值偏差在 20% 以内;主梁钢梁应力误差在 -14.9~+17MPa 之间,与理论计算偏差在 20% 以内,且峰值应力不超过 160MPa。施工全过程的应力监测表明,主塔及主梁的内力满足控制要求。

综上,主桥成桥线形与内力控制符合预期目标要求,索力及线形误差显著小于控制误差,建造品质得到保障与提升。

第 6 章
装配化引桥建造品质提升技术

6.1 预制基地建设

基于本项目建造特点,装配式建造可以满足工程污染少、建造速度快的需求。为运输便利,本工程选取了合适的位置作为建造预制构件的预制基地,同时预制基地考虑为永久基地,为周边地区长期稳定供应预制装配混凝土结构。

6.1.1 场地建设

本工程预制基地位于闵行区马桥镇江川路,南临黄浦江。场地整体呈梯形,东南方向约 270m,南北方向约 375m,总占地约 115 亩(1 亩 = 666.67m²)。场地主要包括预制生产区、钢筋加工中心、混凝土拌和站、办公生活区等。生产区域共设置四条生产线,由东向西依次为 1 号~4 号生产线,其中 1 号、2 号生产线为跨径 40m 的小箱梁生产线,3 号生产线为标准盖梁生产线,4 号生产线为立柱和非标准盖梁综合生产线,4 条线综合产能 10 万 m³/年(图 6-1、图 6-2)。预制基地于 2018 年 4 月开工建设,2018 年 10 月正式投产。

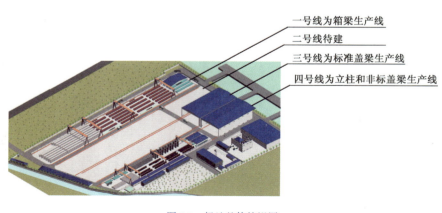

图 6-1 场地整体俯视图

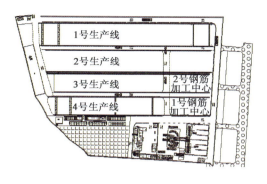 

图 6-2　预制场生产线平面布置与现场照片

混凝土拌和站规划设置两条生产线，配置 $3m^3$ 立轴行星式搅拌机，设置 150t 的水泥筒仓、150t 粉煤灰筒仓、50t 硅粉筒仓、沙石分离机及压滤设备和自动化生产管理系统，预计混凝土每日最大生产量为 $800m^3$，搅拌楼、生产线、砂石料仓均采用全封闭防尘罩，如图 6-3 所示。

图 6-3　混凝土拌和站及料仓

钢筋加工中心规划为南北向 72m、东西向 77.55m 双跨钢结构厂房，约 $5800m^2$，分两期建设，一期已建设完成 4 号生产线（西侧）对应钢筋棚，单跨 $38.775m \times 72m$，约 $2792m^2$，檐口高度 17.5m，配置一台 18t 门式起重机，如图 6-4 所示。

图 6-4　钢筋加工中心

1号生产线现具备2台120t门式起重机、2台25t门式起重机、14条36m底模、3套底腹板钢筋笼胎架以及2套顶板钢筋笼胎架。3号生产线现具备2台150t门式起重机、2台35t门式起重机、10套盖梁底模、3套钢筋笼胎架。4号生产线现具备2台180t门式起重机、1台35t门式起重机、1台25t门式起重机、3个立柱胎架及1个盖梁胎架。

北岸引桥小箱梁运输路线为:预制工厂出厂→进入祥云路→江川路→昆阳路经由临时施工便道至现场安装区域,行驶路程约2km。南岸引桥小箱梁运输路线为:预制工厂出厂→进入祥云路→江川路→华宁路→剑川路→S4→大叶公路→浦卫公路经由临时施工便道至现场安装区域,行驶路程约20km。

6.1.2 生产设备

混凝土拌和站引进砂石分离泥浆污水循环处理系统,对泥浆水进行清洗泵车设备等再利用,如图6-5所示。采用商品混凝土自动化生产管理系统,对投料、拌和等生产过程进行管理,如图6-6所示。

图6-5 砂石分离泥浆污水循环处理系统

图6-6 全自动化生产系统

钢筋加工中心采用了高性能剪切线、弯箍机、数控设备等,如图6-7所示。

a)天津建科GJW1240剪切线

b)施耐尔coil弯箍机

图 6-7

c)施奈尔robomaster45数控弯曲中心

图6-7 钢筋加工智能设备

6.2 建造精度

本工程项目针对桩基、承台与塔座、桥塔分别提出精度控制指标及控制值。

（1）桩基

钢筋笼的制作偏差要求及钻孔桩质量检测要点分别见表6-1、表6-2。

钢筋笼制作精度（单位：mm）　　　　　　　表6-1

项目	主筋间距	箍筋间距	直径	长度
允许偏差	+10	+20	+10	+100

钻孔灌注桩施工精度　　　　　　　表6-2

项次	检查项目			规定值或允许偏差	检查方法和频率	权值
1	混凝土强度（MPa）			在合格标准内	按照水泥混凝土抗压评定标准执行	3
2	桩位（mm）	群桩		100	全站仪或经纬仪：每站必查	2
		排架桩	允许	20		
			极值	100		
3	孔深（m）			不小于设计值	测量绳：每桩测量	3
4	孔径（m）			不小于设计值	探孔器：每桩测量	3
5	钻孔倾斜度（mm）			1%桩长，且不大于500	用钻杆垂线法：每桩检查	1
6	沉淀厚度（mm）	摩擦桩		符合设计规定，设计未规定时按施工规范要求	沉淀盒或标准测锤：每桩检查	2
7	钢筋骨架底面高程（mm）			±50	水准仪：测每根骨架顶面高程后反算	1

（2）承台

承台的施工精度见表6-3。

承台施工精度　　　　　　　　　　　　　　　　　　　　　　　　表6-3

工序	名称	允许偏差	检验方法和频率
基坑开挖	坑底高程(mm)	±10	用水准仪测量
	纵横轴线(mm)	±20	全站仪:纵横各测量2点
	基坑尺寸及放坡	符合设计要求	—
模板	相邻模板表面高低差(mm)	2	尺量:每个构件4点
	表面平整度(mm)	2	2m直尺检查:每个构件4点
	顶面高程	−5~+2	用水准仪测量
钢筋加工及安装	受力筋长度(mm)	±10	尺量:30%抽查
	箍筋尺寸(mm)	±5	尺量:每构件检查5~10个间距
	受力筋间距(mm)	±20	尺量:每构件检查2个断面
	同一截面接头数	≤50%	—
	保护层厚度(mm)	±10	尺量:每构件沿模板周边检查8处
成型后混凝土	混凝土抗压强度(MPa)	符合设计要求	
	断面尺寸(长,宽,高,mm)	±20、±20、+10	尺量:长宽各检查2点,高度4点
	顶面高程(mm)	±10	水准仪:测量10个点
	轴线位移(mm)	15	全站仪:纵横各测量2点
	平整度(mm)	8	2m直尺:检查2个垂直方向,每20m²测1处
	麻面	<1%	每个面检查

(3)墩柱与小箱梁

墩柱与小箱梁的钢筋施工精度见表6-4、表6-5。

钢筋加工精度　　　　　　　　　　　　　　　　　　　　　　　　表6-4

序号	项目	允许偏差(mm)	检验方法
1	受力钢筋全长	±10	尺量
2	弯起钢筋的弯折位置	20	
3	箍筋内净尺寸	±3	

钢筋安装及钢筋保护层厚度精度　　　　　　　　　　　　　　　　表6-5

项目	内容		允许偏差(mm)
受力钢筋间距	两排以上排距		±5
	同排	梁、板、拱肋	±10
		基础、锚碇、墩台、柱	±20
		灌注桩	±20
	箍筋、横向水平钢筋、螺旋筋间距		±10
钢筋骨架尺寸	长		±10
	宽、高或直径		±5
	起弯钢筋位置		±20

续上表

项　　目	内　　容	允许偏差（mm）
保护层厚度	柱、梁、拱肋	±5
	基础、锚碇、墩台	±10
	板	±3

6.3 桩基及承台施工

6.3.1 总体工艺

根据本工程的施工特点和技术要求,结合以往桩基工程中的施工经验,确定使用正循环回转钻进施工方式,具体施工工艺流程如图6-8所示。

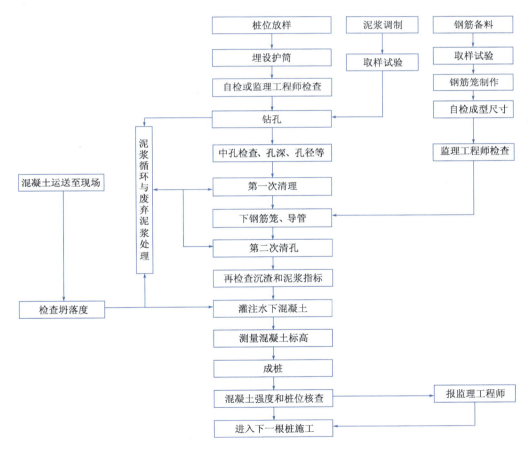

图6-8　钻孔灌注桩施工流程

基坑采用普通钢板桩围护,挖掘机开挖,人工修整;钢筋骨架由钢筋制作场弯配成型,现场绑扎;模板采用定型钢模;混凝土采用滑槽入模浇筑。承台施工流程如图6-9所示。

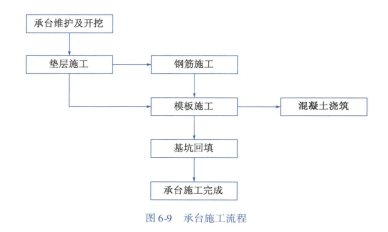

图 6-9　承台施工流程

6.3.2　施工方法及技术措施

1）桩基施工

（1）桩基护筒埋设与钻机定位

根据测绘单位提供的导线点进行引入，先放出由设计单位提供的道路中心线坐标，再放桩位。放样完毕并且经验收合格后方可埋置护筒，护筒埋置后并经工程团队、监理复核方可开钻。本工程钻孔桩护筒拟采用钢护筒，由钢板卷制。

挖埋护筒前，由施工员复核桩位，采用十字交叉法定位，校正护筒。挖埋时，以桩位为中心，以大于桩径 20cm 为直径，划一圆作边界，以此边界往下挖至素土；护筒开挖时应了解清楚地下的管网情况，并且应注意如有下水道，还应用素土严密封堵，防止泥浆泄漏。护筒的埋深宜为 1~2m，护筒与周边土间隙用素土填实，并用钢钎捣实，使护筒稳固周正。注意护筒应比自然地坪高出 30cm，防止清孔时泥块回落孔内。护筒埋设完成后，须在四周埋设 4 根护桩，以利于钻进过程中检验桩位的偏移情况。

钻机安装就位必须保证底座平稳，必须控制好机头钻杆的垂直度与机架平台的水平度，成孔时钻机定位应准确、水平、稳固，回转盘中心与设计桩位中心偏差不应大于 20mm。钻机定位时，应校正钻架的垂直度。成孔过程中钻机塔架头部滑轮组、回转盘与钻头中心应始终保持在同一条垂线上，保证钻头在吊紧状态下钻进。成孔中应经常观测、检查钻机的垂直度、水平度和转盘中心位移。钻机底座前、后必须用枕木垫起，安装稳固，钻进时不能有大幅度的晃动。

（2）桩基混凝土灌注及桩底注浆

事先认真检查混凝土灌注所用导管的圆度、平直度和密封性能。控制导管底部离孔底 300~500mm。混凝土浇筑时，其初灌量应能保证混凝土灌入后，导管埋入混凝土深度不小于 1.0m，导管内混凝土柱和管外泥浆柱应保持平衡。按照公投公司《公路桥梁标准化指南》要求，一般 $\phi800mm$ 钻孔灌注桩的初灌量不得小于 $2.6m^3$，$\phi1000mm$ 钻孔灌注桩的初灌量不得小于 $3.5m^3$，$\phi1200mm$ 钻孔灌注桩的初灌量不得小于 $4.4m^3$。保证下料不能间断，保持料斗不空斗，对桩尖部位的沉渣形成更好冲击，使沉渣返出。

混凝土灌注用隔水塞采用混凝土浇制。混凝土强度等级为 C30，外形规则，光滑并设有橡胶垫圈，如图 6-10 所示。

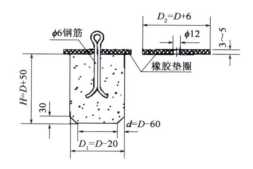

图 6-10　隔水塞外形图(尺寸单位：mm)

注：图中 D 为导管内径(mm)。

2) 承台施工

绑扎承台底面、侧面及顶面钢筋。采用方钢及勾头螺栓、定位销等配套装置，设置下口定位系统，吊放墩柱预埋钢筋骨架，通过方钢侧边定位骨架横向位置。方钢定位偏差控制在 1mm 内。安装墩柱预埋钢筋处承台纵横向顶面钢筋，但暂不与立面钢筋进行连接。

安装定位面板，通过角点处 4 根封口钢套管，将定位面板整体搁置于预埋钢筋模块上，利用钢套管及高强螺栓，将定位面板与预埋钢筋主筋进行固定，准确定位单根墩柱预埋主筋相对位置，并使预埋钢筋主筋与面板连接牢固，形成整体，如图 6-11 所示。

在承台钢筋骨架内搭设简易钢管支架，通过小型千斤顶，对主筋定位面板进行高程调节，分别测定面板四个角点高程，精度控制在 2mm 内。高程调节到位后，将预埋钢筋模块主筋底部与承台底层钢筋进行焊接固定，确保主筋顶面高程满足设计要求。

安装面板限位架，通过螺栓将 2 块独立主筋定位面板连成整体，以固定双墩柱预埋钢筋模块间的相互平面位置。

通过花篮螺栓及钢管组成调节撑杆，将整体限位架与承台基坑围檩结构进行连接，通过拉线及全站仪测量，对墩柱预埋钢筋模块上口平面位置进行调节，确保横纵向轴线偏移控制在 ±2mm，满足设计要求。最后，完成剩余承台顶面钢筋绑扎焊接施工。整体组装效果图如图 6-12 所示。

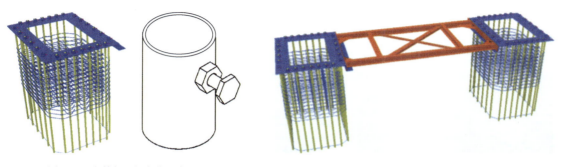

图 6-11　主筋与面板定位示意图　　　　图 6-12　整体组装效果图

6.4 立柱预制与安装

6.4.1 总体工艺

1) 预制施工

本工程引桥墩柱大部分预制生产,小部分为现浇施工,预制立柱共136根,平面尺寸为1.3m×1.8m,高度为3.561~23.271m。高于12m或者单根起吊重量大于75t的墩柱进行分段预制。

预制立柱柱底套筒为连接承台预留插筋,柱顶为连接盖梁底套筒预留插筋。预制立柱的施工流程如图6-13所示。

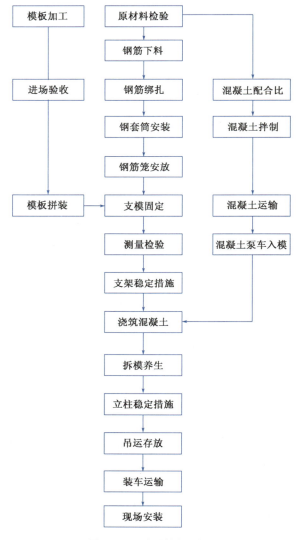

图 6-13 立柱预制施工流程

2）安装施工

立柱吊装作业区域范围基本位于施工隔离区，不影响社会交通通行，可全天施工作业。立柱吊装过程中，履带起重机或汽车起重机停车作业范围基地均位于现有施工便道范围内，地坪均采用建筑垃圾及钢筋混凝土硬化。预制立柱的安装流程如图6-14所示。

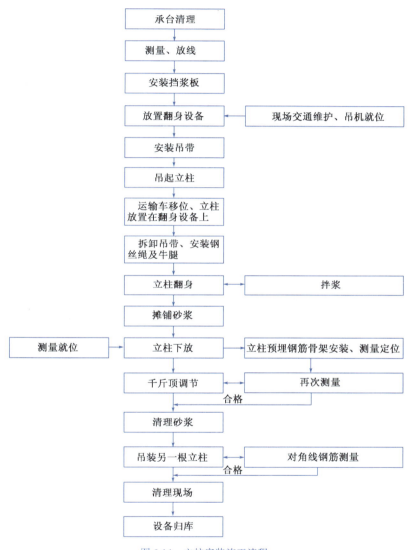

图6-14 立柱安装施工流程

6.4.2 施工方法及技术措施

1）施工技术储备

（1）立柱模板翻身架

立柱钢筋笼带模板翻转体系采用特制轻型翻转架，翻转架体积小巧、质量轻便，移动安装快捷,施工安全可靠。

(2)立柱帆布卷翻身工艺

成品立柱翻身采用帆布卷及枕木进行抄垫翻转,占用体积小,可根据场地随意移动,如图 6-15 所示。

图 6-15　立柱帆布卷翻身示意图

(3)立柱智能养护喷淋系统

立柱智能养护喷淋系统(图 6-16)可根据不同立柱混凝土状态设定相匹配的养护时长、时间间隔、养护顺序及循环模式等,实现立柱混凝土自动化、定制化精确养护功效。

图 6-16　立柱智能养护喷淋系统

2)立柱预制

(1)钢筋笼制作

整个立柱钢筋笼自钢筋加工完毕后,完全在胎架上完成加工绑扎。整个过程边加工边测量,确保每一步加工的精度得到控制,如图 6-17 所示。

(2)钢筋笼吊装

立柱钢筋笼吊装采用专用吊架及吊索具(链条锁),如图 6-18 所示。立柱钢筋笼最重约 8t,采用两台 35t 行车抬吊、吊架及链条锁挂上缘外侧钢筋的方式起吊,两段定位板同步起吊,如图 6-19 所示。

(3)模板安装及混凝土浇筑

本工程所使用的立柱模板由侧模、底模、底架、吊架、台车、翻转架及操作平台等七个部分组成。侧模采用四片式,窄面带倒角,宽面为平板模。底模与套筒定位板结合,底架固定在浇筑台座上。吊架、操作平台、台车及翻转架如图6-20所示。

图6-17　立柱钢筋笼制作

图6-18　钢筋笼吊装专用吊架及链条锁

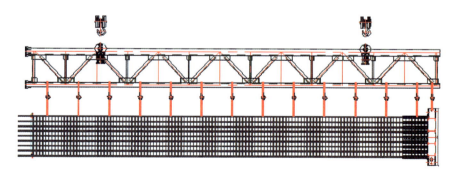

图6-19　钢筋笼起吊

立柱模板按照轨道、台车、翻转架→底面模板→侧面模板→立柱钢筋笼→顶面模板的顺序逐步安装,将成型的模板平移至翻转架,安装翻转吊架及吊索具再次翻转模板,将模板吊至浇筑台座,采用四边缆风绳及扳手葫芦进行固定。

a) 吊架

b) 操作平台

c) 台车

d) 翻转架

图 6-20　模板安装

在模板顶端安装操作平台,拆除翻转吊架模板,进行混凝土浇筑施工。浇筑完成后超出操作平台及其他模板,混凝土养护完成后将立柱吊离浇筑台座,如图 6-21 所示。

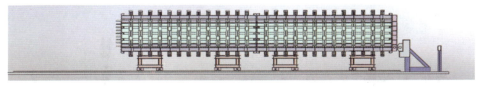
a) 模板平移至翻转架

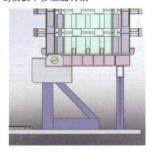
b) 模板脱离翻转架吊至浇筑台座

图 6-21　立柱模板安装

立柱预制完成后,在预制基地放置存贮时,采用站立式存放形式,如图6-22所示。

图6-22 预制立柱成品存放

3）立柱安装

（1）单根立柱安装

预制立柱采用尼龙吊装带从运输车上平吊卸车,在搁置立柱的顶部位置放置垫木临时衬垫,吊点位置安装吊具,底部满布放置打包帆布卷（柔性材料）。

预制立柱由吊机旋转吊运至承台位置,立柱套筒对准承台插筋,将立柱吊装就位,如图6-23所示。

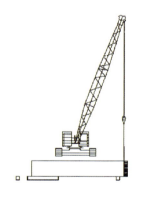

图6-23 单根立柱翻身吊装

（2）分段立柱安装

采用250t履带起重机,将下节立柱安装到位,砂浆垫层和套筒灌浆料试件强度满足要求后,将上节立柱运输至现场,上下节拼接面清理表面并涂刷环氧黏结剂,并将上节立柱吊装到位,调整好垂直度及顶面精度,待黏结剂固化1d后,进行灌浆套筒灌浆作业,如图6-24所示。

南岸引桥预制立柱共64根,其中双节立柱28根,双节立柱最低高度为14.64m,最高高度为23.15m,创造了上海市最高的双节双根预制拼装立柱新纪录。如图6-25所示为南岸引桥下部结构墩柱现场吊装施工。

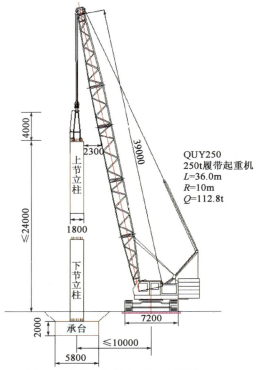

图 6-24 分段立柱吊运安装(尺寸单位:mm)

图 6-25 预制墩柱吊装

6.5 桥墩盖梁预制与安装

6.5.1 总体工艺

1)预制施工

本工程高架盖梁采用灌浆套筒连接的预制拼装施工工艺,共预制盖梁68段,盖梁平均长度为11.26m,高度、宽度均为2m,平均重量为109.12t。预制施工工艺流程如图6-26所示。

2)安装施工

安装施工工艺流程如图 6-27 所示。

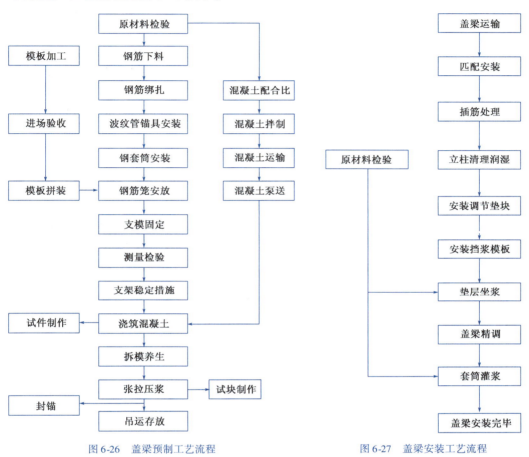

图 6-26　盖梁预制工艺流程　　　　图 6-27　盖梁安装工艺流程

6.5.2　施工方法及技术措施

1）盖梁预制

盖梁侧模板采用大块矩形整体钢模板,模板面采用 10mm 厚钢板,背部采用 200cm × 200cm 矩形厚钢管框架加固,整体强度高、刚度大。施工时,上部支撑采用榫卯下插式对拉杆,下部采用施打楔形铁块支撑,无需其他支撑装置,整体安装拆除,施工方便快捷。

(1)钢筋笼制作

预制盖梁钢筋笼的加工采用钢筋模块化精加工的理念,盖梁钢筋笼于专用胎架上制作加工成型。盖梁钢筋笼胎架由 3 部分组成,分别为底座、支架及挂片(图 6-28)。底座总长 12m,设置 5 组侧向支架,与底座采用螺栓固定。挂片共设置 10 片,上、下部挂片各 5 片。

盖梁钢筋笼的加工过程包括主体钢筋笼制作、盖梁钢绞线定点安装、保护层垫块、预应力波纹管安装和防雷接地板及局部加强钢筋五个部分。

主体钢筋笼的制作首先对预埋套筒进行定位,钢筋绑扎遵循先主筋后竖向箍筋,再横向箍筋,接着按竖向下层侧向主筋、斜筋和拉钩的顺序进行,如图 6-29 所示。

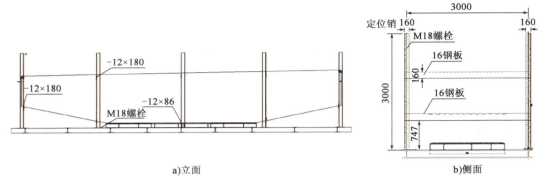

图 6-28 钢筋笼胎架(尺寸单位:mm)

图 6-29 主体钢筋笼制作

盖梁采用预埋钢绞线吊点进行吊装作业,钢绞线采用 $\phi_s 15.2$。盖梁吊装吊耳为双点预制吊环,吊耳布置在盖梁中心线两侧顺桥向 0.5m、横桥向 2.63m 共四个吊点,如图 6-30 所示。

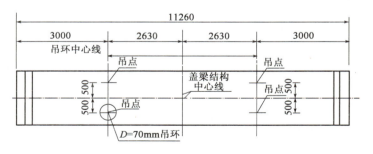

图 6-30 盖梁吊点位置(尺寸单位:mm)

预制构件的垫块强度为 C60;预应力波纹管安装时在波纹管线形改变的位置焊接垂直于波纹管线形平面的定位钢筋,并将波纹管用扎带绑在定位钢筋上;防雷接地板采用 300mm×

10mm×300mm 预埋钢板进行局部加强,如图 6-31~图 6-33 所示。

图 6-31　垫块布置

图 6-32　预应力波纹管固定

图 6-33　防雷接地板

(2) 钢筋笼吊装

盖梁钢筋笼吊装采用专用吊架及吊索具。据统计,最重的钢筋笼为 5.5t 左右,采用一台 35t 行车起吊,如图 6-34、图 6-35 所示。

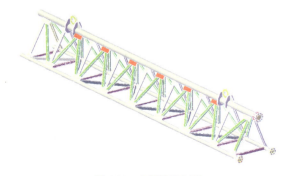

图 6-34　专用吊架立面

图 6-35　钢筋笼吊装

(3) 模板安装及混凝土浇筑

本工程所使用的盖梁模板由底模、侧模、端模等三个部分组成,如图6-36所示。

底模采用整体式钢底模,套筒部位设置定位板,定位板在钢筋笼胎架上随钢筋笼一起入模,同时也作为套筒区域底模。侧模采用整体钢模板,设置锚筒定位孔及预应力管道预留孔。

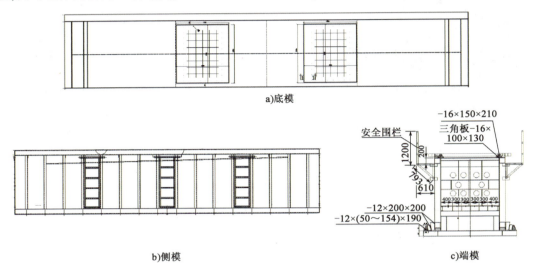

图6-36 盖梁模板(尺寸单位:mm)

盖梁的模板安装遵循一定顺序:底模安装[图6-37a)]→吊装钢筋笼[图6-37b)]→挡块安装→侧模安装。安装完成后在预制基地进行混凝土浇筑,通过两辆混凝土搅拌车进行运输和一辆混凝土泵车进行浇捣。

图6-37 盖梁模板安装

2) 盖梁安装

盖梁的安装根据预制盖梁重量分为单机吊装及双机抬吊两种施工形式,如图6-38所示。单机吊装采用一台250t履带起重机,利用吊点从运输车上平吊卸车,将盖梁提升至高于立柱顶部,在拼接面安装座浆料及4块橡胶板后,下放盖梁至设计位置。

如图6-39所示为2019年5月18日南岸引桥下部结构盖梁现场吊装施工。

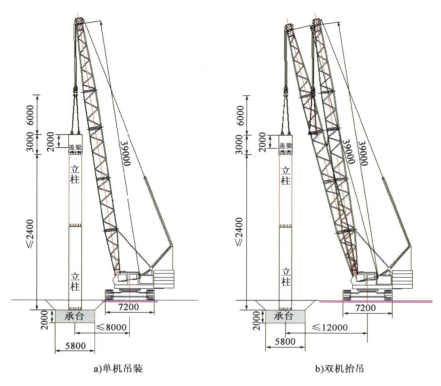

图6-38 盖梁吊装(尺寸单位:mm)

图6-39 预制盖梁吊装

6.6 小箱梁预制与安装

6.6.1 总体工艺

本工程引桥上部构造为简支预应力混凝土预制小箱梁,桥面连续,共计248片。标准跨径35m,底宽1.5m,梁高1.9m,顶板厚20cm,底板厚20~30cm,腹板厚19~35cm。标准横断面单幅3片小箱梁,变宽区4片小箱梁,小箱梁的预制与安装流程如图6-40、图6-41所示。

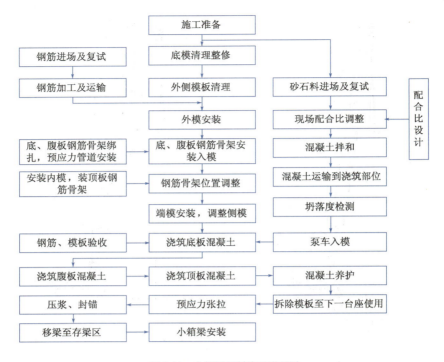

图 6-40 小箱梁预制施工流程图

两侧引桥均与地面道路相接，北侧引桥的架桥机在 P0 号墩附近空地拼装，随后由 P0 至 P21 按照墩号由小到大依次逐跨吊装；南侧引桥的施工架桥机在 P45 号墩附近空地拼装，随后由 P45 至 P25 按照墩号由大到小依次逐跨吊装。

由于引桥是按照东西双幅布置，为了保证后续运梁车能够将箱梁运送至架设跨段，采用双侧运梁通道的情况下，在完成东侧引桥后，通过横移轨道移至西幅引桥上，完成双幅引桥后，架桥机再横移回到东幅引桥，并沿桥梁纵向纵移至下一跨，从而逐跨完成双幅桥的架设工作，架设行进路线如图 6-42 所示。

当架桥机行走至主桥过渡墩（P21 和 P25）位置附近，完成最后一跨小箱梁架设后，架桥机后退至上一跨桥面浇筑完成位置，80t 汽车起重机沿运梁通道到达该区域，将其分拆设备出场。

6.6.2 施工方法及技术措施

模板采用门式起重机进行拼装；底腹板钢筋在钢筋胎具上绑扎完成后整体吊装到台座上，安装好内模及端模板后绑扎顶板钢筋；梁体混凝土在搅拌站进行集中拌制，并用混凝土罐车运输到现场，使用汽车泵进行浇筑；箱梁混凝土强度达到设计强度的 100% 以上且龄期不少于 10d，方可张拉预应力束；箱梁压浆在张拉结束后 48h 内完成施工。

1）模板系统

采用定型固定尺寸钢模板，箱梁的梁高 1.9m，上翼板悬挑宽度达 1m，侧模板同时承受灌注混凝土的侧向压力、上翼板混凝土的竖向压力以及施工荷载。为保证梁体混凝土外侧的平整和光滑，采用刚度较大的整体侧模。侧模由面板、面板加劲板、模板加劲方钢、调节支撑和调节拉杆组成。面板加劲方钢的采用,节约了钢材的用量,还增加了侧模的纵向刚度;考虑到侧模刚度六,侧模立腿受力不匀,为保证在上翼板混凝土灌注时侧模不发生变形,增设立腿调节支撑杆。

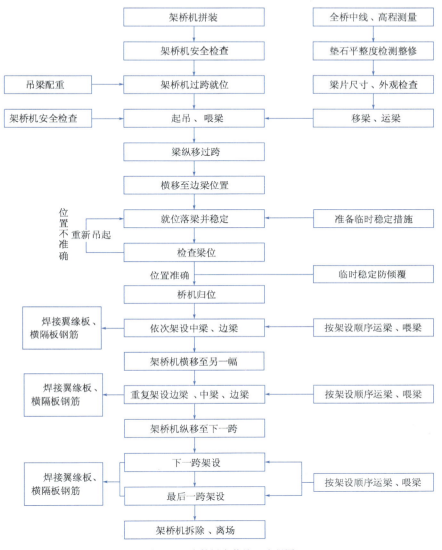

图6-41 小箱梁安装施工流程图

预制箱梁整体式抽拉内模,是对传统式内模进行技术改造而成的抽拉式内模,传统式内模是由小块钢模拼装而成,拼缝较多,需要在内模狭小的空间里一块一块地拆除,费时费力,而且拼装质量不易控制。采用抽拉式内模改善了工人的劳动环境、降低工作强度、减少了施工作业安全事故。

2)混凝土的浇筑

采用自建搅拌站拌和高性能混凝土,用混凝土运输车运输到位。拌制好的混凝土运到施工现场应及时进行浇筑,安排试验人员对混凝土的各项指标进行现场检验,以便及时对混凝土做出调整,确保混凝土质量。

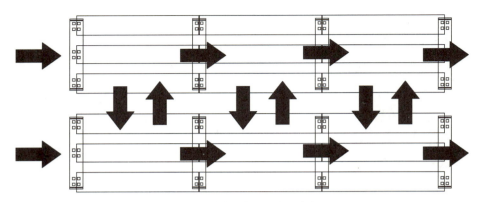

图 6-42　架桥机架梁的行进路线

浇筑顺序由一端向另一端进行，并在混凝土流至另一端头前改变浇筑顺序以防止端头聚集过多砂浆，影响后期张拉工序的正常进行。浇筑混凝土期间，设专人检查支架、模板、钢筋及预埋件等稳固情况，发现松动、变形、位移及时处理。

混凝土浇筑主要采用 Z 字形推移式、连续浇筑的方式。根据施工现场实际情况，钢筋骨架比较密实，结合施工规范相关要求，布料点的水平间距设置为 3~4m，同时，为避免单侧放料造成内芯模偏位，导致腹板厚度偏差，布料点在内芯模两侧交叉设置。两个布料点之间的混凝土分两层浇筑，第一次浇筑至翼缘板底部，采用 $\phi 30$ 插入式振捣棒每隔 1000mm 振捣 1 次（或者不进行振捣），第二次直接浇筑至梁体顶面。

3）预应力张拉

预制箱梁混凝土强度达到 100% 以上，方可张拉预应力束。张拉之前将内外模全部拆除，同时安装好防护挡板。根据设计要求的顺序张拉，同一编号的钢筋束应同时对称张拉。

箱梁张拉采用联智桥梁预应力智能张拉系统 LZ59MT30，配套 4 台 2500kN 千斤顶。预应力筋张拉时，数据将自动打印生成。由于智能系统的高精度和稳定性，智能张拉技术能完全排除人为因素干扰，从而可以有效确保预应力张拉施工质量。施加预应力用的各种机具设备及仪表专人使用。预应力筋在张拉控制应力达到稳定后方可锚固。预应力钢束张拉后，在距锚头 3cm 处切割，严禁使用电弧切割。

采用 50MPa 压浆料，真空压浆，大循环控制压浆质量。压浆设备采用联智桥梁预应力智能压浆系统 LZJS30，如图 6-43 所示。根据图纸要求，张拉完毕后必须及时压浆，压浆需密实，强度不低于 45MPa。使用孔道压浆采用循环压浆技术，水泥搅拌机应能制备具有胶稠状的水泥浆，转速不小于 1400 r/min。

4）小箱梁的运输

根据小箱梁的预制情况，小箱梁的吊耳采用预埋钢绞线的方式预埋在小箱梁的腹板内。其中边梁靠防撞墙方向预埋 5 根钢绞线，靠近中梁方向预埋 4 根钢绞线，中梁统一预埋 4 根钢绞线，钢绞线预埋深度为 1770mm，如图 6-44 所示。

运输过程中，由于带防撞墙的小箱梁出现偏心特征，因此运输过程中为了防止小箱梁出现偏载，对小箱梁两侧分别增加措施，在靠近中梁一侧采用花篮螺丝拉住，靠近防撞墙一侧则采用支托加以支撑，如图 6-45 所示。

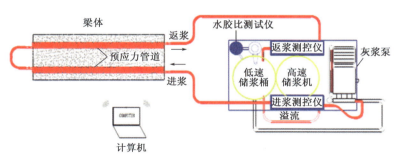

图 6-43 压浆系统

5)架桥机的拼装、拆卸与安全监测

(1)采用徐州工程机械集团生产的 TJ260G Ⅱ公路架桥机进行架设,该架桥机在最小圆曲线半径和纵坡两个参数上稍有不足,可通过适当调整支腿高度解决。架桥机的拼装工艺如下:

①横移轨道铺装。根据桥型情况,按要求铺设架桥机横移轨道,前支腿轨道铺设在 0 号桥台(北岸)或者 45 号桥台(南岸)台后搭板上,中支腿轨道铺在 0 号桥台台后路面上。横移轨道底部使用枕木或钢架支架,并使用水平仪调平。横移轨道下两支点之间的距离最大不应超过 0.5m,支

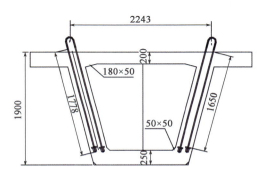

图 6-44 钢绞线吊点示意图(尺寸单位:mm)

垫时每个支点承载力不小于 1000kN,横移轨道两头端部的支垫承载力不得小于 1300kN。两根横移轨道的纵向高差不得大于 0.5%,轨道的横坡不得大于 0.1%。架桥机拼装位置为引桥道路的基层,整个区域的纵坡约为 1%。

a)中梁侧花篮螺丝受拉件　　　　b)防撞墙侧支托支撑

图 6-45 边梁防倾覆照片

②前、中、尾支腿拼装。支腿总成包括走行台车、横梁结构、横梁两端上方的主梁纵移反滚轮，按先下后上的次序逐次安装定位。行走轮定位在横移轨道上，采用枕木井字架将横梁下方支撑牢固。

③主梁节段拼装。按次序拼装主梁与导梁，每节主梁有六根销子，必须全部打好，拼装时在主梁和导梁下部垫好枕木。

④主梁节段吊装。主梁拼装完毕后用两台 80 t 汽车起重机同时抬吊放到前、中支腿反滚轮上，调整好位置后将挂轮就位，并将压板固定。

⑤吊装两台纵移桁车。为了整机的安全，前桁车吊到靠近前支腿处，后桁车吊到靠近中支腿处，再吊装起重小车。

（2）架设完成后，架桥机后退一跨，选用 80t 汽车起重机沿运梁通道开至架桥机位置进行拆卸和装车，拆卸工艺如下：

①同时收前支腿、后支腿，降主梁于低位并支好。

②解除动力电源，撤除机上动力、控制电缆；先用吊车拆下前、后天车。

③用吊机解除辅助支腿，注意吊点位置，防止不平衡情况出现。

④用风缆将前支腿拉紧，拆除主梁、上横联。

⑤采用从后向前拆除方式，当拆除至中托后，采取单元梁架设搭设枕木垛方法逐节拆除主梁。

⑥拆除前、后支腿及走行机构；将所有构件归类码放整齐，便于运输装车。

⑦清点栓接、销接件及机电元件，不要造成损坏丢失。

（3）架桥机的安全监测包括起重机试车前工作、空载试验、重载试验三方面的工作内容。

①起重机试车前工作。

试车前应检查电源及外观，其次运行空载小车数次，检查启动、制动以及运行性能，然后开动起升机构，对灵敏度与准确度进行检验。

②空载试验。

架桥机支腿顶升、下落各 2 次，检查液压缸工作状况以及销轴拆装情况；起重天车空载往返走行 2 次，检查启动、制动性能及走行限位装置灵敏性；两台天车走行至架桥机尾部，1 号支腿脱空，2 号支腿横移液压缸微动，检查 2 号支腿横移功能；铺设轨道，运梁车配合架桥机前移、后退各 0.5m，检查驱动电机启动、制动性能及 2 号支腿托辊轮箱工作状况。

③重载试验。

前天车先起吊梁（1.1G），然后利用前天车和后平车携梁继续前移至后平车到后天车下部，后天车起吊梁（1.1G），起升 100mm，检查吊具安装是否可靠。前后天车同步走行至前后车对称于 2 号支腿，检查前后天车同步情况。前后天车加载至 1.25G，停留 10min，检查天车卷扬机制动可靠性。前后天车卸载至 1.1G，前后天车吊梁同步走行至前跨落梁，检查卷扬机是否同步。铺设桥面走道，前移架桥机，检查过孔状态稳定性及前端挠度。

6）小箱梁的安装

小箱梁通过梁车运至指定位置，涉及梁上运梁的工况经过与设计复合，并对小箱梁连接稳固，满足施工条件作为运梁通道后，进行小箱梁的运梁、喂梁（图6-46），安装工艺为：

（1）梁上运梁平车载梁至架桥机尾部（后支架后方附近）。

(2) 1号起重行车垂直起吊梁体,使梁体脱离台车面,临时支撑后支腿,同时检查卷筒排绳、制动。

(3) 1号起重行车和运梁车配合前移梁体,如果起升高度不够,可以临时拆除后支架台车拉杆。当1号起重行车载梁前移至前支腿与中支腿间1/2跨中时,应密切注意架桥机变形。

(4) 当2号起重行车够吊点时,停止制动,用2号行车起吊梁体。两台起重行车同时载梁前移至架梁段,可按指定位置落梁就位,对于边梁应做好临时支护。在落梁前必须仔细检查桥梁台帽、盖梁支座垫石高差,达到规范要求后方可落梁。落位后再次及时检查支座情况,发现异常情况,立刻起梁,排除隐患后再落梁。

(5) 轨道上横移,重复以上步骤完成东西两幅引桥的边梁、中梁架设。

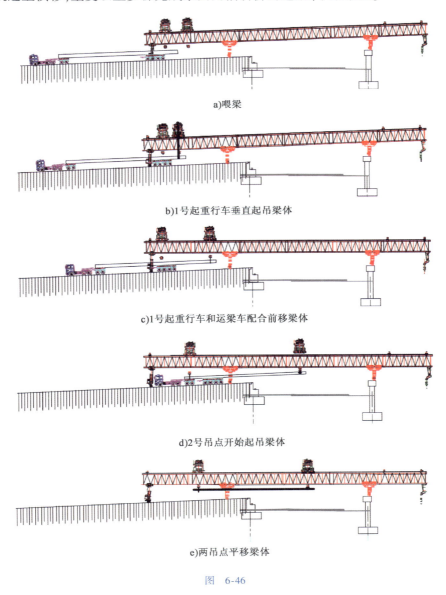

a) 喂梁

b) 1号起重行车垂直起吊梁体

c) 1号起重行车和运梁车配合前移梁体

d) 2号吊点开始起吊梁体

e) 两吊点平移梁体

图 6-46

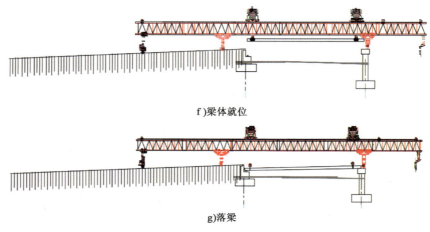

图 6-46 小箱梁安装示意图

小箱梁采用布测量线的方式控制安装精度,在顶面和底面中央位置划线,如图 6-47 所示。

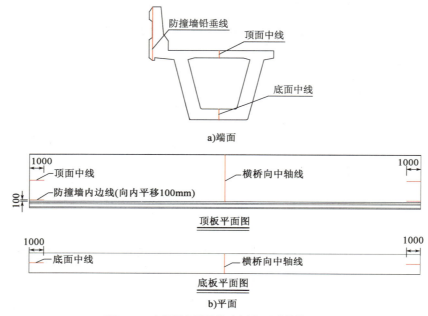

图 6-47 小箱梁布测量线示意图(尺寸单位:mm)

同时在盖梁相应位置上划线,小箱梁安装时,以中心线、梁底边缘线三线对齐控制梁体空间位置,如图 6-48 所示。

架梁过程是按照一侧边梁向另一侧边梁依次架设。由于预制边梁是小箱梁与防撞墙一同预制完成,因此边梁会出现偏心状态,为了保证架设的顺利,在架桥机的起重天车下端安装吊架,保证边梁吊装姿态的平稳。同时边梁准确就位后,采用花篮螺丝将边梁端部的预留钢筋与盖梁上的钢绞线吊耳拉紧,防止偏心倾覆,等到三片小箱梁的湿接缝钢筋完全焊接完毕,再拆除临时稳定措施,如图 6-49 所示。

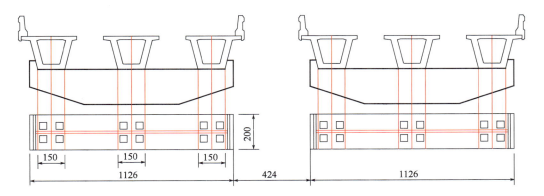

图6-48 盖梁划线及与小箱梁测量线对照示意图(尺寸单位:cm)

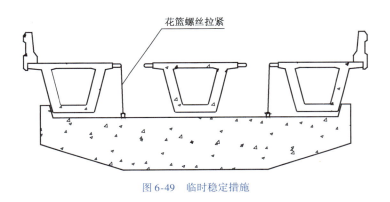

图6-49 临时稳定措施

6.7 桥面系施工

6.7.1 总体工艺

1)稀浆封层施工

稀浆封层是以乳化沥青为黏结料,通过特种设备把按一定比例的各种集料混合均匀摊到某个层面上的冷拌细粒式沥青混凝土薄层。由于其较高的含油量以及矿粉含量,稀浆封层通过沥青自身的蠕动成型后,其空隙率极小,具有良好的防水性。

对用于施工的设备进行全面检查调试,确保处于良好工作状态,使之完全满足施工要求。严格按照设计要求进行稀浆封层施工,施工过程中要控制好接缝的衔接和平整度。稀浆封层摊铺后进行交通管制养护。

2)沥青混凝土施工

沥青路面摊铺利用具有自动找平装置的沥青摊铺机进行,压实将配备多台不同吨位的振动压路机。

6.7.2 施工方法及技术措施

以下对沥青铺装关键技术进行阐述。

(1) 温度控制

沥青层面的施工温度控制要求较为严格,宜在较高温度条件下进行施工,具体施工温度控制根据沥青的标号、黏度、改性剂的品种及剂量、气候条件及铺装层的厚度确定。具体温度控制详见表6-6,实际施工过程中可根据实际情况做适当调整。

沥青混合料的施工控制温度(℃) 表6-6

工　序	改性沥青控制范围	普通沥青控制范围	测量部分
沥青加热温度	160~170	160~170	沥青加热罐
集料加热温度	180~190	160~170	热料提升斗
混合料出厂温度	170~185	160~170	运料车
混合料储存温度(废弃温度)	190	185	运料车
混合料储存温度	拌和出料后降低不超过10	拌和出料后降低不超过10	储存罐及运料车
混合料运输到现场温度	不低于165	不低于145	—
摊铺温度	不低于160	不低于140	摊铺机
初压开始温度	不低于150	不低于135	摊铺层内部
碾压终了温度	不低于90	不低于70	碾压层内部
开放交通时的路表温度	不高于50	不高于45	路表面

(2) 沥青拌和施工技术

沥青混合料的拌和均应做到拌和均匀,色泽一致,无结团或结块现象,所有集料颗粒全部裹覆沥青。沥青玛蹄脂碎石混合料(SMA)总拌和时间宜控制在60~65s,保证纤维材料能充分均匀分布在混合料中,并与沥青结合料充分拌和;普通沥青混凝土(AC)混合料总拌和时间宜控制在48~58s;改性沥青 AC 混合料较普通沥青 AC 混合料总拌和时间适当延长。

(3) 沥青摊铺施工技术

①铺筑混合料前,应检查确认下卧层的质量。对于铣刨后发现下卧层存在的裂缝等病害,根据缝宽大小予以封缝或切槽修补后,再进行面层的摊铺工作。对于桥面铺装,当铣刨后发现水泥混凝土桥面板存在损坏时,应凿除破损的水泥混凝土薄弱层,采用快凝水泥混凝土修补(C40),在混凝土强度达到要求时进入下道工序,对于原水泥桥面铺装出现的裂缝等采用水泥浆灌缝。桥梁连续缝、铰缝等若发生破坏,按原样修补即可。

②根据路幅宽度,选择合适数量的推铺设备进行作业。当必须采用两台或两台以上摊铺机同时作业施工时,宜选用相同型号的摊铺机成梯队形式摊铺,相邻摊铺机应具有相同的压实能力,摊铺机间距不超过10m,且不得造成前面摊铺的混合料冷却,保证纵向接缝为热接缝。

③当气温低于10℃时,应采用低温施工措施,混合料生产过程中应添加降黏剂,在确保混合料性能满足前文技术要求的基础上,提高路面施工质量。

④混合料的松铺系数应通过试铺段试验确定。机械摊铺一般控制在1.15~1.35之间。

⑤不得在雨天或下层潮湿的情况下铺筑沥青路面。

(4) 压实施工技术

①混合料摊铺后,压路机必须紧跟着,在尽可能高的温度状态下开始碾压,不得等候。除

必要的加水等短暂歇息外，压路机在各阶段的碾压过程中应连续不间断地进行，同时也不得在低温状态下反复碾压，以防止磨掉石料棱角或压碎石料，破坏集料嵌挤。碾压温度应符合表 6-6 的要求。

②压路机应从外侧向中心碾压。相邻碾压带应重叠 1/3~1/2 轮宽，最后碾压路中心部分，压完全幅为一遍。当边缘有挡板、路缘石、路肩等支挡时，应紧靠支挡碾压。

③AC 沥青路面碾压。

a. AC 路面的初压采用钢轮压路机进行，其碾压应紧跟摊铺机，并保持较短的初压区长度，使表面尽快压实，减少热量损失。宜采用钢轮压路机静压 1~2 遍。碾压时应将压路机的驱动轮面向摊铺机，从外侧向中心碾压，在超高路段则由低向高碾压，在坡道上应将驱动轮从低处向高处碾压。

b. 复压采用重型轮胎压路机进行搓揉碾压，以增加密水性，其总质量不宜小于 25t，吨位不足时宜附加重物，使每个轮胎压力不小于 15kN，相邻碾压带应重叠 1/3~1/2 的碾压轮宽度，碾压至要求的压实度为止。

c. 终压采用钢轮压路机紧接在复压后进行，终压遍数通常为 1 遍，以消除轮迹为度。

④SMA 路面碾压。

a. SMA 路面的初压宜采用刚性碾静压，每次应碾压至摊铺机前，初压区的长度通过计算确定，以便与摊铺机的速度匹配，一般不宜大于 20m。采用两台压路机碾压，初压遍数一般为 1 遍，以保证尽快进入复压。

b. SMA 混合料不得采用轮胎压路机碾压，SMA 路面的复压应紧跟在初压后进行，复压宜采用重型的振动压路机进行，碾压遍数不少于 3~4 遍；也可用刚性碾静压，复压遍数不少于 6 遍。振动压路机倒车时应先停止振动，并在另一方向运动后再开始振动，以避免混合料形成鼓包。

c. 终压采用刚性碾紧接在复压后进行，以消除轮迹，终压遍数通常为 1 遍。若复压后已无明显轮迹或终压看不出明显效果时，可不再终压，即允许采用振动压路机同时进行初压、复压、终压。

d. 振动压路机碾压 SMA 路面应遵循"紧跟、慢压、高频、低幅"的原则。即压路机必须紧跟在摊铺机后面碾压，碾压速度要慢，均匀，并采取高频率、低振幅的方式碾压。

e. 初压压路机应该紧跟摊铺机向前推进碾压，碾压段长度大体相同，每次碾压到摊铺机后折返碾压，碾压速度不得超过 3km/h。

f. 一旦终压结束，由专人用 3m 直尺检查，上面层厚度偏差不大于 2mm；超出此要求时应及时采用小型振动压路机横向碾压平整。

（5）接缝处理

沥青路面的施工必须接缝紧密、连接平顺，不得产生明显的接缝离析。上、下层的纵缝应错开 150mm（热接缝）或 300~400mm（冷接缝）以上。相邻两幅及上、下层的横向接缝均应错位 1m 以上。接缝施工应用 3m 直尺检查，确保平整度符合要求。对于新老路结合部位，老路铣刨后、沥青混合料回填之前采用热压缩空气吹除槽边壁灰尘，贴自黏型裂缝以增强新老混合料的黏结。

第 7 章

数字化与信息化技术

7.1 概述

数字化的应用在目前工程行业中非常盛行,但是如何将其在工程中发挥价值是目前行业一直在探寻的,本工程在建设初期就确认了运用数字化技术的思路,同时制定了三个方向的应用:基础应用、拓展应用、深度应用。基础应用为利用单机版的软件建立主体结构、临时结构的三维模型,然后利用三维模型模拟施工方案,使项目参与方讨论技术更加直观;拓展应用是利用三维扫描仪的逆向采集功能,对大型设施的定位提供可视化的指导;深度应用为本工程开发了一套桥梁建设数字化综合管理平台(以下简称"平台"),尝试将传统的项目管理方式往信息化、可视化、便捷化的方向发展。通过以上多维度的应用,为传统的桥梁建设管理方提供新技术、新信息、新认识的思路。

7.2 数字化应用策划

7.2.1 应用背景调研

数字化技术的理念是将信息化、数字化融入项目全生命期管理。以三维数字技术为基础,集成了工程项目各种相关信息的数据模型,是对工程项目设施设备物理与功能特性的数字化表达。通过建立数字化的信息模型,涵盖与项目相关的大量信息,服务于建设项目的设计、施工、运营等全生命周期,使得项目全生命期的信息能够得到有效的组织、追踪和维护,可以保证项目信息从某一阶段传递到另一阶段时不会发生"信息流失",减少信息歧义和不一致等问题。主要表现为以下几点:

(1)有效提高质量与安全。应用数字化技术可准确高效地发现设计、施工中存在的质量问题和安全隐患,并通过可视化的方式快速找到最优的解决途径,可以大幅提升项目的建造质量与安全管理水平。

(2)加快进度和缩短工期。应用BIM技术可实现未建先试,能够准确评价施工方案和组织的可行性、合理性,减少工序衔接和专业协调过程中产生的矛盾,精细化资源配置,对于加快工程进度作用显著。

(3)提升协同管理的效率。基于数字化技术可实现最新、最准确、最完整的项目信息协同管理,项目参与各方基于BIM协同管理平台开展工作和信息沟通,可大大提高信息沟通效率,提升项目管理水平。

(4)为运维管理提供数据。基于数字化技术,经过项目的设计、施工等不同阶段对BIM模型数据的补充及完善,竣工交付的BIM模型可包含项目信息化运维所需要的所有基础数据,为智能化运维管理创造条件。

(5)积累形成企业大数据。基于数字化技术的各类应用可积累起企业级的数据库,通过数据挖掘分析为后续项目设计、建设和运维管理提供有力支撑。

近年来,国家和地方政府相继出台了推动行业信息化水平提升和数字化技术应用推广的政策文件,明确指出了要推进数字化技术在工程设计、施工和运营维护全过程的应用;不断建立完善的BIM技术政策法规和标准体系。

但总体而言,当前的国内基础设施行业数字化技术应用大部分限于三维建模的层面,还未向BIM技术的深层次应用进行探索。主要面临着以下几个问题:

(1)多数仍局限于基于BIM模型的单点和局部应用,未能实现成体系的全专业全过程的应用,价值未充分挖掘。

(2)部分项目的数字化应用水平参差不齐,没有统一的应用要求,各参与方应加强标准建设,搭建平台,构建完善的BIM实施环境。

(3)目前还没有哪一款软件可以解决工程项目全生命周期过程中的一系列问题,因此,不可避免地需要采用不同的软件,而不同软件之间的数据共享与传递问题以及一定深度的二次开发还需要进一步研究改进。

(4)目前多数数字化应用仍局限在技术层面的价值挖掘,应逐渐延伸到企业管理层面,以BIM技术作为信息化抓手,充分落地到企业管理。

7.2.2 应用思路

闵浦三桥为跨越黄浦江的一座大桥,社会关注度高、施工难度大,具有以下特点:

(1)主桥结构和施工工艺复杂,主桥的塔采用混凝土独塔、桥面系采用钢—混凝土叠合梁的组合形式。

(2)管理困难,在建造过程中碰到了诸多困难,如主桥施工工艺复杂、引桥为预制拼装技术、周边协调事务多、分包管理点多面广等。

将数字化技术应用于桥梁施工管理可以有效地整合人员、进度、质量、安全等信息,同时可以将设计图纸转化为三维模型,加强桥梁施工专业性的沟通。但是实现BIM落地存在如下困难:

(1)BIM软件费用偏高,涉及BIM软件的种类繁多,且软件培训费用十分昂贵。

(2)模型数据量大则相应的对硬件要求也有一定的高度。

(3)模型信息协调能力差,给沟通带来阻碍,也导致模型更新延迟。

针对桥梁施工特点,本项目制定了多个应用点:建立大量的三维模型进行常规施工工艺三维化模拟、三维扫描技术的应用、研发一套桥梁数字化建设管理平台。在同一个综合管控平台上,集成桥梁工程管理中的各种数据并将其中部分数据映射至三维模型,通过工程管理中的多项管理手段实现三维化、电子化、信息化。

7.2.3 数字化应用的成果与创新

1)建模工具包的开发

Microstation软件的精准绘图与强大的兼容性和扩展性这两大特点满足大型桥梁建模的要求,利用Microstation软件建立了LOD400的闵浦三桥主桥永久结构模型,可清晰地展现钢筋及预应力系统、拉索锚固系统、附属设施等所有图纸存在的构件,所有构件按照工程分部分项划分建立树状结构的父子关系。

斜拉桥桥梁构造复杂,其内部构造会随着每一个节段的钢锚梁与钢锚箱的斜拉角度的变化而存在巨大差异,为了实现这种复杂结构建模的需求,基于Microstation开发专业插件工具,采用C#编程语言编制,主要实现钢锚梁与钢锚箱参数化建模,可以根据所定义的斜拉索角度自动生成钢锚箱与钢锚梁中所有构件。此工具包包含导入参数表、导出参数表、各组成构件参数实时修改与预览、原点生成钢锚梁、按引导线生成钢锚梁等功能,大大提高了建模效率。

2)工程环境的建模

闵浦三桥工程环境复杂,为了保证周边村民在施工期间的通行,协调工程与环境的空间关系,对施工环境进行实景建模。尝试采用大疆的精灵4与M210两种无人机采集高叠合率照片,利用实景建模软件ContextCapture建立误差范围在5cm以内的工程环境实景模型。在进场时的原貌、中期、项目后期以及竣工验收四个阶段更新实景模型并载入自主开发的管理平台中,进行深化使用。

3)图形引擎

本工程的管理平台采用自主研发名为"黑洞"的图形引擎,用于对大体量、高精度的桥梁模型以及地形模型的云端展现。该引擎在多源模型整合方面表现优异,支持多种格式的BIM模型数据(.dgn/.i.dgn/.rvt/.ifc等)和地理信息系统(GIS)实景模型数据,并且具备丰富的二次开发接口。本项目全桥模型的文件大小达到了40G+,每个阶段的实景模型达到10G+。

4)基于模型的人员定位管理

为了提高现场人员管理效率、掌握人员动态,现场架设人员定位基站,人员根据集定位卡、饭卡、门禁卡于一体的卡片进入,芯片采集的人员位置数据传递到管理平台中,管理平台将人员位置数据与模型整合,在三维虚拟施工现场中可以准确直观地显示人员基本信息、人员空间位置及周边环境信息。

在管理平台中绘制虚拟电子围栏并定义安全区域,快速预警离开安全区域的人员。管理人员通过查看工人的历史轨迹和进出闸机信息,综合实现了考勤管理及在场时间统计功能,从而对现场进行分块区域管理。依托实景模型,整个现场管理尤其是人员定位可以更加清晰、直观地展现。

5）管理平台

为了更高效地管理大型复杂结构桥梁，开发了基于"GIS + BIM"的企业级桥梁建设数字化综合管理平台。平台采用基于角色的工作流访问控制模型，即根据工作流需求，设置统一的角色集，并分配各角色相应的访问权限。平台共开发了 12 个一级功能模块，同模型紧密关联的主要有综合监控、全景展现、人员管理、进度管理、质量管理、安全管理和智能监测六大模块。

管理平台有小程序与网页（Web）端两种访问方式。小程序主要满足采集工程现场数据、快速查看拍照和重要的信息等需求。Web 端可满足所有功能模块的任务需求，现场人员通过集成在模型中的现场视频摄像头，可清晰直接地观看现场实时画面；现场人员通过施工日志关联每日工作量，可在对应的模型展现项目进度；特殊工种信息的录入与证书图片的上传、特殊工种证书到期提醒、安全教育与安全交底人员、次数与时长进行统计、文明施工与问题跟踪的录入与查看、设备的证书与状态管理等功能使现场人员便捷、省力地完成安全管理。

通过此管理平台与小程序，项目现场人员可对工程与周边环境有直观的可视化了解，施工各部门对工作的流程也更清晰明了，有力地节省了沟通时间与新人工作的培训时间，有助于各部门人员更好地了解此部门的工作以及与其他部门的合作，对施工时间与进度的控制有很大的提升。

7.3 桥梁 BIM 模型的建立与应用

7.3.1 建模的标准

由于项目的总体结构体量较大，将对各不同的模型组的建模深度有所区别：

（1）主桥永久结构，将实现 LOD400 级别的高精度建模，并包括所有的混凝土结构的钢筋、预埋件以及附属结构设施等。

（2）引桥结构的主体结构，将不对钢筋进行建模，但包含了桥梁结构的预应力系统以及支座系统，精度参考为 LOD200 级。

（3）临时结构模型（施工机具），将按照实际的外包尺寸建立模型。施工临时设施中，对专用于本工程而设计建立的，需建立 LOD400 级别的模型，其余的则建立 LOD200 级别的模型。

由于模型主要应用场景为项目管理平台，因此平台图形引擎需要完全支持上述文件的原生格式能够无损（图形方面）导入并显示。

7.3.2 主桥模型的建立

闵浦三桥工程项目 BIM 建模基于 DWG 图纸，使用 Microstation 软件进行。

1）主桥混凝土部分

除了可见的混凝土结构，将钢筋及预应力系统、拉索锚固块、人孔、支座垫块等所有图纸上存在的构件完整建立，并且将不同部位的构件进行整理，如图 7-1 ~ 图 7-5 所示。

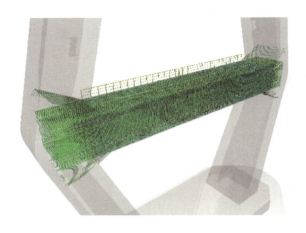

图 7-1 闵浦三桥主塔横梁钢筋模型

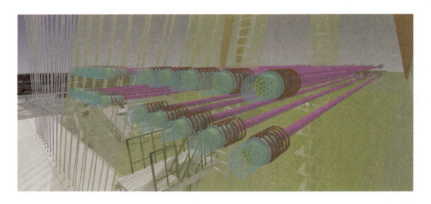

图 7-2 闵浦三桥主塔横梁预应力模型

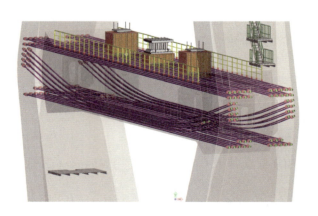

图 7-3 闵浦三桥主塔横梁附属及人梯等结构模型

第7章　数字化与信息化技术

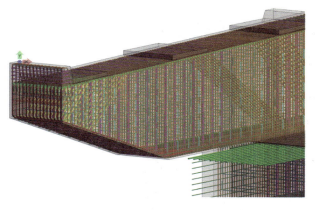

图7-4　闵浦三桥主桥边墩钢筋模型

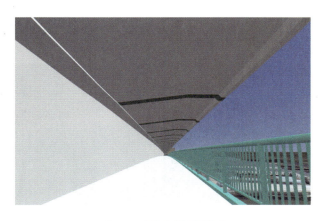

图7-5　人非通道结构模型

2)钢结构部分

钢结构部分通过对图纸的详细分析,采用了两种手段进行建模:对参数较为统一的主塔钢锚梁与主梁钢锚箱,开发插件实现了快速参数化建模;对较难实现参数化的主梁采取传统手段建模。

(1)主塔钢锚梁与主梁钢钢锚箱

考虑到本项目主塔钢锚梁与主梁钢锚箱结构参数统一,易实现参数化建模,但定位比较繁琐,为减少人工建模与定位复核工作量,特开发此插件实现快速建模与精确定位。

该插件基于 Microstation Connect Edition 三维建模软件,采用 C#编程语言编制,主要实现钢锚梁与钢锚箱各构件参数化建模,且根据实际定位位置与主梁线性精确布置,如图7-6、图7-7 所示。

(2)主梁

主梁宽28.5m,采用钢—混凝土组合结构;桥面板为预制安装的混凝土板,如图7-8 所示。

3)模型深化

由于本项目主梁施工采用架桥机分段吊装,因此根据施工图纸对主梁模型进行深化,将混凝土和钢结构以及钢筋等各部分都进行分段细化,如图7-9～图7-11 所示。

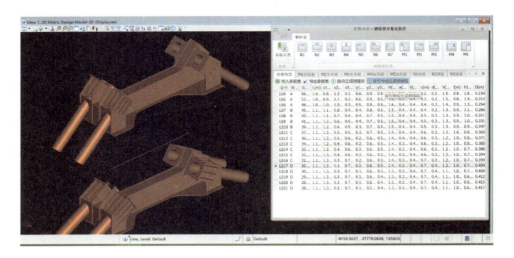

图 7-6　钢锚梁模型

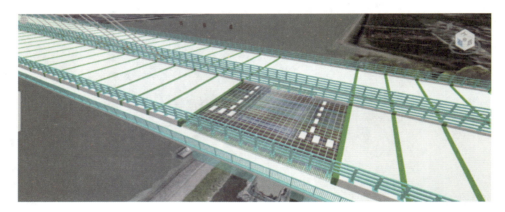

图 7-7　按引导线生成钢锚梁

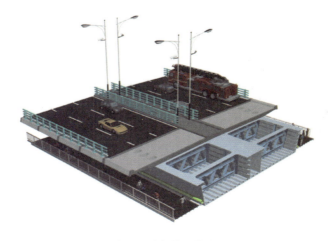

图 7-8　主梁模型效果图

第7章 数字化与信息化技术

图 7-9 桥面板混凝土及钢筋按施工顺序进行分段

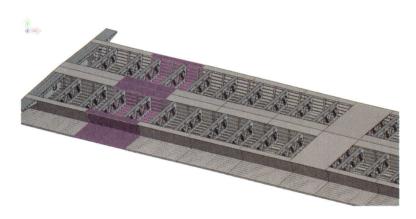

图 7-10 钢结构叠合梁按吊装工序分段

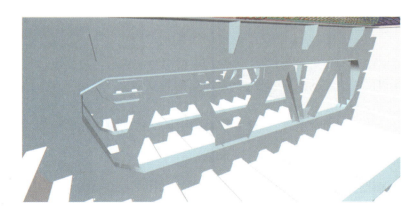

图 7-11 叠合梁内部细节图

7.3.3 引桥模型的建立

引桥模型大多为预制构件,采用基于"Revit + Dynamo"建模的解决方案,Revit 是 Autodesk 公司一款通用建模平台,Dynamo 则是可以在 Revit 上运行的可视化编程开源插件。通过 Revit 和 Dynamo 相互协作、相互补充,共同完成参数化建模作业。

基于该模式下,实现现浇连续梁桥的设计建模包含:线路设计线数据采集、Revit 参数化构件族创建、桥梁设计要素 Excel 表编制以及 Dynamo 程序编制。

引桥通过 Revit 参数化立柱、盖梁、小箱梁等族,并结合 Dynamo 工作流的方式实现引桥工程的智能化快速化建模,如图 7-12 所示为 Dymamo 整体建模工作流。

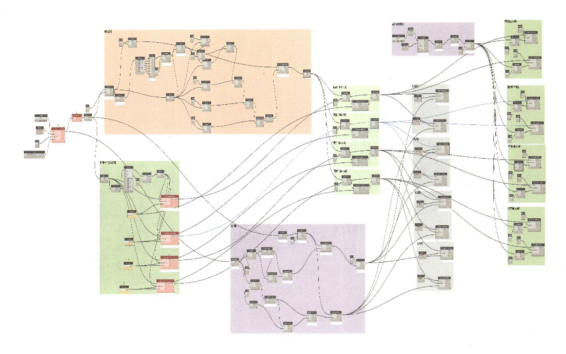

图 7-12　Dynamo 整体建模工作流

考虑到引桥模型结构相对较为常见,因此对引桥部分的模型可仅建立可见的混凝土部分,以及预应力锚具和预留钢筋的外露部分,从而达到精简模型优化硬件配置的作用,如图 7-13、图 7-14 所示。

对于比较关键的人非通道电梯,也建立了包含主体结构的精细化的模型,如图 7-15 所示。

7.3.4 管线模型的建立

管线模型精细化模拟了管线的位置、形状、走向,如图 7-16 所示,为施工定位及避让奠定基础。此管线模型包括污水、雨水、给水、燃气、电力等管线的三维形状、材质、标高、管径等信息。

第7章 数字化与信息化技术

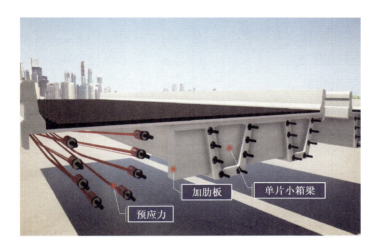

图 7-13 桥上部结构

图 7-14 引桥下部结构

图 7-15 人非通道电梯入口

211

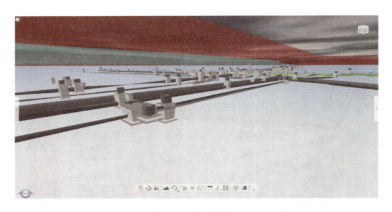

图 7-16　管线模型

7.3.5　环境模型的建立

除了主体结构与临时设施，场地环境模型也是闵浦三桥施工管理需要的一个重要组成部分，它涉及房屋拆迁范围、主体桥梁与环境的位置关系等。通过无人机 M210 多航线采集工程的高叠合率照片，利用实景建模软件 ContextCaputure 建立高精度的工程环境实景模型，这种技术也称为无人机倾斜摄影技术。如图 7-17 所示为 M210 型无人机的起航准备工作照片。

图 7-17　闵浦三桥 M210 无人机工作准备

闵浦三桥工程场地模型是利用无人机倾斜摄影技术实现的，使用了 ContextCapture 软件进行数据空三处理、实景建模，实现了建立的实景模型精度不低于 5cm（单像素点）。并将该实景模型导入项目管理平台，与工程 BIM 模型相结合，从而清晰掌握桥梁工程对周边环境的影响。如图 7-18 所示为闵浦三桥南岸大临倾斜摄影模型，所展示的场景为黄浦江南岸工程团队

第7章 数字化与信息化技术

大临与施工区域的实景。

图 7-18 闵浦三桥南岸大临倾斜摄影模型

主要工作内容由以下组成：

（1）根据倾斜摄影原理，完成航线规划，使用大疆飞控平台进行数据采集。

（2）利用软件对数据进行处理，获得实景网格模型，如图 7-19 所示为软件空三计算后的处理结果。

（3）由于软件生成的网格模型仅仅是一张"皮"，无法满足 BIM 应用的需求，需要利用 BIM 软件对其进行编辑，例如：裁切、补洞以及单体化等。修补后的模型如图 7-20 所示。

（4）将修改完成的实景模型根据定位控制点与项目主体 BIM 模型结合。

图 7-19 生成实景网格模型

图 7-20 南岸实景模型

通过对项目坐标进行统一,在平台上实现了实景模型与结构模型的高精度整合,如图7-21所示。可以看到实景模型数据采集时,恰逢引桥承台混凝土养护,生成的实景模型完整保留了养护篷布,且 BIM 三维模型的承台与该篷布的贴合几乎没有误差。

图 7-21　引桥承台与养护篷布无缝贴合

7.3.6　临时设施模型的建立

本项目 BIM 应用的重点始终是为施工提供保障,其中重难点施工工艺的模拟尤为重要。为此,需要建立大量的临时设施及施工机具模型。

根据施工实际需要,目前本工程已经完成部分临时设施模型的建立,包括水上施工平台、参数化塔吊等,对于这类模型,一般将按照实际的外包尺寸建立 LOD200 的模型,如图 7-22 所示为塔吊三维模型。但是在施工临时设施中,对于专用于本工程而设计建立的,则需建立 LOD400 级别的模型,如图 7-23 ~ 图 7-26 所示。

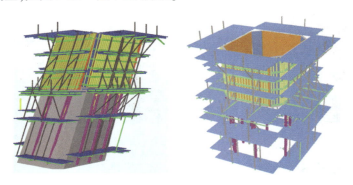

图 7-22　塔柱爬模三维模型

7.3.7　三维模型的干涉检查

在完成主桥模型的建模过程中,对设计图纸进行复核,查找图纸误差,并进行主梁标高复核。整理汇总发现的问题及所有存疑问题的文件,并在每个文件中详细说明设计图纸原始数值、校验后的实际数值、存在问题的具体构件位置以及误差值等,在施工前期,提前与设计进行沟通,避免了因图纸问题造成的工期延误等传统问题。如图 7-27 所示为建模后发生结构碰撞的部位汇总,该图详细地指明了存在问题的具体细节。

第7章 数字化与信息化技术

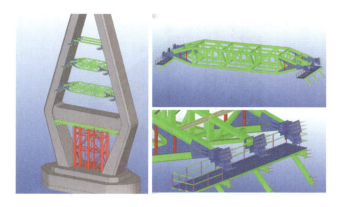

图 7-23 中横梁支架模板体系

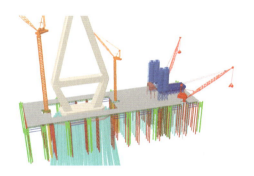

图 7-24 水上平台塔吊等临时设施三维模型

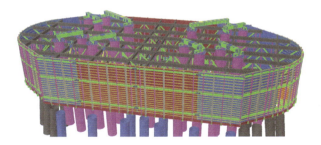

图 7-25 钢平台三维模型

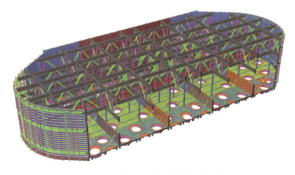

图 7-26 钢平台模型剖面图细节

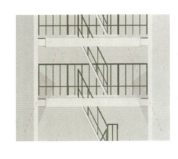 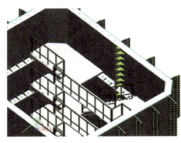 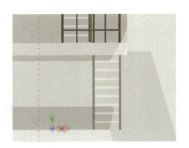

图 7-27　结构冲突（碰撞检查）

7.3.8　三维激光扫描的应用

三维激光扫描技术是一项通过非接触式高速激光扫描测量，以阵列式点云的形式获取物体表面三维空间数据的新技术，在工程测量、古建筑保护等领域得到广泛应用，将其引入桥梁施工领域，可以大大地提高施工效率。

闵浦三桥施工过程中在主塔桩基上放下放钢套箱、主桥主梁合龙等多处重要施工节点处应用此技术。钢吊箱（含吊架）约重 500t，由镇江工厂施工随后船运到现场，若下放时与桩基位置无法对准，会对施工进度和成本控制产生巨大影响，因此在钢套箱下放前对已完工的桩基进行三维激光扫描，点云数据拼接完成后完成逆向建模即可获得一份完整、精确的钢管桩三维模型，配合利用钢套箱 BIM 模型进行虚拟预下放。在模拟下放成功的结果下实现钢套箱顺利下放。扫描过程中的照片如图 7-28 所示，相关数据处理及放样图如图 7-29 ~ 图 7-31 所示。

图 7-28　激光点云扫描钢管桩桩位

图 7-29　主墩钢管桩点云数据

第7章 数字化与信息化技术

图7-30 加工中的钢套箱底板点云扫描数据

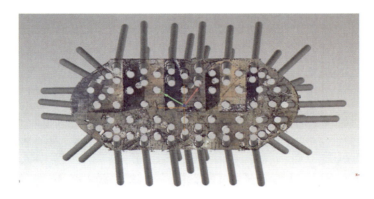

图7-31 钢管桩与钢套箱预拼接

7.4 桥梁建设数字化管理平台

7.4.1 功能简介

针对桥梁施工技术难度高、工程周期要求高、机械设备投入复杂、施工人员管理复杂等管理要求与技术特点,开发适用于不同类型桥梁项目的基于BIM的多项目桥梁施工企业级管理平台,平台将在"BIM+GIS"模型的基础上,结合数据库建设,根据不同岗位的施工管理者需求,归纳施工各要素之间的相互关系,以及对工程项目整体进行分部分项拆分的基础上进行施工现场质量、安全、进度、人员的可视化与动态管理。闵浦三桥是跨越黄浦江的特大型桥梁工程,所涉及的工程内容繁杂且技术要求高,开发将以"闵浦三桥"为样本,开发全功能的模块。该平台应用在闵浦三桥施工管理中,可帮助桥梁施工管理者更快速、清晰地了解桥梁施工现状,取得了较好的应用效果。

桥梁建设数字化管理平台主要应用于大型桥梁,在建设期间,总承包企业项目部对闵浦三桥施工过程进行高效的管理。本节主要研究了此平台在工程实际中的运用,以及对多项管理目标的集成和动态管理。

(1)架构设计

此桥梁施工管理平台主要由数据层、服务层、分析层及应用层组成。基础层即为底层的数据,包括"BIM+GIS"模型和业务数据。数据处理层包括图像引擎和数据库处理,数据库是基于数据、面向对象的信息管理工具。施工全过程的数据以及 BIM 模型实体都作为数据统一存放,利用 SQL Server 企业级数据库进行管理和存储。分析层提供了分析中常用的算法和工具,根据分析需求,从数据中获取信息,找到所需实体,根据语义查询关联数据并进行计算;应用层是根据施工管理需求进行设计,用户在应用层可以通过可视化界面实时监控桥梁的施工状态并可实时提供访问,不同的管理人员可以更加全面清楚地了解项目进展。平台整体架构如图 7-32 所示。

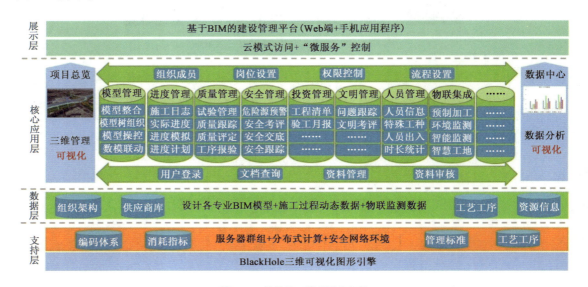

图 7-32 桥梁施工管理平台架构

(2)功能设计

数字化管理平台应具有以下功能目标:①支持"BIM + GIS"的大体量信息模型的存储与编辑操作功能;②集人员、进度、质量、安全、资源等多项目管理于一个平台的多目标管理;③预留不同子系统的数据接口;④权限控制等功能。根据上列功能目标确定以下几大功能模块:综合监控、全景展现、人员管理、进度管理、质量管理、安全管理、合同管理、物资管理、资料管理、基础数据、设计管理和智能物联。其中全景展现、人员管理、进度管理、质量管理和安全管理为该平台的核心功能。这些模块之间具有"松耦合"的技术特点,支持重新划分组合以满足本项目的实际管理需求。各模块中均可以追溯数据来源,通过对岗位的权限流程的设置和控制,使得项目各管理工作更加清晰明确。采用模块化设计,各个模块均可通过权限做到单独的显示隐藏,方便各层级管理。各个子模块在功能服务上彼此独立,但又均以 BIM 模型为核心载体实现建设信息的可视化呈现。

7.4.2 权限配置

组织信息管理是企业的部门、岗位、用户及角色的权限配置区。用户是平台的使用者,角色可以与用户进行关联,用户中可设置部门及岗位,完成权限分配,以达到不同权限人员,对项目模块操作的权限不同(如查询、增加、删除、修改)。本系统开发采用基于角色的工作流访问控制模型,即根据工作流需求设置统一的角色集,并分配角色相应的访问权限,再将角色与用户相关联,旨在实现用户与访问权限的逻辑分离,更符合桥梁工程建设中用户、角色和部门的应用特征。

操作顺序:新增部门→新增岗位→新增用户→新增角色→角色关联(权限、部门、项目)→编辑用户→关联角色→完成操作。

将权限与角色相关联,对角色授予最小而必要的权限,用户通过成为适当角色的成员而得到这些角色的权限。当用户进行资源调用时,访问控制系统将根据其角色权限决定是否授权,以确保系统运行的安全性。平台设置管理员为其他角色配置资源和功能权限,当角色权限发生变化时,可直接对其资源集和功能配置进行增、删操作,而无须为角色重新分配权限。

平台实现了按需、按流程分配权限的设计原则,考虑到桥梁建设项目各单位在工作流程不同阶段中扮演着不同功能的角色,因此设置管理员动态分配资源和功能权限,各角色拥有相应的资源集和功能集,用户最后被赋予一个或多个角色。同时,在同一单位中进行角色分层,以区别上下级角色权限,即上级角色可以动态设置与修改下级角色的资源集与功能权限。

权限配置功能根据工程建设实际情况、相应工作性质和内容,进一步细化为项目各个部门的多种角色,管理员通过编辑权限操作可以完成角色授权。对不同角色分配不同的资源集和功能权限,不仅保证了系统的可靠性,更有助于实现多角色协同合作,如图7-33所示。

图7-33　人员登入权限设置

7.4.3　综合监控

平台应集中直观展示纳管工程项目分布、状态及项目概况,方便监管部门随时掌握项目整体状态,"综合监控"模块是进入施工管理平台的首页,也是使管理者能够第一眼就掌握项目概况的一页。对于工作人员的工作时长、进度等信息通过大数据可视化,对监管项目进行项目统计和分项统计,以三维(3D)图形直观展示,以便管理者制定相应的对策,实行差异化管理,对于非结构化的信息数据,则通过文字信息展示,如环境监测、今日危险源等。

本着"一致、简洁、生动、富有层次"等原则,对综合监控界面进行了优化处理,实现一体化可视管理,在界面的中心是 BIM + GIS 模型的展示区运用工程一张图模块,直观浏览工程项目信息与环境信息。界面其余部分分为上、下、左、右四块内容;最上方为视频监控的四张页面的铺开展示,同时监控设备的位置也以锚点的形式存在模型中,实现现场监控设备与三维场景链接；在页面的最下方则预设了四个固定视点，在模型操作时可以快速定位到预设位置；页面的左上角为最新动态，在该动态栏里会显示近期发布的信息、通知和公告，且左上角人性化地添加了环境监测，便于及时了解施工现场的环境数据，大风来临前，可提醒管理人员提前发布预警信息；左下角为分部工程完成进度计划统计界面，对统计的数据以柱状图形式进行直观展示；右上角有现场作业人员实时数据和人员工作总时长的数据统计，直接用数字展示；右下角有安全问题跟踪统计和每日作业危险源统计。综合监控页面整体布局如图7-34所示。

图7-34　综合监控展示页面

7.4.4　全景展现

三维图形模块包含模型、实景、视频和数据，因此用"全景展现"来定义该模块，"全景展现"模块是该管理平台顺利展开的基础与核心。

"全景展现"模块最底层采用的是"黑洞"图形引擎（BlackHole Engine），引擎采用全新的三维渲染技术，可轻松管理多源异构、超大场景的模型数据，并提供精确的空间分析计算能力，该引擎是国产自主开发。引擎采用OpenGL与WebGL双引擎作为底层支撑，性能更加优异，可在主流计算机配置环境中稳定、流畅运行，并支持跨平台、跨设备的多终端浏览功能，可稳定运行于Chrome、Firefox等主流浏览器上，实现无插件、多终端模式浏览，方便在项目部有限的硬件资源和人员配备条件下推广使用。

模型操作的便捷性是平台能否在施工项目部发挥作用的一个主要因素，"全景展现"模块中设计了四个常用且不可缺少的实际操作应用，分别是目录树、属性、视频监控及模型浏览。

（1）目录树

基于对桥梁总体构建的划分、主次关系的划分以及并列关系的划分从而定义了结构的目录树。目录树定义了所有模型构建的架构，也是查找模型的索引。

目录树根据项目部的施工需求细化到分部分项，与实际的施工步骤一致。模型细分并于目录树绑定的工作在前期工作量很大，但完成后大大满足了各参与方对模型的浏览需求。

闵浦三桥BIM模型的目录树划分如图7-35所示，父级目录树根据项目需求划分为塔及辅助过渡墩、上部构造制作与防护、上部构造浇筑与安装、引桥、管线、红线及中心线、临时设施、目录树会根据项目的实际进展做出细微调整。

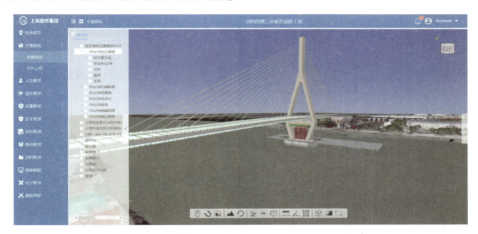

图 7-35　闵浦三桥目录树

（2）属性

BIM 模型工程应用的核心价值就在属性，模型是承载属性的载体。发挥模型的价值就要以定义属性的方式去定义这些信息。信息包括两类：第一类是模型自带的几何属性及附加属性，几何属性有尺寸、体积，附加属性有建模时定义的材质；第二类是自定义添加多重构件的属性，如图 7-36 所示，这个立柱除了构件本身的信息属性以外，又添加了施工时间这一属性。

图 7-36　BIM 模型构件属性添加

对属性的过滤与筛选也是属性功能在平台运用的一个亮点，如筛选属性为类别时，选择梁，即可将类别为梁的构件全部筛选出来，在实际应用中极大地提高了使用者提取构件的便捷性，如图 7-36 所示。

（3）视频监控嵌入 BIM 模型

视频监控通过运营商的传输网络进行连接，管理平台授权用户均可通用管理平台查看监控视频。视频监控搭设的前端为工地现场，主要通过安装摄像机和网络视频录像机（NVR）进行实时监控，并通过光纤专网将视频上传广域网。

通过互联网实现视频信号无线实时传输，监督人员可随时随地监控工地安全生产情况。建筑工地实施视频监控管理将会推进建设工程科学化、规范化管理，提升工程质量安全和文明施工水平。视频监控已经是项目现场必不可少的一个实时可视化监控的窗口，为了降低多平台管理的复杂性，我们将视频监控的平台数据接入到施工管理平台的全景展现模块。在全景展现的模型中找到摄像头安装的位置，然后在模型中增加锚点，点击锚点即可查看视频，如图 7-37 所示。

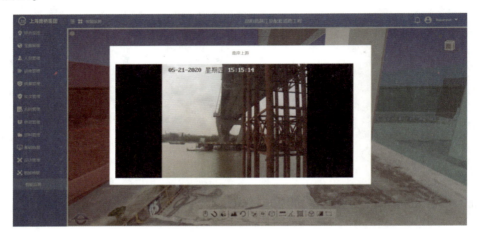

图 7-37　视频监控在模型中的展示

（4）模型浏览

相比 Navisworks、BIMsight 等专业浏览模型软件和 Forge 平台等对模型的操作功能，闵浦三桥施工管理平台中"全景展现"模块里模型的操作功能更全面、更便捷。主要操作分别是鼠标浏览与触控浏览的切换、顶点捕捉、动画漫游、透明与隐藏地形、构件隐藏与显示、距离与角度测量、包围体剖切、构件设置与视图保存等操作。如图 7-38 所示，鼠标浏览与触控浏览的切换是为了满足电脑使用者与平板使用者对模型操作达到舒适与便捷的效果；顶点捕捉功能极大地提高了测量长度与角度的精确性；动画漫游做到与 Navisworks、BIMsight 等常规的浏览软件中漫游的功能相一致，可以第三人的视角漫游也可用保存视图的方式做动画；透明与隐藏地形可以一键按钮操作，可快速满足只关心模型主体和关心模型与环境关系的人的自由切换；其他构件如隐藏与显示、包围体剖切等按钮都是常规必不可少的操作工具。

图 7-38　模型的操作按钮

不同的参与方对模型进行查看和应用时，会采用不同的操作组合。下面介绍两种典型使用场景中的操作组合。在施工方案交底中，一些复杂节点的二维图纸无法简单明了地讲明结构以及空间位置相对关系，在全景展现中可便捷地得到任意部位的三维模型。如图 7-39 所示，主塔的拉索区属于施工的一个复杂区域，可采用多维度剖切与半透明隐藏联合使用的方式来展现。首先将主塔混凝土构件半透明，再使用三维剖切以清楚地展示主塔的钢筋布置、钢锚箱的布置以及其与结构的关系。

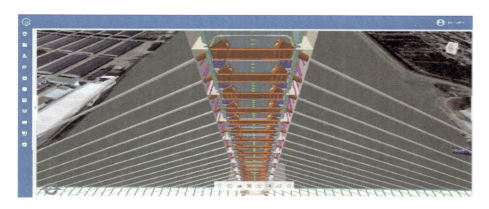

图 7-39　剖切主塔图

另一个常用的操作组合是视图保存与动画漫游的联合使用,通过旋转、剖切、隐藏等一系列的操作来保存不同角度、不同位置的视图,直接在 Web 端的"全景展现"模块中录制动画,如图 7-40 所示。这个操作组合可方便地制作轻量化的施工方案动画,尤其对于较为复杂的施工节点,可更为直观地理解工序、施工控制点及各专业间的协作关系,服务于施工方案交底以及汇报等。

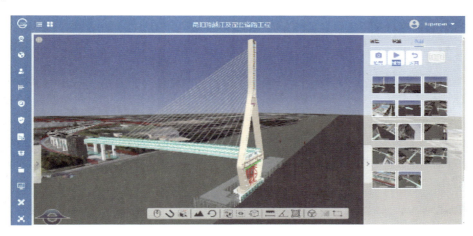

图 7-40　保存视图与动画漫游操作

7.4.5　人员管理

建筑行业属于危险性较大的行业,施工过程中存在很多可能产生重大危害的作业,从事此类作业的人员必须经建设主管部门考核合格,取得建筑施工特种作业人员操作资格证书,方可上岗从事相应作业,对于此类人员的管理一直是现场作业工人管理的重中之重,但由于缺乏科学有效的监管措施,造成施工现场存在人员无证上岗的情况。因此,人员管理模块需要加强对项目管理人员履职情况的监管,确保项目经理、安全员等关键岗位人员到岗履职,落实带班制度,履行对项目的安全责任;通过记录建筑工人的身份信息以及现场拍摄的清晰人脸照片等信息,实现建筑工人的实名制管理,并与门卡、定位卡和饭卡相对接、联动,实现数据共享,加强特种作业人员管理;系统录入时需要输入特种作业人员的工种及特种作业证书的有效期,确保所持证件真实、有效。

1) 人员管理基本功能

平台通过推行人员管理模块,实现实名管"人"。施工企业事先录入工地现场管理人员、特种作业人员、资质证书及特种作业证信息,证书到期前一个月,由系统自动发布预警信息,提醒相关人员培训换证,实现平台与实名制设备对接、数据实时共享,并及时掌握工地实名制落实情况。

人员管理模块需要分别录入人员基本信息、分包信息、资质证书。根据人员性质的不同,人员录入的信息也略有不同。其中,项目管理人员录入的信息主要包括姓名、性别、职务、资质证书(安全生产考核证、注册建造师证)、所属项目、身份证号和照片;特种作业人员录入的信息主要包括姓名、性别、工种、三级安全教育、技术交底、资质证书(特种资质作业证)、所属项目、身份证号、照片;一般劳务人员录入的信息主要包括姓名、性别、工种、三级安全教育、技术交底、所属项目、身份证号、照片。

2) 人员定位管理

安全管理模块中最重要的就是人员管理。在人员管理中,集全景展现、人员定位及视频监控为一体,不仅有效降低人员的安全风险,也显著提高了人员管理的效率。相关定位基站布置如图7-41所示。

图7-41　定位基站现场布置图(尺寸单位:m)

结合桥梁建设的特点,通过架设超宽带(UWB)基站实现对施工人员的三维定位,为水中平台以及主桥施工人员配备不同功能的终端设备。可以对人员的位置实现厘米级的空间三维定位。结合后台数据的录入以及平台闸机,还可以对人员到场做数据统计与分析。对于安全、质量等重点管理人员,其终端设备还将整合影像数据采集、信息录入等功能,使得现场管理的手段更加多样。所有定位数据将集成在BIM管理平台上。

①设备终端除了基础的定位功能,能够在终端中写入个人基础信息,如姓名、所属单位、工种、年龄等;同时具备门禁卡、饭卡的功能。期望能尽量缩小体积,增大电量持久能力,可以是有源芯片的形式,并需要控制成本。定位精度为10cm。

②电子围栏:在电子地图上圈定一个范围并设置电子围栏,所有人员携带终端进入、离开围栏时要在闸机上感应认证,认为是合法进出。如果有人员非法离开围栏,可能是人员落水,

则系统应进行报警。电子围栏如图 7-42 所示。

图 7-42　电子围栏图

③数据统计：通过查看工人的历史轨迹和闸机进出状况综合实现对人员的考勤管理，每月度可以统计人员进入施工场地范围的情况。对于安全员等重点管理人员，能够依据这些数据考核其到场时间。

7.4.6　进度管理

进度管理是施工管理平台的核心模块，通过进度计划分解成进度各分部分项进度任务，并把分部分项进度任务绑定 BIM 模型构件，实现系统平台最小管理单元。通过最小管理单元关联其他各模块产生的数据，从而实现整个系统的不同模块之间数据的互联互通。

进度控制管理的基本思路是确定关键线路并进行节点工期对比分析，继而根据进度偏差制定组织、经济和技术等方面的调整纠偏措施，进一步缩小与进度计划目标的差距。通过调研进度管理的信息化需求，进度管理主要开发了施工日志、进度计划、实际进度和进度模拟 4 个小模块。

（1）施工日志

闵浦三桥分为主桥、南岸和北岸 3 个工区，纸质版施工日志是施工项目管理必不可少的一个工作流程，在原有的工作的基础上若需再次线上填写施工日志将会增加使用者的工作量，因此我们将线上的施工日志的图示制作成与纸质版一致，线上填好后即可下载打印存档，如图 7-43 所示为编辑工程日志的操作页面，增加了关联分部分项和选择进度计划的功能，这样即可在 BIM 模型上实时展现实际的工作量。实际 2019 年 12 月 8 日的施工日志如图 7-44 所示。

（2）进度计划

通过 Project 编制桥梁工程施工进度计划，由总承包单位编制施工总体进度计划，然后对其进行分解，根据各分包单位的工作能力制定符合实际的进度控制目标。平台支持进度计划导入功能，可以导入 Project 和 Excel 两种格式的年度计划，导入到平台后形成项目整体施工进度计划。进度任务排期是对进度计划任务的细分，可以基于每项进度计划任务拆分成具体的工作内容，并针对这些工作内容绑定对应的 BIM 模型，实现最小单位的 BIM 数据挂接，可以根据实际情况随时调整任务，如图 7-45 所示。

图7-43 施工日志录入界面

施工日志					
项目名称	昆明路越江及配套道路工程	日志编号	BD G-19-1	填写时间	2019/12/08
日志标题	主桥施工日记				
天气	晴	最高气温	高温12℃	风向	西风
填写人	杨臣	最低气温	低温5℃	风力	<3级
施工情况及意见: 1.主塔下横梁剩余支架拆除; 2.LS6号斜拉索PE连接管吊装; 3.湿接缝SB5/SB6，NB5/NB6钢筋绑扎，模板安装; 4.SB5/SB6，NB5/NB6环缝及挑臂焊接; 5.B3/B4，B4/B5挑臂焊缝油漆涂装。					

图7-44 施工日志表格化展示

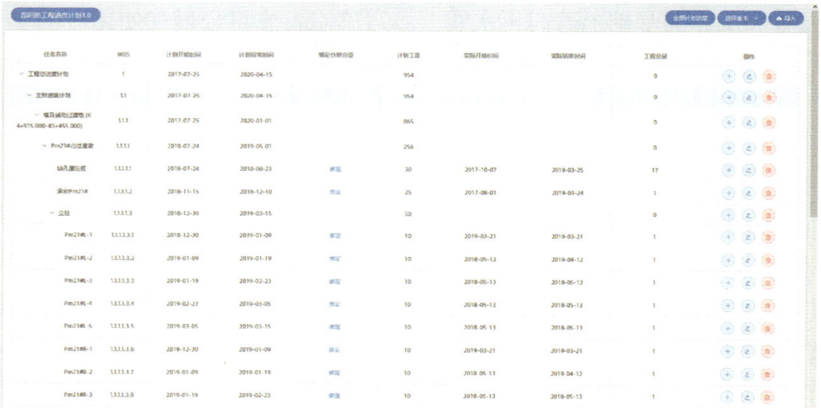

图7-45 进度计划与模型绑定

(3)实际进度

通过施工日志填写工作任务的实际开始时间和完成时间,并且绑定当天完成的分项,实现进度信息与模型信息的集成,通过可视化的展现方式在 BIM 模型中看到实际进度,通过系统平台与原有的计划开始时间和完成时间进行对比,通过 BIM 模型直观地反映施工滞后区域。如图 7-46 所示是闵浦三桥的进度模型,红色表示正在进行的分项工程,绿色表示已完成的分项工程。

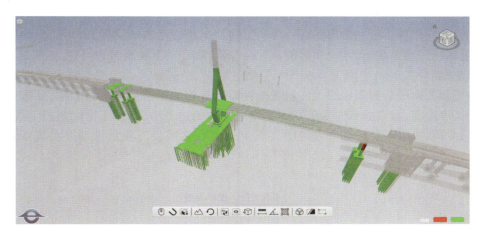

图 7-46　实际进度可视化展示

(4)进度模拟

在可视化环境下查看施工作业可以清楚地发现施工过程中施工工序错误和作业面冲突等问题,更容易评估桥梁工程建造可行性问题。也可以通过劳动力、机械设备、场地等资源的配置情况进行合理的进度计划优化。总之,通过 BIM 技术进行施工模拟能够实现施工过程的可视化,保证施工进度计划、资源配置的可靠性,以达到实际施工过程中缩短工期,降低成本的目的,如图 7-47 所示。

图 7-47　进度模拟展示

以全景展现中的 BIM 模型为基础,将项目进度计划与 BIM 模型构件绑定,得到计划进度;再将每日实际工作量与 BIM 模型构件绑定,得到实际进度。如图 7-47 所示,绿色代表已完成部分,红色代表正在施工的区域,灰色代表尚未实施的部分。对比之后可直观反映施工滞后区域。若发现较大偏差需立即找出原因并调整后期的施工计划,使得项目进度可控,以免出现较大的进度偏差。

7.4.7 质量管理

质量管控模块核心是通过线上移动检查与线下实际工作相结合,同时检查任务与进度模块的任务单元相关联,实现检查数据和流程的管理。

(1)质量检查

依据标段→单位工程→分部工程→分项工程→工序为基本质量管理体系,面向质量过程管理,在可视化三维系统下,建立质量控制标准体系、实现动态质量管理过程,方便施工中资料的查询与收集。

用户可预先向平台报表库中上传报表模板建立自己的项目质量资料表库,在报表模板中关联现场工序步骤,设置数据来源。从而在使用平台的过程中,随着工序的进行,自动生成质量资料,减少用户工作量,提高平台使用效率,确保数据真实性。质量管理报表填写如图 7-48 所示。

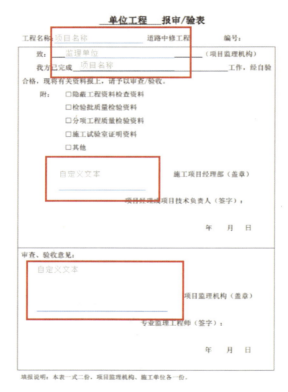

图 7-48 质量管理报表填写

(2)质量验收与评定

质量验收与评定是工程管理中的重要工作,将建设项目分解为单项工程、单位工程(子单位工程)、分部工程(子分部工程)、分项工程和检验批,同时需要确定重要的隐蔽工程;检验批工程是质量管理的最小单位,系统需要管理检验批工程实体形成的各道工序,从而控制整个项目的质量。检验批形成工序如图 7-49 所示。

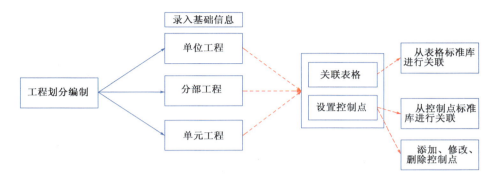

图 7-49　检验批形成工序

当划分在系统外通过 Office 软件如 Excel、Word 等,通过导入的方式将工程划分表导入到系统中,如图 7-50 所示。

图 7-50　收报表添加

7.4.8　安全管理

安全管理功能的实现,解决了传统的施工现场安全管理沟通效率低下的问题,建立了较为完善的安全平台管理流程体系。安全管理人员在平台中的操作记录会保存到数据库中,可以以文档的形式输出,成为工作考核的重要依据。安全管理是将日常安全检查和重大危险源监控与工作任务结合在一起,对项目安全随时检查、随时整改和随时记录,将项目安全管控放在重点监管位置。

安全管理包括危险源管理、设备管理、特殊工种、安全教育、安全交底、文明施工和问题跟踪等。

(1)危险源管理

通过创建危险源管理模块,实现标准化管控。对在建项目重大危险源进行列表式管理,按照静态和动态分级,形成管理档案,随时更新危险源实施情况,方便监管部门和项目管理人员实现差异化和精细化管理。

　　危险源管理主要涉及危险源数据的采集、采集数据查询,实现危险源的登记、辨识、分级、统计、应急处理等,通过信息化的手段加强对施工安全管理问题的了解,并采取有效措施来改善,将事故发生率降到最低。安全员可在平台的危险源库设置今日和本周危险源,并且在综合监控的页面展示,如图7-51所示。

图7-51　危险源管理

（2）设备管理

　　建筑工地主要的大型设备包括塔式起重机、施工升降机、物料提升机等。大型设备的安装、拆除和使用也是危险源的一种,因其作为特种设备,安装、施工、拆除过程中都会存在许多安全隐患,无数的案例表明,管好大型设备是避免群死群伤事故的有效举措。

　　大型设备的监控包括统计监管项目的塔式起重机、施工升降机、物料提升机等大型设备,形成设备档案,对操作人员证书、设备维保时间、检验有效期等信息进行预警,提醒监督人员和项目管理人员提前应对。大型设备的管理并不仅仅是机械设备数量的统计,还包括安拆过程中作业人员的资格审核,使用过程中是否存在违规作业的情况,恶劣天气条件下,如何有效地将损失降低到最小。

　　该模块对设备的供应商、设备设施安装验收、小型机具定期检查等项目进行管理。设备管理是对项目施工过程的所有大型机械设备进行管理,包括设备台账录入、机械设备进出场时间记录,以及机械设备日常维护保养检查数据的记录,同时机械设备的日常使用也可以绑定进度任务,从而通过对机械设备数据的采集与分析,判定项目中机械设备的效能,如图7-52所示。

（3）特殊工种

　　提取人员管理模块中特殊工种的作业人员,需上传特殊工种的证书并提取证书有效期此类特殊字段,在证书到期前一个星期系统会提醒安全员,如图7-53所示。

（4）安全检查

　　安全检查能够实现移动端即时发现、即时拍照上报的功能,具体流程为:拍摄隐患部位照片→添加问题描述→提交问题→进入隐患处理反馈流程→问题处理→整改后影像资料上传→整改通过→处理结果推送相关人员→结束闭环→形成安全隐患问题库。

第7章　数字化与信息化技术

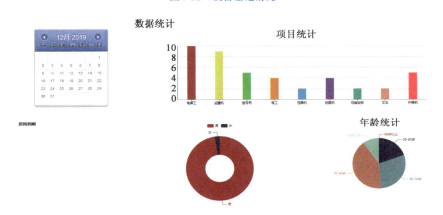

图 7-52　设备登记情况

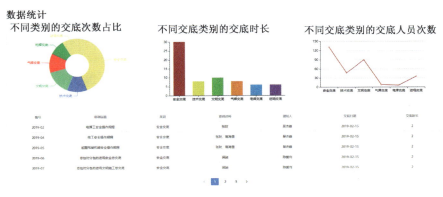

图 7-53　特殊工种数据统计

(5) 安全教育与安全交底

系统支持按工种、按班组、按人员进行教育培训计划的编制及培训过程的记录。安全交底的数据统计如图 7-54 所示。

图 7-54　安全交底数据统计

231

第 8 章
结语

闵浦三桥坐落于上海市黄浦江上,为黄浦江第十三座跨江大桥,承上海市既往越江工程以及国内外先进工程项目的建造经验,启我国建设工程新篇章的探索序幕。在管理单位、设计单位、施工单位、监理单位及监控等参建各方的协同努力下,本工程建立了适用于越江通道工程项目的系统性管理体系、设计创新方法、施工建造技术,推进了关键的数字化与信息化研究与应用的进程,主要探索成果如下:

(1)上海品质以和谐发展为目标,注重城市发展、人文情怀、建设工程之间的和谐;以绿色建造为指标,提高建造期间以及运营期间的城市环境舒适度;以技术创新为核心手段,积极探索集约型建造模式,落地实现总体目标及具体指标。

(2)搭建了包含顶层设计、中层管理、技术落实于一体的建设管理体系;上海市交通委员会制定宏观发展方向,规划品质工程建设、科技创新推动、工程文明与和谐的总体框架;由上海城投(集团)有限公司、上海公路投资建设发展有限公司等落实相关政令,与参建各方通过实践,具有标准化、精细化、科技创新、安全质量保障、信息化等理念及技术的执行策略。

(3)通过对品质建设的和谐、绿色等指标进行解读,提出了独具特色的昆阳路越江通道工程的设计成果;首次在黄浦江上采用大直径钢管桩,避免水源污染;充分利用空间,将主桥的人、机分层通行;采用钢混组合梁形式,提高桥梁刚度及耐久性;引桥设计为预制装配箱梁及墩柱,装配率达到93.3%,推动工厂化产业发展;配套工程中采用浅覆土大直径顶管,降低环境扰动,适应复杂管线要求;设置蓄毒沉砂池,建设环境友好示范性工程。

(4)针对江中施工,首创江中平台的施工组织方式,通过封装施工作业平台,提供稳定作业环境,便利污染控制,降低航道船舶通行的安全风险,形成配套的平台设计方法、作业方法及安全管控方法;针对路上段的施工,提出了污染物处理、声光污染处理、河道保护、生态保护、场地恢复等环境保护措施,以及和谐共建、交流共享等文明施工措施。

(5)分别总结跨江组合梁斜拉桥、路上装配化引桥建造的关键技术;从建造精度、标准化施工流程、施工技术措施等方面精心打磨,提出适应质量、安全等品质需求的技术体系;重点介绍了预制生产基地的工厂布局、场地建设、机械设备、配套设施等,为此类技术的发展提供参考借鉴。

（6）推动数字化与信息化技术的发展；提出BIM技术的建模标准、建模方法、应用范畴，并示例了包含实景的精细化模型在昆阳路越江工程中的应用；搭建了桥梁建设的数字化管理平台，分别用于技术管理、人员管理、进度管理、质量管理以及安全管理，数据中心的实时分析及辅助判断，实现了管理的高效、便捷及智能。

昆阳路越江通道工程践行上海品质理念，创新管理手段与技术方法，完善上海品质的打造方法，为后续工程的建设提供了良好开端。限于技术发展的局限性，本项目中的经验及方法留待检验及进一步优化。可以预见，上海品质大框架下的答卷将随时代进步更加成熟、丰富与完善。

参考文献

[1] 顾万里. BIM 在上海容灾中心项目中的应用价值和技术突破[C]. 输变电工程技术成果汇编——国网上海经研院青年科技论文成果集. 上海：上海浦江教育出版社有限公司，2017.

[2] 王楠楠. "四新技术"为品质工程添色彩[J]. 交通建设与管理，2018(06)：36-37.

[3] 李彬. 大丰华高速：品质与绿色的代言[J]. 建材与装饰，2018(47)：227-228.

[4] 陈楠枰. 高标准打造"品质工程"怎么干？[J]. 交通建设与管理，2018(06)：28-29.

[5] 汪玚，练荣华，刘光明. 革新　攻关　担当　以匠心延伸品质工程内涵——访江西省交通工程集团交建公司工程部副部长徐双全[J]. 交通建设与管理，2018(06)：38-41.

[6] 吴欣. 公路勘察设计品质工程的创建措施[J]. 交通世界，2018(33)：6-7.

[7] 袁兴安. 集中组织建设下公路水运品质工程的建设[J]. 中国水运（下半月），2018，18(12)：128-129.

[8] 上海市人民代表大会常务委员会关于修改《上海市城市道路桥梁管理条例》的决定（2003年10月10日上海市第十二届人民代表大会常务委员会第七次会议通过）[J]. 新法规月刊，2004(02)：15-16.

[9] 王斌，令狐延，张明，等. 建筑工程优质高效建造技术研究[J]. 施工技术，2017，46(04)：95-99.

[10] 张百祺. 开好头，起好步，促进上海公路新发展[J]. 上海公路，1996(01)：2-5.

[11] 张胤，凌晨，焉学永. 品质工程的省级实践[J]. 中国公路，2018(22)：30-34.

[12] 苏金河，李小燕. 品质企业决胜之路——江苏三箭建筑工程有限公司成长发展纪实[J]. 建筑，2017(20)：56-61.

[13] 陈利峰. 浅谈品质工程建设创新和心得[J]. 智能城市，2019，5(03)：66-67.

[14] 解亚雄. 浅析轨道交通工程中施工风险管理[C]. // 中国土木工程学会城市轨道交通技术工作委员会，世界轨道交通发展研究会. 2015 中国（天津）区域轨道交通发展及装备关键技术论坛暨第 24 届地铁学术交流会论文集. 北京：中国土木工程学会，2015.

[15] 游晓英. 浅析祁离高速公路品质工程设计[J]. 山西交通科技，2018(06)：51-53.

[16] 黄国斌,查义强.上海公路桥梁桥墩预制拼装建造技术[J].上海公路,2014(04):1-5+12.
[17] 席群峰.上海世博工程科学管理的实践与探索[J].建筑,2010(17):15-17+4.
[18] 王玲,孙瑞红,叶欣梁.新时代上海绿色航运中心建设研究[J].物流科技,2019,42(03):103-105+118.
[19] 王楠楠,陈楠枰.转化的力量 科技成果让品质工程点石成金[J].交通建设与管理,2018(06):22-23.
[20] 秋楠.中国建设的伟大成就[J].世界知识,1951(37):5.
[21] 张慧霞.越江隧桥结合工程管理信息化技术[C].//中国市政工程协会,北京市政路桥建设控股(集团)有限公司.2009中国城市地下空间开发高峰论坛论文集.《市政技术》杂志社有限公司,2009.